글 읽기와 삶 읽기

아이들

아이들
글 읽기와 삶 읽기

———

ⓒ 박진환, 2009
2009년 11월 9일 처음 펴냄
2012년 1월 12일 2쇄 찍음

지은이   박진환
펴낸곳   (주)우리교육
펴낸이   신명철
등 록   제313-2001-52호
주 소   (121-841) 서울시 마포구 서교동 449-6
전 화   02-3142-6770
전 송   02-3142-6772
홈페이지 www.uriedu.co.kr

이 책의 내용을 쓰고자 할 때는 저작권자와
출판사의 허락을 받아야 합니다.
잘못된 책은 바꾸어 드립니다.

ISBN 978-89-8040-657-9   03370

이 도서의 국립중앙도서관 출판시도서목록(CIP)은
e-CIP 홈페이지(http://www.nl.go.kr/cip.php)에서
이용하실 수 있습니다.
(CIP제어번호:CIP2009003433)

글 읽기와 삶 읽기 아이들

아이들은 자란다
헛도는 교육 속에서도
걷도는 삶

박진환 지음

우리교육

모든 답은 아이들에게 있다

아이들 곁에서 살아온 지도 어느덧 20년이 다 되어 간다. 세월이 흐른 만큼 이제 나도 제법 선생다운 티를 내며 아이들 앞에 선다. 그러나 난 지금껏 스스로 좋은 선생이라고 여겨 본 적이 별로 없다. 아이들과 해 본 실천 사례를 여러 지역 선생님들에게 나눠드리면서도 아직도 좋은 교사가 되기에는 늘 멀었다는 생각만 든다. 교육을 알면 알수록, 수업을 하면 할수록, 아이들을 만나면 만날수록 얕은 실천으로 말만 앞세운 것 같아 요즘도 내 모습이 마뜩찮을 때가 많다. 그래서 누가 내게 좋은 선생님이라며 칭찬이라도 할라 치면 겉으로는 멋쩍어 웃지만 속으로는 불편해, 어서 자리를 피하고만 싶다.

이런 내가 또 한 권의 책을 펴낸다. 그것도 '아이들 글 읽기와 삶 읽기'라는 거창한 제목을 달고 말이다. 그런데 막상 글을 쓰려 하니 무엇을 어떻게 써야 할지 몰라 처음에는 한동안 헤매기만 했다. 왜 이 작업을 하고자 마음먹었는지 생각이 잘 나지 않았기 때문이다. 그저 아이들의 잘 쓴 글을 내보이고 싶었던 것인지, 아니면 글쓰기 지도 사례를 나누고 싶었던 것인지 도무지 알 수가 없었다. 마음은 무거워져만 가고 글은 잘 써지지 않았다. 마냥 시간만 보내던 나는 아이들과 만든 열일곱 권의 문집을 꺼내 다시 처음부터 읽기로 했다. 그런데 이상하게도 다시 읽어내려 간 아이들의 글은 지금껏 내가 만나고 보아온 아이들의 글이 아니었다. 전에는 마냥 재미있게만 읽은 글에 괜스레 눈시울이 붉어지고 콧등이 시큰해지는 것이 솟구쳐 오르는 감정을 이기지 못해 울컥울컥할 때가 한두 번이 아니었다. 그제야 비로소 내가 왜 이 책을 그토록 쓰고 싶어 했는지 알 수 있었다. 교사로 살아가야 할 남은 절반의 생을 어떻게 살아가야 할지 그 길을 아이들에게서 찾고 싶었던 것이다.

이곳에 펼쳐 놓은 이야기는 지난 17년간 시골과 도시를 넘나들며 만난 경남과 충남 내륙지역 아이들의 모습이며 삶이다. 어떤 면에서는 다른 지역에 사는 아이들과 조금은 다를지도 모른다. 어디 지역 차이만 있겠는가. 세월에 따른 모습도 저마다 다를 것이고, 물리적인 환경이나 정서적인 차이는 더욱 클 것이다. 요즘은 아이들을 보는 어른들의 눈도 예사롭지 않아서 오늘을 사는 아이들이 버릇도 없고 예의도 없고 도전의식도 없고 약하기만 하다며 걱정들을 많이 한다. 그러나 아이들은 누가 뭐래도 아이들이다. 자기 삶을 가꾸고 즐기며 동무들과 식구들을 배려하고 함께 하려는 마음은 서로 다른 곳에서 살아가는 아이들일지라도 크게 다를 게 없다. 지역과 환경, 세월과 어른들의 따가운 시선을 넘어서는 아이들만의 세계와 삶이 있는 것이다.

오히려 달라진 것은 어른이고 사회다. 어른들이 마련한 계획과 일정대로 무작정 따라갈 수밖에 없어 무기력해진 아이들, 보살핌을 제대로 받지 못하고 혼자 외롭게 커가는 아이들, 돈과 소비가 미덕인 세상을 꿈꾸며 자발적으로 자본에 순응하며 살아가는 아이들, 다른 이의 고통보다 자신의 행복만을 쫓는 아이들, 긴 시간 강제된 학습노동으로 놀 자유조차 빼앗긴 아이들을 앞에 두고 어른들은 그저 아이들만 달라졌다고 한다. 이런 어른들이 아이들의 삶에 관심이 있을 턱이 없다. 그저 따르기만을 강요할 뿐 아이들 삶을 읽어내려 하지 않는다. 아이들을 읽지 않으니 아이들과 어른 사이의 벽과 불신은 더욱 높아만 간다. 모든 답을 가지고 있다는 어른들에게 아이들만의 세계와 삶은 그저 하찮게만 보인다. 그러나 아이들도 그들 나름의 답을 가지고 있다. 다만 그릇된 어른들 때문에 답을 보여주지 않고 있을 뿐이다. 아이들이 글을 쓴다는 것은 미처 알지 못했던 자기만의 답을 찾아가는 과정이기도 하다. 그 과정을 읽어내고 아이들 곁에서 살아주는 것이 곧 어른의 몫이자 해야 할 일이다.

이 글을 쓰는 내내 우울했다. 문집 속에서 새롭게 찾아낸 아이들 글 덕분에 그 시절을 떠올리며 술술 글을 풀다가도 불쑥 찾아오는 낯선 감정들 때문에 글쓰기를 이어가기가 어려웠다. 정든 경남을 떠나 멀리 충남으로 삶터를 옮긴 일과 아이들과 교사의 성장에 도움을 주지 못하는 작은 학교, 앞이 보이지 않는 시대의 우울함까지, 글을 쓰고 책을 펴내는 일이 마냥 즐거울 수가 없었다. 더욱이 책 작업을 마무리할 즈음에는 무모한 학력 경쟁에 자기도 모르게 뛰어들어 시험 치는 기계로 전락해 가는 아이들을 곁에서 지켜봐야 했다. 그곳에 서 있는 나는 아

　　　　　　　　　　　　　　　　　　　　아이들 글 읽기와 삶 읽기

이들을 망치고 죽이는 일종의 공범이었다. 내 모습은 너무도 무기력했고, 나날이 괴롭고 힘들었다. 그럼에도 이렇게 아이들 글과 삶을 이야기하는 글을 써낼 수 있었던 건, 암울한 시대와 맞서 싸우는 희망을 놓치고 싶지 않았기 때문이다. 내게 희망은 곧 아이들이다. 희망이 아이들에게 있다는 건 가르침과 배움이라는 철학의 모든 과정과 해답이 아이들에게 있다는 말과 다르지 않다. 이제는 아이들을 바라만 보아도 내가 어떻게 살아야 하고 학교가 어떻게 서야 하는지, 교육이 어떠해야 하고 사회가 어떻게 재구성되어야 하는지 '길'이 보인다. 오늘도 내가 아이들 곁에서 그 아이들의 글을 읽고 삶을 읽는 까닭은 바로 그 '길' 때문이다. 그래서 오늘도 나는 묻는다. 아이들에게 길을 묻는다.

2009년 10월

금산간디 숲속마을에서

박진환

차 례

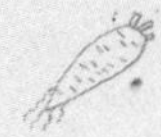    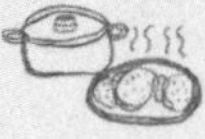 

| 일러두기 |

◦ 이 책에 나오는 아이들은 박진환 선생님이 1996년부터 2009년까지 가르친 초등학생들입니다.

◦ 글을 쓴 아이들 이름은 허락 받은 몇몇을 빼고는 모두 이름을 바꾸었습니다.
  뜻하지 않게 아이의 사생활을 침해할 우려가 든 까닭입니다.

◦ 아이들 글은 띄어쓰기와 맞춤법만 고치고 사투리나 입말은 그대로 두었습니다.

1

아이들
글 읽기와
삶 읽기

아이들이 꾸려 나가는 작은 삶들이
얼마나 소중한지, 그 삶들을 돌보며
아이들 곁에서 살아가는 교사의 삶이
얼마나 가치 있는지,
나는 꽤 오랜 시간이 지나고 나서야
겨우 깨달을 수 있었다.

아이들
글 읽기와
삶 읽기

교사가 되어 담임이 된 첫날. 아이들을 만나기 위해 교실로 걸어가는 내 발걸음은 무척이나 빨랐다. 그 시절을 다시 떠올리면 빨랐다기보다 붕붕 떠서 걸어가는 느낌이었던 것 같다. 아무런 준비도 없이 어린아이들 앞에 서는 내 모습은 긴장, 그 자체였다. 하지만 긴장 속에 담긴 기대와 설렘을 예쁘게 포장해 아이들에게 전해주기에는 나는 너무도 부족한 교사였다. 시간이 흐르면서 교과서대로 재미없게 가르치는 내 모습과 흥미를 잃은 아이들 모습이 눈에 들어오기 시작했다. 그럴 때면 나는 기타를 둘러메고 노래와 놀이로 부족한 빈틈을 채워내려 애를 썼다. 잠시나마 아이들은 즐거워하고 재미있어 했지만, 여전히 나는 답답하고 아이들에게 미안할 뿐이었다. 아이들 곁에서 함께 살아가는 학급운영은 내게는 아직 머나먼 이야기였다. 그 시절에는 학급운영이라는 말도 교사들 사이에서는 꽤 낯설었다. 처음 담임이 된 나 같은 햇병아리 교사가 아이들과 1년을 어떻게 지내야 하는지 가르쳐주는 이는 없었다. 동료 교사나 선배 교사들이 내게 도움을 준 것은 학교문화에 적응하는 방법과 업무처리 방법 따위였다. 그렇게 나는 몇 년을 의미 없이 학교에 적응해 가며 업무능력만 키웠다.

아이들과 잘 지낸다는 얘기보다 일을 잘한다는 소리를 들으며 살던 그 시절. 다행히도 멀리서 앞선 선배들의 실천이 이런저런 통로를 통해 조금씩 전해져 왔다. 그러나 그 실천들을 내 것으로 만들기에는 경험과 열의가 부족하기만 했고 함께 할 동료 교사도 없었다. 이렇게 길을 잃고 방황하던 그때, 이오덕 선생님이 마치 어둠 속의 빛처럼 나를 찾아오셨다. 그저 대학시절 먼발치서 그분의 말씀을 들은 게 고작이지만 책으로 다시 만나 뵙고 얼마나 반가웠는지 모른다. 이오덕 선생님의 '삶을 가꾸는 글쓰기'는 교사로 살아가는 길을 안내해준 반가운 선물이었다. 함께 공부할 글쓰기 모임 하나 없는 곳에서 내가 할 수 있는 방법은 그저 글쓰기 교육 책을 보며 혼자 공부하는 것뿐이었다.

담임을 맡고 처음 맞은 방학. 나는 여덟 권쯤 되는 글쓰기 교육 관련 책을 열심히 읽었다. 더불어 내가 모르던 수많은 아이들의 글과 삶을 자연스럽게 읽을 수 있었다. 그러자 우리 반 아이들의 글도 점점 눈에 들어오기 시작했다. 나중에는 아이들의 삶까지 읽어내려 애쓰는 내 모습이 보였다. 그저 멀찌감치 서 있기만 하던 아이들이 내 곁으로 조금씩 다가왔다. 아이들이 변화하고 성장하는 모습을 지켜보는 경험은 내게는 무척이나 놀랍고도 큰 기쁨이었다. 사랑과 우정, 행복과 불행, 상처와 고통을 거침없이 글에 담아내는 아이들을 보면서 나는 더 이상 평범한 아이들의 삶을 보잘것없거나 하찮게 여길 수 없었다. 아이들이 꾸려 나가는 작은 삶들이 얼마나 소중한지, 그 삶들을 돌보며 아이들 곁에서 살아가는 교사의 삶이 얼마나 가치 있는지, 나는 꽤 오랜 시간이 지나고 나서야 겨우 깨달을 수 있었다.

가르치고
배우며
깨닫기

오늘도 나는 차로 한 시간을 꼬박 달려 아이들이 있는 교실로 들어선다. 삶터를 충남 금산으로 옮겼지만, 다녀야 할 학교가 한 시간 거리인 논산에 있는 탓이다. 6년 만에 다시 찾아간 시골 학교, 5년 만에 다시 만난 6학년 아이들. 경남에서 충남으로, 도시에서 시골로, 2학년에서 6학년으로, 32명에서 14명으로, 나는 그렇게 아주 다른 곳에서 다른 삶을 살고 있다.

이른 아침, 교실로 들어선 나는 아이들과 인사를 나누고는 교탁 위에 가지런히 놓인 아이들의 삶을 읽는다. 오로지 시험공부가 생업이 된 우리 아이들이 잊고 살거나 잃어버리고 사는 자기 삶을 소중히 가꾸며 살아가길 바라는 마음에서 아이들이 쓴 글을 나는 고맙게 읽는다. 주제를 던져주는 따위의 글은 되도록 쓰게 하지 않는다. 시간이 오래 걸려도 자기 삶을 돌아보며 스스로 쓸 거리를 찾을 수 있도록 도울 뿐이다. 때로는 또래 아이들의 삶이 담긴 글을 들려주기도 한다. 혹은 지난 학급 문집을 꺼내 다른 지역에 사는 아이들이 살아가는 모습을 읽어주며 자기 삶과 견주어 보게도 한다. 겪은 일을 글로 쓰기 힘들어 하면 몇 가지 방법을 가르쳐주기도 한다.

그렇다고 날마다 겪는 일을 자연스레 글로 풀어내는 일이 쉬울 리가 없다. 글쓰기를 싫어하는 아이들에게는 더욱 그랬다. 글을 왜 써야 하는지도 모르고, 글쓰기에 대한 절실함도 없는 아이들에게 글쓰기를 가르치는 일은 교사인 내게도 큰 고욕이었다. 나중에는 정말 삶을 가꾸는 글쓰기를 하면 아이들의 성장을 도울 수 있고 건강한 어른으로 자라게 할 수 있을지 회의감마저 들었다. 삶을 가꾸는 글쓰기를 가르치지만 실제로는 강요된 글쓰기일지도 모른다는 딜레마 속에서 나는 늘 조급하고 불안했다. 곧잘 그 책임을 아이들에게 돌리며 재촉하고 꾸짖는 내 모습도 보기 싫었다. 하지만, 아이들은 내가 포기하고 체념하고 있을 때마다 미처 생각지도 못한 순간에 하나씩 내 마음을 흔들어 놓는 글을 써와 나를 가르치곤 했다.

안녕, 비둘기야~ | 논산 반곡초 6년 소은희

아침에 우리 할머니가 비둘기 한 마리를 잡아오셨다. 할머니는 우리 집으로 올라오는 계단 손잡이에 얇은 밧줄로 오른쪽 비둘기의 오른쪽 다리를 묶어 두셨다.

"할머니, 이거 어떻게 잡았어요?"

"밭에 있길래 잡았지. 이놈, 늙어서 죽으면 저 밭에다 매달아야지."

"네? 죽은 걸 단다고요?"

"그람, 새 놈들은 오지 말라고. 밭에 와서 콩 쪼아먹지 말라고."

"그럼, 이거 죽을 때까지 키우는 거예요?"

"그람, 그냥 죽여 버려?"

"아니요? 근데 언제 죽냐?"

"지가 죽고 싶을 때 죽겄지."

묶여 있는 비둘기는 고개를 요리조리 돌려 가며 두리번거렸다. 낯선 곳이라 그런가 겁먹은 눈이었다. 나는 그 비둘기를 뚫어지게 쳐다보았다. 안녕, 비둘기야.(2009)

마른 체구에 키가 큰 여자아이. 공부도 잘하고 부지런한 시골 아이지만 은희도 글쓰기에는 영 재미를 붙이지 못했다. 기계적이고 딱딱한 형식의 숙제 같은 글만 써 오던 아이였다. 어찌 보면 자기 삶을 잘 드러내기 위해서 무엇을 어떻게 써야 할지, 그 방법을 잘 몰랐던 것 같기도 했다. 그러던 아이가 만난 지 석 달이 지나면서 조금씩 자기 삶을 하나씩 꺼내 아침마다 들려주곤 했다. 나이 드신 할머니가 밭에서 잽싸게 비둘기를 잡는 모습을 상상만 해도 우습지만, 그 비둘기를 사이에 두고 손녀와 할머니가 나누는 대화가 나에겐 더욱 따뜻하게 다가왔다. '그람'이라는 사투리를 쓰시는 할머니 모습을 잊지 않고 붙잡아 글로 옮겨 담는 아이 모습도 정겹다. 비둘기를 제물로 농사 망치는 텃새를 쫓겠다는 할머니의 엉뚱한 생각과 그런 할머니의 생각을 그대로 받아들여 언제 죽겠냐는 말을 툭 내뱉는 아이의 모습도 살아있다. 사람 손에 묶여 살게 된 날짐승을 안쓰럽게 바라보는 살가운 아이는 한 식구가 된 양 비둘기에게 반갑게 한마디 내뱉는다. "안녕, 비둘기야~"라고. 안타깝게도 이 비둘기는 일찍 세상을 떠났다. 이틀이나마 한 식구 같던 비둘기의 죽음에 슬퍼하는 아이의 고운 마음을 읽을 때면 교사라는 직업이 참 고맙기만 하다.

잘 가, 비둘기야~ | 논산 반곡초 6년 소은희

아침에 비가 와서 나는 비둘기를 하우스 안에 있는 자전거 바퀴에 묶어 놓고 학교로 갔다. 학원을 마치고 집으로 돌아가는 길, 나는 집에 묶어 놓은 비둘기 생각만 했다. 드디어 집에 도착했다. 하우스로 달려가자마자 하우스 들어가는 문 앞에서

"비둘기야, 내가 왔다!"

했다. 그런데 비둘기는 움직이지도 않고 땅바닥에 쓰러져 있었다. '에이, 설마 자겠지' 하고 생각했다. 그런데 가까이 가 보니 비둘기 깃털이 여기저기 널려 있고 그 옆에는 눈을 뜨고 쓰러져 있는 비둘기가 있었다. 나는 순간 가슴이 철렁 내려앉았다. 그래도 나는 '설마' 했다. 나는 비둘기를 다시 확인했다. 나뭇가지로 툭 건드려 봐도 움직이질 않았다.

"으악, 비둘기가 죽었어!"

"진짜?"

동생 가은이가 그 말을 듣고 뛰어왔다. 요리조리 확인하더니

"진짜네? 헐~."

나는 참 어이가 없었고 비둘기가 불쌍했다. 우리 집에 온 지 하루 만에 죽다니. 마침 일을 마치고 엄마가 들어오셨다.

"엄마, 비둘기 죽었어요."

엄마는 한 번 보더니

"헤~ 떠돌이 개가 말질(말썽) 피웠나 보다."

가은이는

"그럼, 먹물이?"

먹물이는 어떤 아저씨가 키우는 검정색 큰 개다. 맨날 줄을 풀어 놓는데, 나와 동생도 쫓아오곤 한다. 그런데, 그 개가?

"우리 비둘기 어떻게 해. 불쌍하다."

나는 눈물이 핑 돌았다. 어린 비둘기였는데 참 불쌍하다.

'잘 가~. 비둘기야~.' (2009)

삶을 가꾸는 글쓰기는 아이들이나 교사 모두에게 자기 발견과 성장을 돕는 가장 좋은 도구다. 글로 자기 삶을 꾸밈없이 드러내며 자란 아이들은 10년이 넘도록 초보 교사 딱지를 떼지 못했던 나를 성장시키는 큰 바탕이었다. '일기는 아이들의 마음과 생활과 가정환경을 알고 깨달아 배우는 것' 이라는 이오덕 선생님의 오래된 말씀은 그래서 오늘도 더욱 값지고 새롭다. 교사가 아이들의 글을 어떻게 대해야 하는지를 아주 쉽고도 정확히 짚어주셨기 때문이다. 그러나 이 말씀은 그저 책만 읽어서 터득할 수 있는 가르침이 아니었다. 글쓰기 교육 책을 아무리 뒤적여도 아이들 삶을 받아들이고 내 잘못을 깨닫기까지는 참으로 오랜 시간이 필요했다. 그만큼 나는 한심하고 게으른 교사였다.

일요일 아침 우리 집 | 김해 어방초 6년 이지훈

아침에 일어나니깐 아빠는 산에 가고 엄마는 어디 갔는지 모른다. 내 동생

은 자고 있고 나는 거실로 갔다. 텔레비전에 종이가 붙어 있었다. 종이에는 일어나 엄마한테 전화하면 밥을 시켜준다고 했다. 나는 텔레비전을 보고 있었는데 내 동생이 일어나서 엄마한테 전화를 했다.

"엄마 돈까스 시켜줘."

"어, 돈은 탁자 위에 있다."

엄마가 돈까스를 시켜주고 나는 돈까스가 올 때까지 텔레비전을 보고 있었다. 조금 이따 돈까스가 와서 돈까스를 먹고 있는데, 엄마가 왔다. 나는 돈까스를 다 먹고 밖에 나가서 놀았다.(2004)

당시 6학년이던 지훈이는 1년이 다 되도록 거의 일기를 쓰지 않았다. 깡마른 체구에 늘 조용해 보이지만, 쉬는 시간만 되면 몇 되지도 않은 동무들과 거침없이 복도를 뛰어다니며 신나게 놀던 아이였다. 주말을 앞 둔 어느 날 나는 일기를 잘 써오지 않던 지훈이를 붙잡고는 꼭 일기를 써오라고 협박(?)을 한 적이 있다. 아무 생각 없이 주말을 보내고 교실로 들어서던 월요일 아침, 나는 지훈이가 건네준 일기를 보곤 그저 미안하기만 했다. 주말에도 부모와 함께 하지 못하고 집밖에서 늘 외롭게 학교와 학원을 전전해야 했던 지훈이를 1년이 다 되도록 제대로 돌봐주지 못했다는 걸 뒤늦게 깨달은 탓이다. 곁에서 살아주지 못하면서 일기를 제대로 써오지 않는다며 무시하거나 꾸중만 했던 나는 글쓰기를 가르치되, 삶을 가꿔주는 일에 소홀했던 정말 못난 교사였다. 지훈이의 글은 그동안 좀 더 많은 아이들 곁에서 알뜰하게 살아주지 못한 못난 나를 돌아보게 했다. 아울러 아이들의 일그러진 삶을 쉽게 가정 탓, 사회 탓으로 돌리던 내 사고와 습성도 바꿔주었다. 그래서 지금도 나는 지훈이와 비슷한 글을 쓰는 아이가 없는지 살펴보는 버릇이 생겼다.

정신 똑바로 차려야겠다 | 밀양 산내초 6년 정민숙

낮에 무열이가 화장실에 갔을 때, 나는 이런 생각을 했다.

'내가 죽으면 무열이가 슬퍼할까?'

그래서 한번 실험을 해 보자 싶어서 빨강물감으로 얼굴에 칠하고 손과 팔에도 칠하며 피처럼 꾸몄다. 내가 그렇게 누워 있으니까 무열이가

"누나야! 왜~"

하면서 울려고 했다. 그 뒤에 무열이는 피로 사용한 물감을 냄새 맡더니

"킥킥 이거 물감 냄새 아니가?"

하길래,

"아니다. 으~ 누나 수면제 먹어서 다리가 굳고 조금 있으면 죽는다. 으~"

하면서 속였다. 무열이는 수면제가 뭔지도 모르니까 말이다. 내가 계속 죽는 시늉을 하니까. 무열이가

"아, 누나야! 죽지마라~ 죽지마라~ 누나 말 잘 들을게"

하면서 울었다. 나는 그래도 계속 시치미를 뗐다. 그리고 속으론 '힘들어도 죽지 않아야겠다' 고 생각했다. 내가 죽으면 무열이가 슬퍼할 거라고 생각도 했다. 내가

"무열아, 죽기 전에 손 좀 씻겨도"

하니까 무열이가 세숫대에다 물을 받아와 손을 보드득 씻어주었다. 그리고

아이들 글 읽기와 삶 읽기

"누나야, 죽기 전에 병원에 가야 한다. 아빠한테 데려다돌라 해야겠다"

하면서 밖으로 뛰어나갔다. 놀란 나는 무열이를 찾아다녔다. 그때 무열이

는 작은 다리에 멍하니 앉아 있었다. 내가 다가가서

"무열아!"

하니까 무열이가

"누나야, 안 죽었나!"

하면서 엄청 좋아했다.

그래서 내가

"무열아, 아까 왜 울었는데?"

하고 물으니까 무열이는

"엄마도 없고 누나까지 없으면 밥은 누가 하노. 죽지마라!"

하면서 걱정을 했다. 그때 나는 정신 똑바로 차려야겠다고 생각했다.(1996)

이 글을 보고 갑자기 민숙이 얼굴이 보고 싶어졌다. 잘 떠오르지 않는
민숙이의 얼굴을 찾기 위해 다시 문집을 뒤졌다. 제대로 스캔이 되지
않아 시커멓게 그을린 민숙이의 사진을 보자 괜스레 눈물이 핑 돌았다.
글쓰기가 무엇인지도 모르고 아이들의 삶이 어떤지도 모르고 그저 글
쓰기 교육 책 몇 권을 읽고는 아이들에게 이렇게 저렇게 쓰라고 강요했
던 시절. 아이들 곁에서 살지도 않으면서 살아있는 글을 얻겠다고 애쓰
던 그 시절이 문득 그리워졌다. 민숙이에게 어머니가 없다는 말도 새삼
크게 와 닿았다. 글에 담긴 애틋한 남매의 모습을 그 시절에는 제대로
읽지 못했다. 그저 잘 쓴 글, 재미난 글로만 받아들였을 뿐, 아이의 글

과 삶을 읽으며 곁에서 함께 살아줄 생각은 하지 못했다. 어설픈 내 가
르침에도 자기 삶을 솔직히 드러내준 민숙이에 대한 고마움을 뒤늦게
깨달은 순간, 나는 그저 부끄러웠다. 그래도 내가 오늘도 버젓이 아이
들 앞에서 선생 노릇을 하고 있는 건, 이 못난 선생의 잘못과 부족함에
도 아랑곳하지 않고 기꺼이 나를 따라주며 많은 이야기를 전해준 민숙
이 같은 아이들 덕분이다. 교사가 날마다 아이들의 삶을 읽는다는 것은
어쩌면 이렇게 날마다 '깨달음'을 얻는 과정과도 같다. 그 깨달음과 함
께 오늘도 나는 조금씩 아이들 곁에서 교사로 성장해 가고 있다.

  아이들 글 읽기와 삶 읽기

아이들
곁에서
살아가기

1부 아이들 글 읽기와 삶 읽기

세상은 점점 말과 글이 중요한 시대로 접어들고 있다. 논술이다 말하기 대회다 마치 말과 글에 능숙하지 못하면 실패한 삶을 살지도 모른다며 겁을 주는 게 요즘 세태고 어른들이 하는 일이다.

그러나 이상하게도 우리 아이들은 오히려 자기 말과 글을 잃어 가고만 있다. 말하기를 귀찮아하고 글쓰기를 싫어한다. 가만히 생각해 보면 아이들이 말하고 글 쓰는 일을 처음부터 싫어하지는 않았던 것 같다. 학교에 첫발을 내딛던 아이들 모습만 떠올려 봐도 쉽게 알 수 있다. 거침없이 말을 하고 즐겁게 글을 익히는 아이들 모습은 어쩌면 본능에 가까워 보인다. 그러던 아이들이 2학년만 되어도 말수가 적어지고 말하기를 귀찮아하며 글쓰기를 죽도록 싫어한다.

까닭이 무엇일까? 가장 큰 문제는 누가 봐도 사회와 학교, 그리고 어른들에게 있다. 경쟁과 생존만을 이야기하는 사회, 창의적 사고를 철저히 파괴하는 평가 중심의 학습체제, 아이들의 삶을 읽지 못한 교육과정과 재미없는 교과서, 아이들의 다양한 재능과 관심을 받아주지 못하는 관료화된 학교와 교사들 때문에 아이들은 어느새 자기 말과 글을 잃어버리고 산다. 세상과 어른들이 바로 아이들의 삶을 빼앗은 셈이다. 교사가 아이들의 글과 삶을 읽는다는 것은 어쩌면 어른들에게 빼앗긴 아이들의 말과 글을 되돌려주는 일일지도 모른다.

2005년 여름, 김해에서 선생님들을 대상으로 여름 직무연수를 꾸린 적이 있다. 그때 초대한 강사 분들 가운데 글쓰기를 잘 가르치던 선생님이 계셨다. 네 시간에 걸쳐 밀양 시골 아이들과 살아온 이야기를 재미나게 풀어낸 선생님은 강의 끝에 몇 가지 질문을 받으셨다.

"막상 우리 반 아이들에게 글을 쓰게 하면 선생님이 가르치신 아이들처럼 살아있는 글이 잘 나오지 않습니다. 아이들이 살아있는 글을 잘 쓰게 하는 특별한 방법이나 테크닉이 있으면 말씀해주셨으면 합니다."

"글쎄요. 딱히 아이들한테 특별하게 가르친 것은 없는 것 같은데요. 특별한 방법이나 테크닉도 없었고. 그냥 마 아이들에게 좋은 글 마이 들려주고……."

질문에 답을 하던 선생님은 조금 난감하고 곤란한 표정이었다. 특별한 방법이나 기술로 글쓰기를 가르치는 선생님이 아니라는 것을 아는 나는 선생님의 표정이 무엇을 뜻하는지 가늠할 수 있었다. 삶을 가꾸는 글쓰기 교육이라고 해서 이론이 없는 건 아니다. 이오덕 선생님과 글쓰기 교육을 하는 선생님들이 펴낸 책을 보면 여러 갈래의 글을 어떻게 지도해야 하는지가 매우 풍성하고 뚜렷하게 나타나 있다. 그러나 아이들의 진솔한 삶을 드러내는 글쓰기는 이런 기술이나 방법에 앞서는 무언가가 있다. 바로 아이들 곁에서 살아주는 것이다. 곁에서 살아준다는

　아이들 글 읽기와 삶 읽기

것은 마음을 다해 아이의 삶을 이해하고 들어주려는 교사의 몸가짐을 말한다. 이것을 교사가 깨닫고 몸에 익히게 되면 글을 쓰는 기술적이고 방법적인 부분들은 자연스럽게 뒤를 따른다.

그렇게 아이들에게 다가가자 처음에는 마음을 굳게 닫고 억지로 글을 쓰던 아이들이 달라지기 시작했다. 알게 모르게 자기 삶을 조금씩 보여 주며 말을 걸어 왔다. 아직 마음은 열었으나 글을 쓰는 게 익숙하지 않아 자기 생각을 글에 잘 담지 못하는 아이들도 문제되지 않았다. 그저 교사가 아이들 삶을 잘 읽어내 누구나 읽을 수 있도록 아이와 함께 글을 다듬어 나가다 보면 어느 순간에 놀랄 만큼 좋은 글을 써오는 아이들이 늘어났기 때문이다.

아이들은 그렇게 늘 내 곁에 머물다 떠나곤 했다. 해맑게 웃으며 살갑게 다가서던 아이부터 온갖 말썽을 피우며 내 몸과 마음을 힘들게 하던 아이까지 비슷한 아이들도 많았지만 알고 보면 각기 다른 삶을 살아가는 아이들이었다. 지금도 내 머릿속에는 그렇게 서로 다른 삶을 살아가던 많은 아이들이 남아 있다. 그래서 이렇게 아이들 글을 다시 읽을 때면 여지없이 내 마음은 흔들린다. 그럴 때마다 나는 아이들을 오랫동안 가슴속에 담아 둔다.

현진이도 그런 아이였다. 내가 밀양의 큰 학교에서 단산이라는 작은 학교로 자리를 옮기던 해에 만난 현진이는 내가 오기 한 해 전에 부산에서 전학을 왔다. 현진이도 처음에는 누구나 쓰는 형식의 답답한 일

기를 써왔다. 그런 현진이에게 일기 쓰는 법을 다시 가르쳐주며 관심
을 보이자 어찌나 자기 삶을 잘 드러내는 글을 쓰던지 놀랄 때가 한두
번이 아니었다. 잔병치레가 많아 결석을 자주 하던 현진이는 아버지,
오빠, 할아버지, 할머니 이렇게 다섯이서 함께 살았다. 아버지의 이혼
과 실직으로 귀농을 하게 된 전형적인 IMF 가정이었다. 그래서인지
아이의 집안은 그리 평온하지 못했다. 이따금 써오는 아이의 글에는
어머니에 대한 그리움이 진하게 묻어났다. 한 번은 그런 딸의 마음을
불편하게 생각한 아버지가 어머니의 재혼을 들먹이며 모녀간의 정을
애써 떨어뜨리려 한 글을 써오기도 했다. 아픈 상처와 흉터를 감추지
않고 글로 써내는 과정에서 아이는 힘들고 어려운 삶을 조금씩 견뎌내
고 있었다. 어쩌면 현진이는 힘들고 외로웠던 자기 삶을 이런 글쓰기
로 치유하며 살았는지도 모른다.

미운 가족 | 밀양 단산초 5년 강현진

아침에 학교 마치고 예슬이랑 놀다가 집으로 갔다. 피곤해서 집에 가자
마자 가방을 벗어 놓고 누웠다. 잠을 잘려는 참에 아빠가 왔다. 아빠가
말했다.

"니는 왜 공부 안 하노. 맨날 누워서 텔레비 보고 점심 때 너그 선생님이
전화해서 니 공부 못한다고 했다이가. 좀 공부 좀 해라!"

나는 믿어지지 않았다. 선생님이 우리 집에 전화해서 내가 공부 못한다고
말한 게 믿어지지 않는다. 그래서 좀 화가 났다. 그때 할아버지가 말했다.

"야, 큰 아야. 밤 파는데 1,500원 밖에 안 준다. 다른 데는 1,800원 주는데."

아빠는,

"그냥 파소!"

했다. 할아버지는 아빠가 성질내는 걸 보고 화가 나서 욕하면서 마루에 있는 재떨이를 신발장에 던졌다. 나는 정말 놀랐다. 할아버지가 물건 던지는 건 처음 봤기 때문이다. 아빠는 아무 말 않고 마루에 떨어진 담배들을 쓸고 버렸다. 나도 다시 일어나서 머리를 다시 묶고 화장실에 갈려고 밖에 나가려고 하니깐 신발장에 재떨이가 깨져 있었다. 정말 위험했다. 그때 정말 할아버지가 무서웠다. 그런 면이 있을 줄 상상도 못했다. 나는 화장실을 갔다 와서 과자를 먹었다. 아빠가 피곤해 하면서 말했다.

"현진아! 우리 부산으로 이사 갈래? 오빠하고 셋이서. 할아버지 때문에 못 살겠다."

나는 가기 싫어서 고개를 절레절레 저었다. 아빠는 알겠다면서 주무셨다. 부산은 정말 가기 싫다. 그곳은 아이들도 많고 밀양에 친구들과 정도 들었고. 부산은 정말 가기 싫었다. 아빠는 다시 일어나서 나 보고 술과 빵을 가져오라고 했다. 아빠는 말했다.

"오늘만 아빠 술 먹자. 딱 오늘만."

나는 아빠가 정말 불쌍했다. 그렇게 오빠 올 시간 동안 기다렸다. 오빠가 왔을 때, 아빠가 말했다.

"○○아, 부산에 이사 갈래?"

오빠는 성질을 내면서 "싫다!"고 말했다. 나는 모두 싫다. 엄마까지 다른 남자랑 시집가고 아빠는 억지로 밀양으로 데리고 와서 또 이사 가자 하고, 할아버지는 매일 아빠랑 싸우고, 모두 정말 싫다. 계속 울고 싶었다. 아빠도 슬픈지 울면서 마루로 나가서 주무셨다. 아무데나 들어가서 실컷 울고 싶다. 나는 커서 결혼을 안 할 거다. 엄마, 아빠처럼 이혼할까 봐. 나도 다른 아이들처럼 엄마, 아빠랑 행복하게 살고 싶다. (2002)

한동안은 아이들 삶이 정말 무엇일까 고민도 많이 했다. 아이들 삶이 어떤지도 모른 채 글쓰기를 가르치고 있다는 느낌이 자꾸 들었기 때문이다. 도대체 '삶'이란 무엇인가? '참삶'과 '거짓된 삶'을 정말 뚜렷하게 구별할 수 있을까? 글 속에서 아이들의 참삶을 읽어낸다는 게 가능한 일일까? 아이들 글을 보고 삶을 드러낸 글쓰기가 아니라고 단정 짓고 가르칠 만큼 나는 올바르게 살고 있는 것일까? 이런 고민으로 자기 위선을 들먹이며 자책할 때면, 나는 꼭 이오덕 선생님을 찾는다. 아이들의 글과 삶을 어떻게 봐야 할지 내게 처음으로 가르쳐주신 분이기 때문이다. 그럴 때마다 나는 오래전에 읽은 《글쓰기 어떻게 가르칠까》(보리, 1993)를 다시 꺼내 보곤 한다. 글에 담아야 할 삶이 무엇인지 뚜렷하게 정리해주신 이오덕 선생님의 말씀을 나는 지금도 자주 되새긴다. 헷갈리고 방향을 잡지 못해 방황할 때 늘 나를 곧추세워 주시던 말씀이다.

삶이 있는 글을 쓰자. 삶을 쓰자. 그 삶은 남의 삶이 아닌 나 자신의 삶이다. 지금까지 보잘것없다고 생각하여 덮어 숨기고 멸시해 온 내 것, 우리 것을 다시 찾아내어, 그 가난하고 조그마한 것들을 귀하게 아끼고 드러내어 보이고, 고이 키워 가야 한다. 눈부신 황금으로 빛나는 글의 보물 창고는 먼 어느 나라의 화려한 거리에 있는 것이 아니고, 하늘에 걸린 무지개

너머에 있는 것도 아니고, 오직 걱정과 한숨과 웃음과 눈물과 고뇌로 얼룩
진 우리들 나날의 삶, 나 자신의 삶 속에 있는 것이다. 삶의 글은 삶의 말
로 써야 한다. 삶의 말은 나날이 쓰는 정다운 우리들의 말, 나 자신의 말이
다. 빌려 온 말, 유식을 자랑하는 말, 남의 말이 아닌 쉬운 우리말이다. 사
실을 보여주는 말, 진실을 느끼게 하는 말, 가슴에 바로 와 닿는 말이다.

– 《글쓰기 어떻게 가르칠까》(92~93쪽)

아이들 곁에서 살아주는 일은 여전히 내게 어렵다. 학교가 크면 큰 대
로 작으면 작은 대로 아이들 곁에서 행복하게 살지 못하게 하는 요소들
이 여전히 나를 괴롭히기 때문이다. 그러나 자세히 들여다보면 가장 큰
원인은 내게 있었다. 교탁을 사이에 두고 아이들과 일정한 거리를 유지
한 채 하루를 보내는 교사에게 아이들이 다가올 리 없었다. 아이들과
눈을 마주치고 호흡을 같이 했을 때, 아이들은 노력하는 내 곁에 머물
러주었고, 내 곁을 떠나서도 늘 함께 했다. 나 또한 아이들 곁에서 몸으
로 부대끼고 각기 다른 아이들의 삶을 이해
하고 받아들이면서 비로
소 아이들의 삶이 보이고
글이 보였다. 아이들 곁에
서 살아가는 일은 아이들
의 글을 읽고 삶을 나누는
교사가 마땅히 해야 할 작
지만 가장 큰일이었다.

2

아이들은 관계 속에서 자란다

아이들을 바라보면
우리 어른들이 얼마나 잘못하고 있는지
반성할 때도 많다.
아이들 눈에 비친 내 모습 때문에
얼굴을 붉힐 때가 한두 번이 아니었다.
아이들의 글과 삶은
늘 어른들을 돌아보게 만든다.

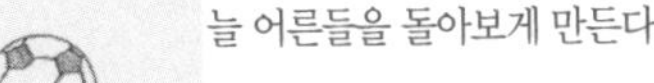

아이들은
관계 속에서
자란다

아이들의 삶을 어떤 한 가지로 규정짓거나 재단할 수는 없다. 곁에서 지켜본 아이들의 삶은 참으로 다양했기 때문이다. 걸쭉한 사투리로 이야기 맛을 더하는 아이들의 글은 그 어떤 것보다 재미나고 살아있다. 아이들이 자기가 사는 곳의 말을 살려 글에 담는 일은 솔직한 글쓰기의 출발점이다. 남의 돈을 빼앗고 괴롭히는 아이조차도 부모의 사랑을 받고 싶어 하고 연약한 동물에게 연민을 품는다. 그런 아이들을 볼 때면 나는 아이들을 착한 아이와 나쁜 아이로 나누고 편견을 갖는 일이 얼마나 무의미한 일인지를 절실히 깨닫는다. 똥 이야기만 하면 기겁을 하던 아이들이 어느새 자기 삶의 일부로 자연스럽게 받아들이며 즐기는 모습을 지켜보는 일은 내겐 큰 즐거움이었다. 특히 똥, 오줌, 방귀를 사이에 두고 벌어지는 동무들과 식구들의 이야기는 아이들을 둘러싼 삶을 오롯이 읽어낼 수 있게 해주었다. 교사와 부모 말고는 아무도 들어갈 수 없다는 아이들 세계를 글로 읽는 맛은 정말 쏠쏠했다. 마치 내 어릴 적 경험을 그 시절로 돌아가 다시 겪는 것처럼 느껴질 때도 많았다.

경제적인 배경과 문화적인 배경에 따라 아이들의 삶도 각기 다르게 나타났다. 어려운 가정환경에서 자라는 아이들의 모습에 더 눈길이 머무는 건 어쩔 수 없는 일이다. 힘들고 고된 삶을 살아가는 부모를 안쓰러운 눈으로 바라보지만, 부모의 삶을 걱정하고 곁에 있으려는 아이의 마음을 읽을 때면 참으로 대견해 보였다. 학원과 시험에 대한 부모의 교육관까지 드러나는 아이들의 글을 그저 쉽게 넘겨 버릴 수도 없었다. 아이들은 놀면서 자란다는데 제대로 놀 시간조차 주어지지 않는 아이들의 현실을 글로 접할 때면 그저 안쓰러울 따름이었다. 오로지 하나의 잣대로 아이들을 줄 세워 구분 짓고 차별하는 사회체제 안에서 하릴없이 끌려다녀야 하는 아이들과 어른들의 고충이 한편으로는 이해되다가도, 다른 길을 찾지 못하고 힘없이 주저앉는 모습을 지켜볼 때면 씁쓸함이 스멀스멀 내 곁을 찾아들기도 했다.

아이들을 바라보면 우리 어른들이 얼마나 잘못하고 있는지 반성할 때도 많다. 나 또한 아이들 눈에 비친 내 모습에 얼굴을 붉힐 때가 한두 번이 아니었다. 아이들의 글과 삶은 늘 어른들을 가르치고 돌아보게 만든다. 시골 아이들의 삶과 도시 아이들의 삶도 다른 듯 닮아 있는 경우가 많았다. 시골과 도시의 삶 가운데 어느 게 더 가치가 있는지를 논하고 구분 짓는 일은 의미가 없었다. 다양한 조건과 환경에서 살아갈 수밖에 없는 우리 아이들을 곁에서 돌보는 어른들의 노력이 어디까지 미치는지가 중요했다. 오늘도 어김없이 나는 아이들의 글을 읽는다. 닮은 듯 다른 아이들의 삶을 읽고 또 읽는다. 감춰진 저편에 아이들의 삶과 아이들을 둘러싼 어른들의 삶까지도 읽으려 한다. 아이들을 읽지 못하고서는 아이들과 함께 살아가기 어렵기 때문이다.

사투리는
힘이
세다

사투리 | 밀양 밀성초 6년 이가은

친구들과

놀다가

사투리를 썼다.

그런데 애들이

웃으면서 놀렸다.

나는

그냥 쉽게

"잡빠졌네"

"웃긴다" 했는데

애들은 모두

"촌년아!" 하며

못쓰게 한다.

나는

서울말 쓰는

'아' 들이

더 '촌년' 같던데.(1998)

교사가 되어 처음으로 아이들을 만난 곳은 경남 삼천포였다. 지금은 사천시에 통합됐지만, 당시만 해도 전국에서 가장 작은 시로 불리던 곳이다. 서울에서 태어나 초등학교 2학년 때 부산으로 전학을 와서 대학교까지 쭉 자란 나는 오랫동안 경상도 사투리와 표준말을 어설프게 섞어 가며 지냈다. 그러다 동부 경남인 부산에서 서부 경남인 삼천포로 넘어가면서 여러 낯선 문화를 경험하게 됐다. 그 가운데 하나가 바로 사투리다. 같은 경상도라고 해도 진주권과 부산권은 쓰는 말의 억양이나 쓰임이 조금씩 달랐다. 살아가는 데 큰 지장은 없었지만, '뭐 하노' 라는 말보다 '뭐 하네' 라고 쓰는 아이들과 지내는 일이 사뭇 다른 느낌으로 다가왔다. 만 2년 2개월을 보낸 그곳에서 아이들의 살아있는 말과 글을 담은 학급문집 하나 엮지 못하고 떠난 일이 지금도 늘 아쉬움으로 남아 있다. 그 시절 있었던 일이다. 교장 선생님이었는지 교감 선생님이었는지 정확히 기억은 나지 않지만, 아이들이 표준말을 잘 쓸 수 있도록 지도하라는 훈시를 한 적이 있다. 경상도에서 자란 토박이 선생님들이 표준말을 정확히 발음하여 지도하기도 어려운 일이지만 왜 경상도 아이들이 표준말을 익히며 살아야 하는지 잘 이해가 가지 않았다. 한 번은 표준말을 쓰고 익히라며 훈시하던 선생님이 방송으로 한 선생님을 부른 적이 있는데 이름 가운데 규' 자를 '구' 로 발음해서 같이 듣던 선생님들과 한참을 웃은 일도 있었다. 지역에 사는 사람들에게 사투리에 대한 콤플렉스는 생각 이상으로 클 때가 있다. 그래서 그런지, 아이들에게서 사투리를 쓰지 않으려 애쓰는 모습을 종종 보게 된다. 특히 명절이 지난 뒤 서울·경기지역 사촌들과 만나고 돌아온 아이들의 말투에는 언제나 어색한 서울말이 섞여 있었다. 명절 때 서울에서 '촌티' 내지 않으려 애쓴 아이들의 마음을 읽을 수 있는데, 이런 아이들의 어색한 모습도 그리 오래가지 못했다.

목욕탕에 똥 떠내려갑니더~ | 밀양 산내초 6년 오진영

아빠 친구 미숙이네, 수미네, 민호네, 우리 이렇게 네 식구가 청도에 갔다. 용암물이 흐르는 목욕탕에 때 뱃기로 간 것이다. 거기는 물이 미지근하게 차웠고 확실히 넓었다. 열쇠도 밖에 있는 안내원 언니가 주었다. 엄마랑 실큰 목욕을 다하고 있는데, 뭐가 떠내려왔다. 나는 엄마한테,

"엄마, 머 떠내리간다~"

나는 속으로 바나나 껍질인 줄 알았다. 진짜 노란 게 마치 꼭 그렇게 생겼다. 엄마는 일어서서 보더니

"이거 똥이네!"

하고 소리쳤다.

"아지매, 탕에 똥 뜨네리갑니더~ 애~"

하면서 말이다.

탕 주인은 얼른 들어가서 똥을 건졌다. 미숙이 엄마와 나는 얼른 밖으로 나왔다. 하지만 탕 속에 또 들어가는 아줌마들이 있었다. 똥 가루가 아직

   아이들 글 읽기와 삶 읽기

바닥에 남아 있었다. 목욕을 하고 있는 수미 엄마는 욕을 퍼부었다.

"어느 년이 그랬노?"

엄마는

"아까 얼굴 납작한 가시나 그기 앉아 있드만. 어쩐지 꾸룽내가 난다 했다."

"아이고 그른 소리 하지 마이소. 앵꼽아, 올라 올라 캅니더."

미숙이 저거 엄마는 얼굴을 찌푸렸다. 우리도 그럼 똥물에 목욕한 거네?

드릅다. (1996)

강의를 다니면서 아이들 글을 소개할 때, 선생님들께 꼭 들려주는 글이다. 진영이는 키가 크고 착한 평범한 시골 아이였는데, 입말을 잘 살려 겪은 일을 아주 재미있게 묘사했다. 특히, 경상도 '아지매' 들의 살아있는 말들을 잘 드러내 누구나 경상도 사투리의 맛을 느낄 수 있다. 선생님들에게 이 글을 읽어드리면 탕 속에 들어가 있는 노란 똥을 떠올리면서 더럽다 생각하다 이내 경상도 '아지매' 들의 걸쭉한 입담에 크게 웃곤 한다. 그때 이런 아이들의 글이 살아있는 글이 아니겠냐고 말씀드리면 모두들 고개를 끄덕이신다.

담임이 되어 처음으로 펴낸 1996년 학급문집에는 사투리가 그나마 이렇게라도 살아있었다. 그러나 경상도 아이들 사이에서도 사투리 찾기는 점점 힘들다. 그 원인이 어디에 있는지는 잘 모르겠다. 다만, 이제는 대중화된 영상매체와 인터넷을 통해서 전국에 사는 아이들의 말이 서로 비슷하게 닮아 가는 것은 아닐까 싶다. 그도 아니면, 사투리에 대한 지역사회와 어른이 갖는 편견이 점점 아이들의 말을 재미없게 표준말로 통일시켜 버리는 것은 아닐까 하는 생각도 든다. 하여간 경상도 아이들의 말은 점점 재미없어져 가고 어른들의 말을 귀담아 글로 옮기는 아이들도 줄어들고 있다. 큰 도시로 갈수록, 해가 바뀔수록 점점 심해져 아이들 말과 글에서 더 이상 정겹고 담백한 사투리를 찾기가 어려운 세상이 되었다. 그래서 그런지, 이따금 사투리를 실린 아이들의 글을 볼 때면 무척 반갑다.

아이고 무서브라이 ㅣ 김해 어방초 4년 남정은

오늘도 시골에 갔다. 그것도 아침에 밥도 안 먹고 후다닥 시골에 갔다. 셋째 이모, 둘째 이모, 첫째 이모 다 우리 아빠 차에 태우고 갔다. 차가 무거웠겠다. 외갓집에 도착하자마자 비옷을 입고 장갑을 끼고 산으로 바로 올라갔다. 나는 감기가 아직 안 나아서 옆에서만 밤 주었지 산으로는 안 올라갔다. 밤 몇 개 줍다가 포기했다.

"어? 조금만 더 줍고 가자~."

효정이 언니는 귀찮아하는 말투로 말했다. 결국 내가 조르는 바람에 가게 되었다.

"음머~."

"음머어어어어!"

소와 나는 대화를 했다. 그런데 오히려 소를 화나게 했나 보다. 소는 새끼를 밀치고 문을 열었다.

"음머~."

"아이고 무서브라이!"

　　　　　　　　　　　　아이들 글 읽기와 삶 읽기

"언니야 큰일 났데이. 소가 우리 밖으로 나왔데이. 그 덕분에 내 바지도 버렸다이가. 뛰어오느라고 깜짝 놀랬다. 우짜지 아빠한테 말하로 가자!"

"그래야겠제?"

"당연하지!"

"아빠 소가 우리 밖으로 나왔어요!"

잠자던 아빠는

"아~ 왜 아빠 깨우고 그래!"

아빠가 더 무서웠다. 정말 무서웠다.(2006)

개구지 이 | 김해 어방초 2년 윤성일

오늘 저녁 먹고 나서 내가 엄마한테,

"엄마 이가 흔들린다"

고 하니 엄마가

"당장 빼야 겠다"

고 하셔서 내가

"싫다"

해도 엄마는 결국 뺐다. 이를 뺄 때 실이 두 번이나 제대로 안 묶였다. 내가

"안 할래~"

하니까 엄마가

"삼세번 아이가?"

그래서 내가

"이제 딱 한 번만 더 뺀다"

하니 엄마가 "그래" 해서 실을 묶고 댕기니, "탁!" 소리와 함께 이가 빠졌다. 개구지 이가 돼서 시원했다. 개구지란 누나가 앞니 두 개를 뺀 내 모습을 보고 말하는 거다.(2008)

할머니의 사투리 | 밀양 단산초 5년 하수린

저녁에 할머니와 은지가 나란히 누워 있었다. 그런데 은지가 일어나 창문에 기대어 '달그닥' 소리를 내었다.

할머니께서

"아이고~ 시끄러브라~. 자꾸 그카먼 밑에서 개네이 올라온데~"

하니 은지가

"할매 개네이가 뭐꼬?"

하자 할머니는 웃으면서

"개네이는 고양이 보고 그칸다"

하자 은지는

"아~"

하며 할머니 옆에 누웠다. 한 5분이 지나가 새롬이가 왔다. 그리고 뛰어가다가 할머니 다리를 밟았다. 할머니는 그냥 안 아픈지 그냥 아무 말도 안 했다. 그런데 내가 모르고 밟으니 이건 아픈지,

"아이고 아파래~ 좀 살살 댕기지"

하며 나를 꾸중하셨다. 나는 할머니의 그 사투리가 재밌고 좋다.(2002)

사투리에는 표준말이 갖지 못하는 힘이 있다. 물론, 표준말이 가치가

없다는 뜻은 아니다. 다만, 말에는 고향이 있고 오랫동안 그 말을 쓰는 사람의 삶이 배어 있다는 말이다. 이런 말을 쓰지 못하게 하는 일은 자기를 부정하는 것과 다르지 않다. 일제강점기에 우리말과 글을 쓰지 못하게 한 일을 굳이 떠올리지 않더라도 우리는 어쩌면 끊임없이 자기를 부정하는 교육을 하고 있는지 모른다. 이른바 사회경제적 '성공'에 이르기 위해 아이들은 끊임없이 자기 것을 부정하고 버려야 한다. 시간과 식구들을 버려야 하고 자기 꿈을 버리고 부정해야 한다. 심지어는 자기가 살고 있는 지역의 말도 부정하고 버리려 한다. 요즘도 일기에 사투리를 실감 나게 넣은 아이들의 글을 보고 그렇게 쓰지 말라고 강요하는 어른들을 가끔씩 본다. 그럴 때마다 어른들에게 사투리가 주는 맛과 힘을 설명하지만 표준말에 대한 미련을 못 버리는 분들이 꽤 많다. 만약 경상도 아이인 정은이와 성일이가 글에 '무스브라이'나 '개구지' 같은 말을 쓰지 않고 '무서워'나 '개구쟁이'라는 말을 썼다면 어땠을까? 아마도 그 울림은 뚝 잘라져 버렸을 것이다. '할머니의 사투리'를 얘기하는 수린이의 글도 마찬가지다. 정답고 구수한 할머니의 사투리 덕에 수린이는 할머니에 대한 정이 더욱 깊어만 갔다. 사투리에는 지역의 문화와 역사, 그리고 그 속에서 오랫동안 살아온 어른들의 삶이 배어 있다. 사투리를 아이들 삶과 따로 떨어져 이야기할 수 없는 까닭이 바로 여기에 있다.

꼬추 떨어진다 | 논산 반곡초 6년 홍민재

오늘 저녁에 라면을 맛있게 먹고 설거지를 했다. 설거지 거리가 꽤 많았다. 우선 물을 틀고 수세미에 퐁퐁을 묻힌 후 그릇을 들고 닦는다. 이때 그릇에 물을 살짝 넣고 닦으면 거품질이 더 잘된다. 양은 냄비도 닦고 밥그릇도 닦았다. 그릇을 다 닦고 숟가락과 젓가락을 닦으려 하자 할아버지께서 이렇게 말씀하셨다.

"이놈아, 옛날에는 남자가 설거지하면 꼬추 떨어졌어."

"할아버지, 그건 옛날 말이고요. 그리고 꼬추가 왜 떨어지겠어요. 말도 안 되는 소리하지 마세요."

"아무튼 꼬추 떨어지니깐 하지 마!"

"좀만 더 하고요. 그런데 왜 고추가 떨어지는데요?"

"설거지는 원래 여자가 하니께 그러지. 여자는 꼬추가 없고 남자는 고추가 있응께. 여자가 하는 설거지를 남자가 하면 여자처럼 꼬추가 떨어징께 그러제."

"할아버지도 한 번이라도 설거지했을 거니까, 꼬추 떨어졌겠네요?"

"시끄러 요놈아~ 꼬추 떨어지기 싫으믄 얼른 하고 들어가!"

할아버지께서는 담배 한 대 피시고 방에 들어가셨다. 할아버지 젊으셨을 때는 여자가 거의 설거지했으니까 나한테 이런 이상한 말을 하신 것 같다.(2009)

김칫국 끓이기 | 논산 반곡초 6년 홍민재

오늘 저녁에 주방으로 갔다. 한숨 자니 배가 고파서 주방을 뒤적거렸다. 반찬이 없었다. 그래서 나는 할머니한테 반찬이 없다고 했다.

"할머니, 반찬도 없고 국도 없는디 어떡해요?"

"김칫국이나 좀 끓여줄까?"

"네, 좋아요. 맛있게 끓여주세요."

아이들 글 읽기와 삶 읽기

"그려."

할머니께서는 딸그락 딸그락 냄비를 찾으신 후 김치 통에서 김치를 꺼내 도마에 올린 후 김치를 썰어 냄비에 담으셨다. 그때 갑자기 김칫국 끓이는 방법을 알고 싶었다.

"할머니, 저 김칫국 끓이는 법 좀 알려주세요."

"니까짓 게 배워서 뭐해 먹게. 고추나 떨어질려고?"

"그래도요. 알으켜주세요. 나중에 써먹게요."

"그려, 잘 봐봐. 하는 거?"

할머니는 서랍에서 통을 꺼내셨다. 나는 그게 무엇인지 대충 알 것 같았다. 바로 조미료 다시다였다. 그리고 멸치 박스에서 멸치를 반주먹 꺼냈다.

"할머니 소금은 안 넣어요?"

"김치가 짠께 안 너두댜."

"멸치는 왜 넣어요?"

"국물이 맛있게 지게 할려고 넣지."

할머니께서는 먼저 물이 끓자 멸치를 넣고 끓여서 국물을 낸 다음, 김치랑 다시다를 넣었다. 나는 싱거울 줄 알았는데 생각과 다르게 짰다. 그래도 이 맛에 먹는 거라고 한다. 비록 오늘은 내가 끓이진 못했지만 다음에는 내가 한번 김칫국을 끓여 봐야겠다. (2009)

급살 맞네! | 논산 반곡초 6년 홍민재

오늘은 바람이 불어서 그런지 좀 쌀쌀했다. 하지만 좀 쌀쌀할 뿐 춥지는 않았다. 그런데 우리 할머니랑 할아버지는 춥다고 하신다.

"아따 오늘 날씨는 겁나게 춥네."

"바람이 불어서 그랴. 급살 맞게 오라는 비는 안 오고 춥기만 햐."

"할머니 그렇게 추워요? 난 바람 불어서 시원한데."

"늙으면 다 춥게 되는 겨. 너는 아직 어려서 몰라."

"늙으면 왜 추워지는데요?"

"거, 참. 급살 맞게 왜 그랴. 들어가서 공부나 햐!"

할머니는 순 충청도 사람이라 별 희한한 사투리를 많이 쓰신다. 그 중에 난 '급살 맞네' 가 제일 인상이 깊었다. 할머니랑 할아버지는 뭔 일만 있으면 '급살 맞네' 하신다. 그래서 나는 이 '급살 맞네' 라는 말이 귀에 배겨 버렸다. 할머니는 방을 어질러 놓아도 '급살 맞네', 말을 잘 안 들을 때도 '급살 맞네' 하신다. 이제는 내 입에도 배겨 버린 것 같다.(2009)

민재는 그리 크지 않지만 땅땅한 체격에 사내다운 아이다. 말투는 투박하지만 뒤끝 없고 박력 있어 늘 믿음이 간다. 시골마을 작은 학교에서 씨름 선수로 전국체전에 나가 상을 탈 정도이니 아이의 모습을 짐작할 수 있을 것이다. 충청도 사투리를 재미나게 담아낸 두 편의 글은 민재의 삶을 그대로 보여주고 있다. 할아버지와 손자가 설거지를 사이에 두고 사투리로 실랑이를 벌이는 모습이 재미있다. 두 번째 글에도 손자에 대한 할머니의 사랑이 곳곳에 묻어 있다. '사랑' 이라는 말이 한 번도 보이지 않지만, 충청도 사투리가 진하게 묻어나는 어른들의 말 속에 이미 그 '사랑' 은 흠뻑 담겨 있다. '급살 맞네' 라는 마지막 글에 담긴 사투리에 대한 민재의 관심도 흥미롭다. 민재가 어른이 되어서도 귀에 배고 입에 배인 '급살 맞네' 라는 말을 자기도 모르게 쓸 때면 아마도 자기를 키워주시고 사랑해주신 할머니와 할아버지를 떠올릴 수밖에 없을 거다. 사투리의 힘은 보이지 않는 곳에서 미처 깨닫지 못한 순간에 아이들 삶 전체를 아우른다.

사실 충남 논산으로 전근을 해 오면서 걱정이 앞섰던 게 하나 있다. 희미하게나마 사투리가 살아있던 경상도를 떠나 표준말에 가까운(순전히 내 생각이지만) 충청도에 오면 아이들이 전해 오는 말의 재미를 덜 느낄 거라는 생각 때문이었다. 그러나 그런 우려도 잠시, 아이들 말에 조금씩 익숙해지면서 표준말과 다른 충청도만의 사투리와 억양이 뚜렷하게 들려왔다. 처음에는 일기에 표준말만 쓰던 아이들도 조금씩 자기를 드러내면서 거침없이 사투리를 쓰기 시작했다. 시골이어서 그 진함이 더 했겠지만, 이런 아이들의 글을 읽을 때마다 나는 얼마나 기뻤는지 모른다. 아무튼 지역과 자기 삶을 잘 드러내는 사투리가 오랫동안 우리 곁에 남아 있으면 좋겠다. 아이들 입에서라면 더욱 좋겠다.

동물들
곁에서
크는
아이들

아이들은 자기와 다른 생명체에 대한 이야기가 나올 때면 모두 호기심과 흥분 상태에 빠진다. 몸소 키우는 동물에서 우연히 만난 동물까지 아이들을 거쳐 간 동물 이야기를 할 때면 교실이 후끈 달아오른다. 그러나 자연과 더불어 살아가는 시골 아이들과 달리 사는 공간이 다른 도시 아이들은 동물을 대하는 태도와 방식이 조금 다르게 나타난다. 특히, 가뜩이나 혼자 자라는 아이가 많고 생명들과 떨어져 사는 도시 아이들에게 자연과 동물은 두려움의 대상이거나 괴롭힘의 대상이 되곤 한다. 물론 보살핌을 받지 못하고 상처가 많은 시골 아이들도 곁에 두고 사는 동물을 적대시하는 모습을 가끔 보인다. 도시와 농촌이라는 공간을 떠나 따뜻한 보살핌을 받고 자란 아이들과 그렇지 못한 아이들 사이에는 여러 면에서 차이가 난다. 동물을 만나는 아이들의 몸가짐만 봐도 알 수 있다. 그래서인지 자연 속에서 살아가는 동물이든 인간 세계에 버려져 살 수밖에 없는 동물이든 모두를 어여삐 여기는 아이들을 보노라면 내가 미처 알지 못한 아이들의 또 다른 면을 읽을 수 있어 반갑다.

올챙이와 개구리 알 | 김해 어방초 4년 하석훈

내 동생 성욱이가 어방체육공원에서 잡은 올챙이하고 개구리 알을 관찰하
고 있을 때, 알에서 올챙이가 태어났다. 태어나자 헤엄을 너무 잘 쳤다. 동생
이 "엄마 개구리 알에서 올챙이 태어났어" 하며 너무 좋아했다. 그런데 그건
별로 좋아할 일이 아닌 것 같았다. 그래도 올챙이들이 헤엄치는 것은 아주
조금 귀여웠다. 개구리 알을 만져 보니 물렁물렁한 젤리 같았다. 나는 갑자
기 이상한 생각을 하였다. '이 알이 올챙이가 되고 개구리가 되면 튀겨먹을
까?' 하고 말이다. 상상만 해도 군침이 돌았다. 그런데 문제는 맛있는가 맛
이 없는가였다. 시골에서 잡은 것은 다 맛있었다. '아마도 맛있을 거야.' 나
는 갑자기 올챙이가 빨리 개구리로 되었으면 좋겠다고 생각했다. (2007)

개구리 잡기 | 김해 어방초 2년 허민준

국진이랑 최정욱이랑 배태훈이랑 나랑 어방체육공원에 개구리를 잡으로
갔다. 태훈이랑 국진은 개구리를 잡아서 통에 넣어 놓는다. 나는 개구리를
못 잡는데 한번 잡아 보았다. 정욱이는 무서워서 한 마리도 못 잡았다. 국
진이는 15마리, 태훈이는 21마리, 나는 18마리. 정욱이는 못 잡아도 8마리
를 잡았다. 나는 개구리 잡기가 어려운 줄 알았는데 아주 쉬웠다. 만졌을
때 기분이 아주 좋고 재미있었다. 잡아서 우리 네 명만 넣는 비밀 통에 숨
겨 두었다. 나중에 개구리를 다시 돌려보내 주어야겠다. (2008)

경남 김해에 사는 2학년과 4학년 남자아이들이 각각 해를 달리해 학교
뒷산 체육공원 가까이에 서식하는 개구리 마을을 찾아가 노는 이야기

다. 4학년인 석훈이는 우습게도 올챙이를 보면서 개구리로 자라면 잡아 먹을 생각을 하는데, 2학년인 민준이는 개구리를 잡아 봐서 기분이 좋았고 여러 마리를 잡아 비밀 통에 넣어 두겠다는 얘기를 한다. 나는 나중에 개구리를 돌려보내 주어야겠다는 민준이 생각을 개구리로 키워 잡아먹고 싶어 하는 석훈이 생각보다 더 착한 것으로 보고 싶지는 않다. 이 두 가지 모습 다 아이답다고 생각하기 때문이다. 아이들은 어떤 생각이든 할 수 있다. 도덕적이고 교훈적인 잣대를 성급하게 들이대기보다는 그 속에서 어떤 감성을 키워 갈 수 있는지 어른들이 도울 방법을 찾는 게 더 중요할지도 모른다. 우리 아이들이 자연과 동물을 자주 만나면서 전에 겪지 못한 감성이 생겨 살아있는 것에 대한 소중함을 느끼며 자란다면 점차 사라져 가는 많은 생명들이 아이들 곁에서 오랫동안 살아있을 것이다.

병아리 | 밀양 밀성초 5년 황태석

오늘 학교를 마치고 집에 오는 길에 칼라 병아리를 봤다. 염색을 했는데 무척이나 귀여웠다. 사고 싶은 욕망이 생겼으나 저번에 죽인 일이 있어서 꾹 참고 그냥 집에 왔다. 아직도 귀에 '삐약' 이란 소리가 들리는 것 같았다. 나는 무심코 학원에 갔다. 학원에 어떤 아이가 칼라 병아리를 사 왔다. 아이들은 신기한 듯, 한 번씩 만져 보았다. 나도 만져 보니 병아리가 신기하게 나를 따르는 것이었다. 다른 아이에게 시끄럽게 굴어도 나한테 있으니 무척이나 얌전했다. 그나저나 요즘 따라 동물을 많이 본 것 같다. 어쨌든 병아리를 보니 전에 죽은 병아리가 눈에 아른 거렸다. '내일 살까?' 이

 아이들 글 읽기와 삶 읽기

런 생각도 잠시 해 보았다. 마침 오늘 치킨을 먹었는데 살생을 한 것 같아 병아리에게 왠지 모르게 미안했다. 마음을 굳게 먹어야겠다. (1998)

불쌍한 병아리 | 밀양 밀성초 5년 박유민

오늘 희은이랑 형림이가 놀러 왔다가 갈 시간이 되어서 버스 정류장에 갔는데 어린아이들이 쭈그리고 앉아서 뭘 하고 있었다. 우리 셋은 가 보았다. 그러니 병아리 한 마리가 죽어 묻어주려고 하는 것이었다. 그래서 우리는

"빨리 묻어주라"

하니 안 묻어주고 있었다. 그래도 계속 보고 있으니 병아리가 막 움직였다.

"우왓!"

그때 주인으로 보이는 남자아이가 있었는데 그 아이가 살아있는 병아리를 묻으려고 했다. 그러자 희은이가

"어~ 저것들 벌써부터 생매장시키는 걸 하려고 한다."

그래서 나도

"아니 이것들이 벌써부터 더러운 걸 배우고 그래!"

했다. 그래도 그 아이들은 아랑곳하지 않았다. 가만히 보고 있던 형림이가

"살아있는데 와 이라는데? 어, 어?"

그러자 병아리 주인 아이가

"엄마가 갖다 버리라 캐서."

분위기가 이상해졌다. 형림이는

"맞고 갖다 놓을래? 그냥 갖다 놀래?"

했다. 나는

"아이고 니는 꼭 폭력으로 다스릴라 카네. 따뜻하게 해주라. 따뜻하게"
라고 하니 가만히 있다가 옆에 있던 여자애가 이상한 가방에 병아리를 넣
고 휴지로 덮었다. 생각 같아서는 내가 데리고 가서 살리고 싶었다. 하지
만 대책이 없었다. 아이들이 휴지로 덮고 있을 때, 우리는 그냥 버스 정류
장 쪽으로 갔다. 그리고는 병아리의 병복을 빌었다. (1998)

병아리 집 갈아주기 | 김해 어방초 2년 박은서

병아리 키운 지 며칠이 지났다. 벌써 날개가 생겼다. 오늘은 좀 더 큰 집
(상자)으로 이사를 했다. 얼마나 또 자랄지는 모르지만 잘 키워야겠다. 신
기하기는 했다. 병아리에서 닭처럼 날개가 크게 삐져나오고 있는 것이다.
집을 바꿔서 깨끗하게 해주었다. 좁쌀도 주고 물도 주고 했더니 더 활발하
게 움직이는 것 같다. 앞으로도 계속 지켜보면서 키워야겠다. 엄마는 아직
도 귀찮다고 짜증을 낸다. 그래도 새집으로 이사를 해주고 나니까 마음은
뿌듯하다.(2008)

도시에서 의미 없이 죽어 가는 생명 가운데 병아리만 한 것도 없을 것이
다. 10년이라는 차이를 둔 글에도 병아리 이야기는 빠지지 않고 등장한
다. 내 어릴 적에도 학교 앞에 웅크리고 앉아 병아리가 가득 든 상자를
앞에 두고 수업을 마친 아이들을 기다리는 할아버지가 있었다. 그때 산
병아리를 수탉이 될 때까지 키운 적도 있는데, 요즘은 그렇게 크는 병아
리가 별로 없는 것 같다. 병들고 죽어 가는 병아리를 가져와 팔기도 하
고 태석이가 말한 것처럼 한때는 병아리 털에 물을 들여 파는 때도 있었

   아이들 글 읽기와 삶 읽기

다. 아이들은 대개 작고 귀여운 것을 좋아한다. 연약한 것을 보면 돌봐 주고 싶어 하고 죽기라도 하면 엄청 슬퍼하기도 한다. 태석이는 한 번 병아리를 키워 본 모양이나 이내 죽게 만든 경험이 있어 쉽게 병아리를 다시 사지 못한 것 같다. '마음을 굳게 먹어야겠다'는 태석이 마음이 아이답다는 생각이 든다. 유민이의 글은 참 보기 드문 이야기다. 어머니가 버리라 한 병아리를 살아있는 데도 땅에 파묻겠다고 나온 남매를 지켜본 아이들 모습을 떠올릴 때마다 나는 웃음이 나온다. 5학년이었지만 작고 귀엽기만 했던 아이들이 자기보다 어린아이들을 앞에 두고 훈계를 하는 모습이 재미있기 때문이다. 살아있는 것들에 대한 애틋함도 묻어나는 것이 미처 몰랐던 아이들의 또 다른 면을 엿볼 수 있었다. 은서도 형제 없이 혼자 큰 아이다. 어머니가 없는 날 집에 들어가는 날이면 외롭다던 아이였는데, 어디선가 병아리를 구해 집에서 키우기 시작했다. 어머니의 잔소리도 아랑곳하지 않고 정성껏 키우는 은서의 모습이 예쁘기만 했다. 은서에게 곧잘 병아리 소식을 묻곤 했는데, 안타깝게도 얼마가지 않아 죽었다. 무척 아쉬워하며 슬퍼하는 은서 모습이 지금도 생생하다. 병아리를 둘러싼 아이들의 삶을 읽으면서 병아리와 닮아있던 아이들의 삶을 좀 더 따뜻하게 지켜주고 보살펴주지 못했던 것이 지금도 못내 아쉽고 미안하다.

염소들의 짝짓기 | 밀양 산내초 6년 이민정

학교 차를 기다리고 있었다. 차를 기다리는 곳에는 영희네가 키우는 염소 농장이 있다. 그런데 우연이 염소를 보니 모두 다 한 염소를 따라다니는 것이었다. 보니 한 놈이 암놈이었다. 수놈들은 암놈의 엉덩이 냄새를 맡으면서 따라다녔다. 뒤를 따라가면서 엉덩이 쪽으로 올라타는 것이었다. 그 암놈은 새끼를 가졌을 것이다.(1996)

토끼랑 하는 산책 | 밀양 단산초 5년 강현진

학교 갔다 와서 짚이 많은 창고에 가서 토끼집에서 토끼를 꺼냈다. 토끼는 무겁고 털이 빠져서 귀를 잡고 꺼냈다. 토돌이한테 보여주니깐 "으르렁" 거렸다. 좀 무서웠다. 토끼를 들고 밖에 나갔다. 풀이 있는 곳에 토끼를 두니깐 풀을 먹었다. 아주 잘 먹었다. 꽃이 있는 곳에 두니깐 꽃은 안 먹고 풀만 먹었다. 우리 집 토끼는 무섭게 생겼다. 몸은 하얀색인데 눈은 빨개서 무서웠다. 그때 할아버지가 와서 풀이 더 많은 곳에 내려다 두라고 했다. 그래서 토끼의 귀를 잡고 풀이 많은 곳에 두었다. 토끼는 잘 먹었다. 나는 돌아다녔다. 다시 토끼의 귀를 잡고 집에 갈려고 했는데, 잡으니깐 토끼가 안 갈려고 버텼다. 들려고 하니깐 안 들렸다. 두 손으로 드니깐 들렸다. 토끼는 커서 힘도 셌다. 토끼를 들고 토끼집에 넣었다. 집은 토끼한테 작은 것 같았다. 토끼가 뛰어다니기도 작았다. 그래도 토끼가 잘 자랐으면 좋겠다. (2002)

송아지가 팔린 날 | 밀양 단산초 5년 강현진

저녁에 소가 하도 울어서 아빠한테 물어봤다. 아빠는 송아지가 팔려 가서 우는 거라고 했다. 그러고 보니 송아지가 없었다. 소는 계속 울어댔다. 정말 시끄러웠다. 불쌍하기도 했다. 송아지는 잘 까불고 밖에 잘 나가서 잡기가 힘들지만 귀여웠다. 맨날 송아지가 마당에 올라오면 발로 차고 때리고 괴롭혔는데 정말 미안했다. 송아지가 있을 때 잘해줘야 했는데. 다시 송아지가 와서 내가 송아지에게 더 잘해줬으면 좋겠다. 외양간도 쓸쓸했다. 소는 계속 울어댔다. 소도 불쌍했다. 자기 새끼가 팔려 갔을 테니깐. 송아지한테 정말 미안하다. 다시 송아지가 있을 때로 돌아가고 싶다. (2002)

가엾은 돼지 | 밀양 밀성초 5년 이가은

할머니 생신이라고 모처럼 모인 어른들께서 돼지를 한 마리 사서 잡아먹자는 것을 이야기하셨다. 그냥 한번 해 보는 말이겠지 생각했는데 아침식사를 하신 후 정말 경운기를 몰고 가서서 큰 돼지 한 마리를 꽁꽁 묶어서 싣고 오신 것이었다. 돼지가 들어오자 뭣 모르는 동생들은 좋다고 난리였지만, 나는 앞뒤 다리가 묶이고 머리에는 비료포대를 쓴 돼지가 불쌍해서 볼 수가 없었다. 그런데 동생들과 당산나무가 있는 쉼터에 놀러 가려고 나가다가 그만 돼지의 목을 자르는 모습을 보고 말았다. 그래서 갑자기 어른들이 너무 잔인하다는 생각을 했고 앞으로는 돼지고기를 먹지 않겠다고 생각했다. 나중에 어른들의 권유로 결국 고기를 조금 먹었지만 아까 오전에 돼지를 잡는 모습을 생각하니 입에 있는 고기를 뱉어 버리고 싶었다. 돼지는 너무 가엽고 불쌍하다. (1998)

불쌍한 흰 개 | 밀양 단산초 5년 하수린

며칠 전부터 우리 집에 와서 복실이랑 놀던 하얀색 개. 집에도 안 가고 계속 우리 집에 있다. 그런데 문제가 하나 있다. 안 그래도 삐쩍 마른 개가 우리 집에 와서 밥도 못 먹는다. 어쩌다 한 번씩 자기 집에 갔다 오곤 한다. 그런데 오늘따라 그 개가 보이질 않았다. 아빠가 말하시는데, 아까 무엇에 눈을 세게 부딪혔다고 하셨다. 그리고 어떤 아저씨는 도로 건너로 넘어갔다는 말도 하셨다. 아빠는 바람 부는데 아침 일찍 나가 찾으셨다. 그 개는 내가 뭘 주려고 온나고 해도 안 온다. 한 번씩 밥그릇에 조금 남아 있는 것을 긁어먹긴 했는데 배는 여전히 홀쭉하다. 아빠는 자꾸만 기분 나쁘게 "죽었나? 우째 됐노?" 하며 걱정하셨다. 그리고 나는 아빠도 조금 미웠다. 평소에는 아는 척도 안 하더니 갑자기 없어지니깐 찾으니깐 말이다. 그 개는 어디 갔을까? 아빠가 개 주인집에 전화해도 안 왔다고 한다. 아마 진짜 아빠 말대로 죽기라도 한 게 아닐까? 혹시 내 꿈에 나타나서 왜 자기는 안 돌봐줬다고 원망하는 게 아닐까? 그 개가 어디 갔을까. 정말 죽기라도 하면 어쩔까? 평소에 잘해줄 걸. 그 개가 너무 불쌍하다. (2002)

햄스터, 강아지, 고양이, 병아리가 도시 아이들이 흔히 볼 수 있는 동물이라면 시골에는 좀 더 많은 동물이 아이들 곁에 있다. 염소, 토끼, 송아지, 돼지 같은 동물들이 아이들의 눈을 끈다. 그 동물과 얽힌 삶도 다양하다. 염소들이 짝짓기 하는 모습을 보며 새끼를 가졌을 거라는 민정이의 글과 토끼도 '으르렁' 거린다며 신기해 하는 현진이 글을 읽다 보면 나도 모르는 다른 세계가 있다는 사실에 가벼운 충격을 받는다. 동물들 곁에서 또 다른 세계를 경험하는 아이들의 삶은 그만큼 풍요로울 것이다. '돈' 이 만들어내는 물질적인 풍요가 줄 수 없는 경험이다. 팔려 가는 송아지와 텅 빈 외양간을 지켜보며 쓸쓸해 하는 현진이, 돼지를 직접 잡아먹는 어른들 모습에 슬퍼하는 가은이, 삐쩍 마르고 밥도 못 먹던 불쌍한 옆집 개를 걱정하는 수린이의 마음이 그대로 전해지는 까닭을 굳이 말로 표현할 필요가 있을까? 약하고 여린 것들에 대한 사랑과 연민을 품고 자라는 아이들은 분명 아름답게 커 갈 것이다.

불쌍한 박쥐 | 밀양 단산초 5년 이연영

학교 마치고 학원에 갔는데 오줌이 마려웠다. 나는 화장실에 들어가 오줌을 누려고 하는데 변기에 내 검지손가락만 한 박쥐가 화장실 변기통 물에 빠져 허우적대고 있었다. 나는 놀래서 화장실 문을 꼭 닫고 밖으로 뛰어나왔다. 학원에는 원장 선생님과 우리 반 권능이, 개구쟁이 용진이가 있었다. 내가 권능이와 용진이에게 이렇게 말했다.

"야, 여자 화장실에 이만 한 박쥐 있는데, 누가 잡으러 갈래?"

하니, 용진이 지가 가서 박쥐를 잡을 거라고 했다. 그런데 화장실에 갔던 용진이는 잡지 않고 보기만 하고 있었다. 내가

"니, 왜 박쥐 안 잡는데?"

하고 물으니 화장실 물이 더럽다며 안 잡을 거라 했다. 그리고 화장실 물을 몇 번이나 떠내려 보냈지만, 박쥐는 떠내려가나 싶더니 자리에서 뱅뱅 맴돌기만 했다. 조금 있다가 권능이와 용진이가 들어가더니 박쥐가 죽었다고 했다. 권능이가 한 번 박쥐를 만져 보더니, "으악!" 하며 도망쳐 나왔다. 권능이는 겁쟁이, 용진이도 겁쟁이다. 권능이가 선생님에게 박쥐가 죽었다고 말하니, 선생님은 "박쥐가 꿈에서 너거들 고추 물어 버리니까 잡지 마!" 하셨다. 우리는 이상하고 우스워 '킥킥' 거리며 웃었다. 나는 박쥐가

불쌍했다. 박쥐는 화장실에서 빠져나와 가족들을 보려고 했는데, 아이들이 자꾸만 괴롭히니 얼마나 그 사람을 원망했을까? 아이들이 괴롭혔어도 나는 구해주어야 했는데, 박쥐는 자기 가족과 인사도 못하고 죽었다. 또 태어난 지 얼마 안 돼서 죽으니 정말 안쓰럽다. 불쌍한 박쥐야! 저 하늘에서는 오래토록 살거라! 안녕. (2002)

야생동물 | 밀양 단산초 5년 채효재

학교를 마치고 축구를 하다가 영빈이와 우리 집에 걸어갔다. 우리 집은 다원이라서 4Km 정도 된다. 동생을 데리고 같이 걸어가는데 개 같은 게 있었다. 그것을 영빈이가 밟으려고 할 때, "진영빈!"이라고 말했더니 피했다. 자세히 살펴보니 너구리였다. 그리고 죽어 있었다. 그 너구리는 그렇게 크지 않았다. 그것을 보다가 다시 조금만 가다가 보니 참새 한 마리가 목이 날라가 죽었다. 나는 그 참새가 너무 잔인하게 죽었다고 생각했다. 또 2~3Km 정도 가서 풀 속으로 가는데 무엇인가 어슬렁어슬렁 했다. 보니 뱀이었다. "야! 진영빈! 뱀이다!" 내가 큰소리로 말하니 뱀이 다른 데로 가 버렸다. 우리는 무서워 풀 속으로 안 가고 그냥 평범한 길로 갔다. 오늘은 참 이상한 날이었다. (2002)

개구리를 물고 가는 까마귀 | 밀양 단산초 5년 하수린

학교 가는 길. 내 머리 위에서 까치들이 "깍~ 깍~" 하며 날아다닌다. 까치들 중에 까마귀도 몇 마리 있었다. 그 중에서 내 눈에 제일 잘 띄는 까마귀 한 마리를 보았다. 입에 무언가를 물고 갔다. 나는 그 끝을 계속 쳐다보았

 아이들 글 읽기와 삶 읽기

다. 나하고 가까운 나뭇가지에 앉았다. 살금살금 다가가서 쳐다보았다. 세상에나! 까마귀 입에 있는 것은 바로 개구리였던 것이다. 까마귀가 개구리 뒷다리 한 쪽만 물고 있었다. 징그럽기도 하고 신기하기도 했다. 까마귀가 개구리도 먹나? (2002)

까치와 밤나무 | 밀양 단산초 5년 강현진

할아버지 심부름을 하고 돌아오는 길. 우리 집 옆에 있는 마을 감나무에 까치들이 개떼처럼 앉아서 감을 먹고 있었다. 내가 다가가니 다 도망갔다. 감나무에 감 껍질만 대롱대롱 달려 있다. 어느 까치 한 마리는 내가 와도 끝까지 먹는다. 저 까치는 돼지인가 보네. 아빠는 일부러 까치 먹으라고 감을 남가 놓았다고 했다. 우리 마을사람은 정말 착한 것 같다. (2002)

별꼴 다 있네? | 논산 반곡초 6년 홍민재

오늘 오후 5시쯤이었을 것이다. 할머니와 동생은 뭔가를 신기하게 바라보고 있었다. 나도 신기해서 같이 봤는데 정말 이상하고 신기했다. 닭이 지 멋대로 닭장에서 나와 우리 집 백구한테 덤비는 것이었다. 백구는 짖고 닭은 부리로 찍었다. 할머니께서는 나에게 이렇게 말씀하셨다.

"참나 살다 보니 별꼴이 다 있네."

"할머니, 닭이 어떡해서 닭장에서 나왔어요? 난 그게 신기한데."

"그니께 말이여~ 별꼴이여~."

"근데 저거 암탉인가 수탉인가 모르겠어요."

"아, 보면 몰라? 수컷이잖여~. 아직 저 놈이 새끼라 그런디 크면 목젖이

내려서 꼬끼오 하고 울을겨~.”

“닭이 수탉이라서 겁도 없이 백구한테 덤볐나?”

“그럴 수도 있겠지. 나도 닭이 개한테 덤비는 건 처음 보는 겨. 고양이랑 싸우는 건 봤어도.”

우리 할머니도 처음 보는 일이라고 하신다. 그만큼 신기한 일인 거 같다. 닭이 부리로 무섭게 백구를 쪼아대니 백구는 못이긴 듯 집으로 들어갔다. 그러자 닭이 닭장에 있는 사료를 안 먹고 백구 사료를 먹고 있었다. 이건 진짜 별꼴이었다. 닭이 옛날에는 개였다가 닭으로 다시 태어난 게 아닌가 싶다.(2009)

시골에는 야생동물도 많다. 점점 개체수가 줄어들어 안타깝지만, 야생동물이 아이들에게 주는 다양한 삶은 어디서도 경험할 수 없는 소중한 것이다. 한 번은 밀양 단산초등학교 구건물 현관 천정 구석에 박쥐 한 마리가 몸을 웅크리고 숨어 있는 걸 본 적이 있다. 아이들과 함께 보면서 얼마나 신기했는지 모른다. 그 박쥐가 학원 건물 안에서도 발견됐다는 이야기는 매우 놀랍고 흥미로운 이야깃거리였다. 집에 가다가 자주 나타나는 야생동물 때문에 놀란 가슴을 쓸어내리는 효재의 글은 시골 풍경이 어떤지 잘 보여준다. 글에는 개구리를 물고 가는 까마귀도 있지만, 까치가 먹을 것을 남겨 두며 하찮은 동물과 정을 나누려는 마을사람들의 인심도 들어 있다. 자연과 동물과 하나가 되어 살아가는 시골 아이들의 심성이 메마른 도시 아이들의 심성과 다를 수밖에 없는 까닭이 여기에 있지 않을까? 수많은 사람과 자동차, 매연과 소음 속에서 자라는 아이들에게 자연을 돌려주고 싶은 어른들의 바람도 이와 다르지 않을 것이다. 자연과 더불어 살아가다 보면 우리 아이들은 함께 사는 법을 몸으로 배운다. 그런 삶을 그려내는 아이들 글을 읽을 때면 오히려 내가 더 배우는 게 많다. 민재가 쓴 글은 그렇게 살아온 지난날 우리네 모습을 잘 그려준 것 같아 읽는 내내 가슴이 따뜻했다. 할머니랑 동생이랑 백구랑 닭이랑 그렇게 함께 살면서 민재처럼 별꼴인 세상을 지켜보며 웃기도 하고 기뻐하기도 하고 놀라고 신기해 하면서 하루를 살아가면 좋겠다. 예전에 우리는 분명 그렇게 살며 지냈다.

시골
아이들에게선
사람 냄새가
난다

'도시 아이들에게는 삶이 없다' 는 말이 적잖은 논란을 불러일으킨 적이 있다. 과연 시골 아이들에게만 삶이 있는 것인지 일하며 사는 시골 아이들의 삶이 더 가치가 있는 것인지 지금도 뚜렷한 답이 내려지지는 않은 것 같다. 아이들 삶을 보는 이들의 가치관과 몸가짐에 따라 결정짓는 답들이 크게 달랐기 때문이다. 최근에 내가 만난 시골과 도시 아이들의 삶은 어떨 땐 크게 차이가 없어 보일 정도로 빠르게 닮아 가고 있다. 아마도 인터넷을 비롯한 매체의 영향과 이익을 쫓아 빠르게 퍼져만 가는 자본의 속성이 아이들 삶 속에도 깊숙이 파고들었기 때문일 것이다. 이런 흐름은 시골 아이들만의 독특한 문화를 바꿔 버리기도 하고 아예 없애 버리기도 했다.

시골 아이들도 인터넷으로 물건을 사고 메신저로 대화를 나누며 틈나는 대로 큰 도시로 나가 시골에서는 경험할 수 없는 분위기를 맛본다. 도시 아이들처럼 생일잔치를 위해 버스를 타고 시내나 읍내의 패스트푸드점이나 분식점을 찾아 소비를 즐기기도 한다. 그렇게 시골 아이들의 삶은 도시 아이들을 따라간다. 내 눈에는 시골의 삶이 점점 도시의 삶에 종속되고 지배당하고 있는 모습이 뚜렷이 들어온다. 이쯤 되면 시골 아이들의 글이 어떨지는 보지 않아도 대충 짐작이 간다. 당연히 시골 아이들이 쓴 글에도 처음에는 잘 먹고 잘 논다는 이야기가 대부분이다. 오래전부터 벌어진 일들이지만, 시골에 농가 인구가 줄어들면서 함께 자라는 아이들도 부쩍 줄었다. 같이 놀 동무가 줄어드니 시골 아이들도 여럿이 몸을 부대끼며 하는 놀이보다 혼자 노는 컴퓨터 게임에 익숙해졌다. 시골에서는 당연히 사람 냄새가 물씬 풍기는 글을 쉽게 얻을 수 있을 거라 여길지 모르지만, 이렇듯 자기 삶을 잃어 가는 시골 아이들에게는 그마저도 여의치 않다.

이런 상황에서도 시골이라는 환경이 가져다주는 힘은 무시할 수 없다. 자연과 더불어 아직은 사람들의 정이 남아 있는 곳에 사는 아이들의 삶은 도시 아이들의 삶과 다른 구석이 있다. 함께 놀 동무들이 가까이에 있지 않아 먼 길을 걸어가야 하지만, 시골 아이들은 크게 개의치 않는다. 먼 길을 걸어 함께 논 시간만큼, 헤어짐이 아쉬워 아예 동무들 집에서 하룻밤을 자고 다음 날 함께 학교로 오는 아이들도 곧잘 보인다. 어른들의 일손을 도우며 관계 속에서 성장하는 시골 아이들을 보는 일도 아직은 낯설지 않다. 시골 작은 학교가 줄어들어 정든 곳을 떠나는 아이들이 늘어나고 자기 삶의 한 축을 잃어 버리는 아이들도 늘고 있지만 그래도 시골 아이들은 시골 아이들이기 때문이다.

소똥 | 밀양 산내초 6년 서샛별

집으로 돌아오니 소가 똥을 누고 있었다. 맨 처음엔 꼬리를 쭉 뻗더니 검

은 똥이 "뿌지지직!" 하고 이런 소리를 내며 똥이 나왔다. 이상한 냄새가
났다. 이 냄새는 방구 냄새보다 더 독했다. 똥은 찐빵 같이 땅에 턱 내려앉
았다. 이렇게 두 번 정도 더 나왔다. 똥은 한 겹 두 겹 세 겹으로 겹쳐졌다.
그 모양을 보니 케이크 같았다. 소는 시원하다는 듯이 똥구멍을 벌렸다가
닫혔다가 하였다. 너무나 더러웠다. 똥구멍 가에는 똥이 조금씩 묻어 있었
다. 나도 똥을 누고 나면 아주 시원하였다. 나도 소의 기분을 알 수 있을
것 같았다.(1996)

매미 | 논산 반곡초 6년 김영주

학교가 끝나고 집으로 갔다. 우리 집은 산중턱에 있어 30분을 자전거로
타고 가야 한다. 집에 가다가 가끔씩 매미 우는 소리를 들었는데, 오늘은
나무에 붙어 있는 것을 발견했다. 나는 자전거를 세우고 매미를 쳐다보았
다. 매미는 나를 보지 못했는지 계속 울고 있었다. 매미를 7월에 본 것은
처음이었다. 매미는 소리를 어떻게 그렇게 잘 낼까? 가까이서 보니 날개
로 소리를 내는 것 같았다. 나는 이 매미를 '7월 매미' 라고 불렀다. 왜냐하
면 내가 7월에 봤으니까.
"이제부터 넌 7월 매미다."
이 말이 끝나자마자 매미는 멀리 도망가 버렸다. 7월 매미가 되기 싫은가
보다. (2009)

1996년에 쓴 샛별이 글과 그보다 13년이 지나 2009년에 쓴 영주의 글
에 나타난 공통점은 무엇일까? 냄새나는 똥을 싸는 소의 똥구멍을 자

    아이들 글 읽기와 삶 읽기

세히 들여다보다 소의 마음을 알게 된 샛별이의 마음과 매미에게 이름을 붙여주고는 그냥 날아가 버리자 자기가 붙여준 이름에 관심이 없는 것 같다는 영주의 생각은 자연 속에 사는 아이가 아니고서는 나올 수 없는 말이다. 동물만 보면 별 까닭도 없이 때리고 해코지하는 아이들의 삶을 들여다보면 마음에 상처를 안고 사는 아이들이 많다. 자연을 무너뜨리고 훼손하고 개발만 하려 드는 요즘 어른들에게 소똥과 매미를 맞는 이 아이들 같은 생각은 상상도 할 수 없는 일이다. 시골 아이들의 삶이 도드라질 수밖에 없는 것은 바로 이렇게 살아있는 것들에 대해 예의를 갖추는 모습 때문이다.

단감 서리 | 밀양 산내초 6년 전민숙

소풍 다녀와서 수영이, 혜진이, 수나, 향미, 연자랑 어두울 때까지 놀다 집으로 갔다. 버스 타는 데 같이 있다가 아이들이 늦었다고 이제 빨리 집에 가자고 해서 헤어졌다. 나는 근정이랑 밤길을 걸어가고 있었다. 그런데 옆에 '웬 떡?' 넓은 밭에 단감나무가 보이지 않겠는가? 아까 따먹으려고 했는데 들킬까봐 못 따먹고 밤에는 사람이 잘 다니지 않기 때문에 우리는 따먹기로 했다. 그런데 그 밭을 철조망으로 가려 놔서 좀 더 걸어가다가 밭에 들어가는 입구가 있어 들어갔다. 근정이랑 허리를 쑤그리고 살금살금 갔다. 그런데 근정이가 발자국 표시를 하고 다니고 있었다.

"근정아! 발자국 표시내지 마래. 그럼 들킨다. 이 쑥 있는 데 일로 가라. 알 것제"

하고 툭 올라온 곳으로 안 가고 싹 들어간 곳으로 갔다. 막 웃으면서 단감

나무 가까이에 다가가 단감을 찾았다. 그런데 단감이 보이지 않았다.

"이근정! 이 나무 맞나? 왜 단감이 없노? 아이씨."

"이 나무? 맞다아~."

"어딨노? 아~ 찾았다."

근정이가 단감나무를 찾았을 때 근처에서 오토바이 소리가 들렸다.

"어떡하노, 어떡하노."

하고 있으려니까, 근정이가 철조망 옆에 엎드리는 게 보였다. 그래서 나도 같이 엎드려

"쑤구리! 쑤구리!"

하면서 푹 쑤그렸다. 그때 오토바이 두 대가 "부웅~ 털털~" 하면서 지나 갔다. 근정이와 나는 일어나면서 "우와, 살았다" 했다. 그리고 단감을 찾 았다. 그때 단감이 내 손에 잡혔다.

"오예! 찾았다. 빨리 가자!"

하고 집으로 돌아가려고 했다. 나는

"지금부터 100m 달리기다. 부웅~우다닥"

하면서 푹 파인 곳으로 뛰어갔다. 옆에서 근정이가 비시시 웃었다. 막 뛰 어 아까 들어갔던 입구로 다시 왔다. 그리고 우리는 다시 길을 걸었다.

"근정아, 아까 일 그러니까 소풍갔던 일, 생각나나?"

"아니, 뭐가 뭔지 모르겠다. 단감 찾느라고 하도 정신이 없어서 낮에 있었 던 일 없었던 것 같다. 아까 향미하고 전화한 것만 생각난다."

우리는 서리한 단감을 옷으로 닦아 먹으면서 이런저런 재미있는 얘기를 나누며 집으로 돌아왔다. (1996)

고동 잡으러 간 울 엄마 | 밀양 단산초 5년 김여은

오늘 밤에 엄마와 우리 선희 언니가 금곡 강에 갔다. 왜냐면 밤에 돌에 고동이 많이 붙어 있기 때문이다. 근데 내 동생이 엄마를 따라가려고 했다. 그래서 엄마랑 작전을 짜고 동생이 못하게 했다. 나는 동생 회현이를 달래어서 이불을 깔아 재웠다. 엄마가 밤 10시까지는 온다고 했는데, 엄마가 꼭 와야 하는데, 내 동생은 다행히 지금까지 자고 있다. 엄마는 강에 한번 가면 고동을 많이 잡아온다. 그래서 다른 아주머니들이 울 엄마 보고 '고동선수'라고 한다. (2002)

요즘은 계획된 농산물이 많아 아이들이 아무거나 서리를 할 수 없다. 하지만 시골에는 아직도 곳곳에 담을 넘거나 길 가에서 자라는 주인 없는 (?) 농산물이 꽤 있다. 주인이 있는 농산물이라도 아이들 손에 닿으면 곧바로 아이들 몫이 되는 것이 바로 시골이기도 하다. 혼자가 아닌 여럿이 할 때 느끼는 공범 의식은 동무들 사이의 우정을 더욱 끈끈하게 만들어주기도 한다. 도시 아이들이 경험하기 힘든 서리의 추억은 예전이나 지금이나 시골 아이들에게는 아름다운 기억으로 남아 있다. 엄마가 섬 그늘에 굴 따러 가는 노래가 있듯이 여은이의 어머니는 냇가로 고동을 잡으러 간다. 동생이 따라가겠다고 응석부리는 것을 누나인 여은이가 막아서고는 잠을 재우는 모습이 마치 그림 같다. 고동선수라고 불리는 어머니가 고동을 많이 잡아오기만을 기다리는 여은이의 마음은 돈 버느라 밤늦게까지 돌아오지 못하는 어머니를 기다리는 도시 아이들과 사뭇 다른 느낌을 준다. 기다리는 행복의 차이가 크다.

나무하러 가기 | 밀양 단산초 5년 하수린

아빠가 나무 다 떨어졌다고 산에 나무하러 가자고 하셨다. 나는 점심을 먹어야 하기 때문에 아빠가 먼저 가 계신다고 하셨다. 갈 때 아빠는

"임마누엘 가는 쪽으로 계속 오다가 옆에 왼쪽 길로 계속 따라오면 아빠 경운기 있다!"

하고 위치를 정확히 말씀해주셨다. 그런데 임마누엘이 뭐냐면 쉽게 말해서 돼지우리 같은 것으로 알고 있다. 점심 다 먹고 잠바 주머니에 '마가렛드' 두 봉지를 넣었다. 그리고 계속 올라가니 돼지우리가 거의 4~5개 정도 있었다. 돼지 똥 냄새가 진동을 했다. 돼지우리에 문이 열려서 보니 우리 밖에 나와서 일자로 몇 십 마리의 돼지들이 누워서 자고 있었다. 나는 돼지를 뚫어지게 쳐다보니 돼지가 잠에서 깨고 날 쳐다보았다. 문이 열려 금방이라도 뛰어나올 것 같았다. 돼지들이 "꾸웩, 꾸웩!"하고 울어댔다. 꼭 토할 때 하는 말 같았다. 계속 가니 포장한 길이 끝나고 산길이 나왔다. 좀 으스스 했다. "아빠!"하고 부르며 갔지만 '부시럭' 소리만 났다. 그때 "커억"하고 가래 끄는 소리가 났다. 계속 가니 아빠가 톱으로 나무를 자르고 계셨다. 나는 아빠한테 뛰어갔다. 가시나무들이 많이 끼어서 좀 위험했다. 그리고 아빠가 앉아 계신 쪽은 낭떠러지였다. 좀 위험해 보였다. 아빠는 잠바도 벗고 땀을 흘려가면서 나무를 자르셨다. 톱밥이 신발 속에 다 들어갔다. 나는 옆에 쪼그리고 앉아 아빠가 나무 베는 것을 쳐다보았다. 아빠는 늙고 키 큰 소나무를 자르셨다. 나는 나무 베도 안 잡혀가나? 나무 많이 넣으면 경운기 안 부셔지나 하고 걱정이 이만저만이 아니었다. 나무가 다 잘라지고 이제는 옮기는 일만 남았다. 나는 작은 나무만 옮기고 아

아이들 글 읽기와 삶 읽기

빠는 큰 나무를 옮기셨다. 아빠는 큰 나무를 옮길 때, 비틀비틀 거리면서 꼭 쓰러질 것 같았다. 다리에 힘을 주고 잘 갔다. 경운기에 나무를 다 싣고 아빠는 경운기를 몰고 가고 나는 뛰어갔다. 내려갈 때, 아까 봤던 우리 밖에 나와 있던 돼지들은 다 어떤 차에 실려 갔다. 또 한 마리는 온몸에 흙투성이가 된 채로 죽어 있었다. 그리고 돼지들 귀에는 내 엄지손가락만 한 구멍들이 나 있었다. 정말 아플 것 같았다. 왜 귀에 구멍을 뚫는지 모르겠다. 그리고 돼지 등에 빨간 것과 파란 것으로 숫자가 적혀 있었다. 집에 올 때, 나는 백 미터 달리기를 해야 했다. 집에 온 나는 숨을 헐떡이며,
"오늘 아빠 덕분에 운동 잘했다!"
라고 했다. 아빠는 웃으셨다. 한동안 나무 걱정 안 해도 될 것 같다. (2003)

시골 청년회장 서정홍 시인도 겨울철이면 아침 일찍 따뜻한 보리차를 한 잔 마시고 지게를 지고 곧장 산으로 간다고 한다. 한 해 내내 아궁이에 땔 장작을 농사일이 한가한 겨울에 다 해야 하기 때문이란다. 사정이 이러니 겨울철에 가장 부러운 것은 이웃집에 가지런히 쌓아 둔 장작일 수밖에 없다. 도시가스나 기름 난방은 평범한 시골 가정에서는 엄두도 못낼 일이다. 지금도 겨울철이면 나무하러 부모를 따라 길을 나서는 아이들이 있다. 수린이도 그런 아이였다. 어린 여자아이라 나무하러 가는 일이 쉽지 않았을 텐데도 싫은 내색하지 않고 따라나선다. 글을 읽는 내 눈에는 아버지와 함께 있는 것만으로도 충분히 좋았을 수린이의 웃는 모습이 자꾸 떠오른다. 그래서 더욱 "아빠 덕분에 운동 잘했다"는 수린이의 마음 씀씀이가 참으로 예쁘다. 수린이의 예쁜 마음을 아는 아

빠가 웃는 까닭도 내 마음과 같을 것이다. 한동안 나무 걱정 안 해도 되겠다' 생각하는 그 시절 수린이는 아마 밥을 안 먹어도 잔뜩 배가 불렀지 싶다.

고모부네 밭 | 논산 반곡초 6년 박소연

학교에서 집으로 돌아왔다. 심심해서 산책을 나가기로 했다. 고모부네 밭에 가 보았다. 고모부와 고모가 밭에서 돌을 골라내고 계셨다.

"고무부~."

고모부는 나를 빤히 쳐다보다가 내가 아무 말 안 하니까 다시 일을 하셨다. 나는 자전거를 돌려 집으로 갔다. 그때 우리 동생 소은이가 자전거를 타고 왔다.

"소은아, 우리 고모부 밭에 갈까?"

소은이는 고개를 끄덕였다. 우리는 고모부 차 옆에서 자전거를 세웠다. 고모한테 뛰어갔는데, 우리 고모가

"오늘 아침에 왔는데, 한 고랑밖에 못했어"

하시곤 땅바닥에 주저앉으셨다. 나는 일을 도와드리기로 했다. 고모부는 아무 말도 안 하시고 있었다. 잠시 뒤에 고모는

"흙 만지면 손 버려"

하셨다. 소은이는 돌을 골라서 쌓아 두고, 나는 쌓아 둔 돌을 리어카에 옮겼다. 그러자 고모부는

"허허, 벼락같이 옮기네"

하시며 리어카에 있는 돌을 구석에 부으셨다. 일을 한참 하고 있는데, 엄

아이들 글 읽기와 삶 읽기

마가 차를 타고 와서

"소은아~ 소연아~ 영어 선생님 오셨잖아~"

하고 우리를 부르셨다. 소은이와 나는 자전거 있는 곳으로 뛰어가서 자전거를 탔다. 우리 뒤로 엄마가 차를 몰고 따라왔다. 그때 동네 아줌마 한 분이 우리 엄마한테

"새끼들 몰고 가냐?"

했다. 엄마는 차를 멈추고 아줌마랑 얘기를 했다. 나는 자전거를 타고 집으로 돌아가면서 '고모부 일을 더 도와드리고 싶었는데 아쉽다' 고 생각했다.(2009)

배추 뽑기 | 논산 반곡초 6년 강정희

학교에서 돌아온 후, 나는 컴퓨터를 하고 있었다. 근데 밖에서 아빠가

"정희야~"

"예~"

"나와~"

"네~"

컴퓨터를 켜 놓은 채로 나갔다. 아빠에게

"왜요?"

나는 아빠 뒤를 따라갔다. 배추 밭으로 갔다. 아빠가

"배추 뽑아!"

배추를 뽑아서 내가 아빠에게 주었다. 아빠는 배추를 다듬고 봉지에 담았다. 배추를 뽑는데 손이 따가웠다. 그래서

"아빠 저 장갑 좀 끼고요!"

장갑을 찾았다. 손에 끼고 동생에게

"야! 컴퓨터 꺼!"

"어!"

이번엔 내가 배추를 봉지에 담았다. 엄마 아빠는 배추를 뽑고 다듬었다.

내가

"아빠 왜 배추 뽑아요?"

"불우이웃돕기"

"진짜? 불우이웃돕기 할 거예요?"

"하하하~"

거짓말이었나 보다. 사람들을 줄 수도 있고 팔을 것 같은 생각이 들었다. 배추가 싱싱하게 자란 것 같다. 쌍둥이 배추도 있었다. 신기했다. 처음 보는 배추였다. 벌레가 파먹은 것처럼 겉에는 구멍이 뻥뻥 뚫려 있었다. 배추 뽑고, 다듬기, 봉지에 담기를 마치고서 엄마, 아빠, 내가 창고에 갖다 놓았다. 몇 봉지는 아빠 차에다 넣어 놓았다. 별로 힘들지 않았다. (2009)

13년 전과 7년 전 경남 밀양의 시골 아이들이 살아가는 모습과 오늘을 살아가는 충남 논산 시골 아이들의 모습이 크게 다르지 않다. 기꺼이 어른 일을 돕는 모습이 여전하다. 다만, 시골에도 학습지 교사가 드나들고 컴퓨터가 아이들 삶의 다른 한 축을 차지하게 된 점이 조금 다르다. 고모네와 한동네 사는 소연이는 일을 돕는 데 익숙하다. 고모는 손 버린다며 돕지 말라고 하지만 상관없다는 듯이 일을 척척 해낸다. 자그맣고 통통한 소연이의 모습이 그저 정겹다. 더 일을 돕지 못하고 떠나는 아쉬운 마음을 드러낸 소연이나 배추를 뽑고 다듬어 봉지에 담는 일을 마치고도 힘들지 않았다고 얘기하는 까무잡잡하고 예쁜 정희나 그저 대견하기만 하다. 시골 아이들이 일하는 모습은 이래서 늘 건강하게만 보인다.

물론 언제나 이런 모습들만 있는 건 아니다. 고된 농사일을 자식들에게 물려주고 싶어 하지 않는 어른들이 늘어나면서 부쩍 자식들이 농사일 거드는 것을 반기지 않는다. 자연스럽게 아이들도 점점 부모의 농사일을 그저 남의 일처럼 지켜보는 일이 많다. 농사일을 자기 일이 아닌 것으로 묘사하거나 그저 어쩌다 짧게 돕고 마는 허드렛일로 여기는 글이 곧잘 나온다. 안타깝지만 그게 현실이다. 그러니 이렇게 어른들을 돕는 아이들을 보면 흐뭇하고 반가울 수밖에 없다. 나의 부질없는 바람 때문인지도 모르겠다.

우리 학교 통폐합 | 밀양 단산초 5년 이연영

낮에 선생님이 학교 통폐합 의논에 오실 부모님에 대해서 물으셨다. 나는 우리 학교가 폐교가 안 되었으면 좋겠다. 왜냐하면 우리 학교가 폐교되면 산외초등학교나 태룡초등학교로 가야 하기 때문이다. 나는 조금 큰 학교에 가면 친구를 많이 못 사귈 거 같고, 성적도 안 좋아질 거라고 생각되기 때문이다. 그리고 우리 학교에 계시는 선생님이 너무 좋기 때문이다. 나는 엄마 아빠가 통폐합에 반대하고 오시는 분들도 다 반대 하셨으면 좋겠다.

단산초등학교 파이팅!(2002)

이제 단산이라는 학교 이름은 밀양에서 영원히 사라졌다. 고효율 저비용을 강조하는 신자유주의식 교육정책 아래서 소규모 학교는 더 이상 존재할 까닭도 명분도 없는 폐기물이 되어 가고 있는지도 모른다.

당시 단산초등학교는 폐교 대상으로 지목되어 끊임없이 지역주민과 학부모들의 의견을 물어야 했다. 어떤 어른들은 좀 더 많은 아이들과 어울리고 경쟁하며 공부하는 것이 낫겠다고 생각할지 모르지만 아이들 입장에서 보면 꼭 그렇지만도 않다. 특히 작은 학교에서 큰 학교로 옮겨야 하는 아이들은 정든 학교를 떠나기도 싫고 낯선 아이들에 치여 살기도 싫어했다. 당시 부모들의 반대도 컸다. 버스를 타고 이동해야 하는 아이들의 처지가 달갑지 않은 것은 물론이고, 아이들이 학교에서 선생님의 관심을 더 받고 자라길 원했다. 여기에 작은 학교라 지원받는 여러 혜택을 만족스러워 하기도 했다.

지금 내가 있는 반곡초등학교도 전교생이 50명인 아주 작은 학교다. 이 학교뿐만 아니라, 앞으로 통폐합이라는 이름을 달고 많은 작은 학교들이 전국에서 사라질 것이다. 농촌의 위기는 학교의 위기를 부르고 시골 아이들의 삶마저 바꾸어 놓는다. 아이들 곁에서 학교가 사라지지 않도록 우리 어른들이 노력을 하지 않으면 시골 아이들은 폐교의 상처를 안고 평생을 살아가야 할지도 모른다.

그동안 나는 도시 아이들의 삶과 시골 아이들의 삶을 구분하여 만나 왔다. 자연스레 지역에 따라 아이들 글을 대하는 편견도 깊어져 정작 다르게 살아가는 아이들 모습을 제대로 보지 못한 적이 많았다. 그러나 요즘에는 그런 구분이 나 같은 교사에게는 그리 필요하지 않다는 생각

 아이들 글 읽기와 삶 읽기

을 한다. 아이들 곁에서 살아가는 교사에게는 자기 삶을 돌아보고 가꿀 수 있는 여건에서 살지 못하는 아이들의 처지를 잘 이해하고 도와주려는 마음과 노력이 더 중요하다는 걸 깨달았기 때문이다.

똥과
친한
아이들

사람이나 동물이나 똥오줌을 제대로 누지 못하면
큰 고통을 겪는다. 그만큼 사람이나 동물에게 배
설은 매우 중요하다. 그러나 대개 사람들은 몸에
서 나오는 배설물을 무척이나 더럽고 쓸모없는 것
으로 여긴다. 아이들도 마찬가지다. 똥오줌이라는 말만 꺼내도 금방
얼굴을 찌푸린다. 하지만 이상하게도 아이들 사이에는 똥오줌 얘기가
심심찮게 나온다. 왜 그럴까? 아마도 똥오줌이라는 것이 우리 삶에서
결코 빼놓을 수 없는 주요한 요소이기 때문이 아닐까 싶다. 그래서인
지 똥오줌, 거기다 방귀까지 이래저래 얽힌 아이들의 글을 읽다 보면
아이들 삶의 폭이 무척 다양함을 알게 된다. 대개 사람들은 대상을 무
시하거나 업신여길 때 냉소적이다. 그런데 이상하게도 아이들은 하찮
은 똥오줌 얘기를 냉소적이기 보다 웃음의 대상으로 승화시키는 경우
가 더 많다.

똥오줌과 방귀는 사람들이 감추고 싶지만 감추지 못하는 어쩔 수 없는
생리현상 가운데 하나다. 이 생리현상이 어떤 형태로든 세상에 드러나
면 사람들은 일종의 충격을 받는다. 이런 충격은 사람들을 부끄럽게도

　　　　　　　　　　　　　　　　　　　아이들 글 읽기와 삶 읽기

하고 꽤나 큰 웃음을 전해주기도 하는데 아이들은 아마도 똥오줌이 가진 이런 이중성을 즐기는 것 같다. 그래서 그런지 아이들은 은근히 '똥'과 '오줌' '방귀'란 글감을 좋아한다. 똥이라는 말만 나와도 얼굴을 찡그리다 이내 웃어 버리며 또 다른 이야기들을 기대한다. 자기 이야기든 남의 이야기든 상관없다. 나이도 상관이 없다. 아이들이 어리면 어릴수록 배꼽이 빠지도록 신나게 웃는다. 똥오줌과 방귀는 그만큼 아이들 삶에 가까이 있다. 게다가 똥오줌과 방귀 이야기는 '관계'를 동반한다. 동무, 식구들이 줄줄이 나온다. 아이들과 함께 똥오줌 이야기를 꺼내고 나누는 일은 그래서 삶을 나누는 일과 다르지 않다.

운수 없는 날 | 김해 어방초 2년 황희진

오늘 학원을 가는데 배에서 '꾸루루' 하는 소리가 났다. 그래서 똥이 나올라고 했다. 그래서 막 뛰어갔다. 학원을 마치고 돌아오고 있는데 팬티가 무거웠다. 집에서 보니까 팬티에 똥을 쌌다. 그래서 화장실에서 '까~' 하고 소리를 질렀다. 그래서 엄마한테 혼났다. 엄마는 이렇게 말했다.

"2학년이 됐는데 팬티에 똥을 싸?" (2008)

팬티에 똥 싼 나 | 김해 어방초 2년 노현미

오늘 학원을 갔다 와서 집으로 올 때 똥이 마려웠다. 집에 와서 문을 열어 보니까 안 열렸다. 그래서 수도 계량기 안에 보니 열쇠가 없었다. 이번엔 바로 앞집에 사는 삼촌 집에 비밀번호 ○○○○를 누르고 2층에 올라가서 문을 열었더니 안 열어졌다. 난 할 수 없이 다시 집에 갔다. 근데 갑자기 똥이 나왔다. 내 눈엔 눈물이 글썽글썽 했다. 근데 갑자기 엄마 목소리와 이모 목소리가 내 귀에 크게 들렸다. 난 엄마에게

"엄마 똥 참았는데 팬티에 나왔어. 흑흑흑"

이라고 펑펑 울면서 말했다. 그러자 엄마가

"아이~ 괜찮다. 지금 삼촌 집에 가자 알겠제!"

라고 말했다. 난 엄마가 혼낼 줄 알았는데 혼내질 않아서 다행이다.(2008)

주로 똥 이야기는 낮은 학년 아이들에게 잘 나온다. 높은 학년이라도 구김 없이 자란 아이들에게는 이따금 들을 수 있지만 사춘기에 들어서고 감추고 싶은 일이 많아지는 높은 학년 아이들에게 똥 이야기는 쉽게 나오는 글감이 아니다. 더구나 교사가 똥을 더럽고 감추어야 할 대상으로 여기기라도 하면 아이들은 더욱더 똥 이야기를 꺼내 놓지 못한다. 결국 교사나 아이들이나 재미있고 즐거운 글감 하나를 놓치는 셈이다. 어쩌면 글감이 아니라 아이들의 삶을 놓치는 것일지도 모른다. 희진이가 써준 글은 솔직하게 글을 써달라는 내 부탁을 잘 따라준 사례였다. 처음에 이 글을 읽고 좋아서 아이들에게 읽어주면 어떻겠냐고 했더니 희진이는 거절했다. 부끄럽다는 뜻이었다. 그래서 아이들에게 물었다.

"여러분!"

"네~!"

"여러분 가운데 자기도 모르게 바지에 똥을 싸서 힘들었던 경험이 있는 사람, 손들어 볼래요?"

 아이들 글 읽기와 삶 읽기

"저요, 저요!"

"음, 꽤 있네요. 여러분 나이 때는 누구나 바지에 자기도 모르게 똥을 쌀 수가 있어요. 선생님도 그랬는데 뭘. 그건 부끄러운 게 아니라 사람이면 누구나 겪는 거예요. 여러분 부모님도 어렸을 때는 그랬을 거예요. 사실, 오늘 바지에 똥을 싼 걸 솔직하고 재미있게 적어 온 친구가 있는데 그게 부끄럽다고 읽지 말아 달라는 친구가 있어요. 선생님은 이게 부끄러운 일은 아니라서, 그리고 글도 잘 써서 읽어주고 싶은데. 여러분만 놀리지 않는다고 약속하면 이 글을 읽고 싶은데, 어때요?"

"좋아요. 좋아요."

희진이도 그제야 내 눈짓을 받고는 겨우 고개를 끄덕여주었다. 앞으로도 이런 글이 많이 나오길 바라는 마음이기도 했고, 이런 일로 서로 놀리고 부끄러워하는 일이 없어야 한다는 생각에 내뱉은 말이었다. 다행히도 착한 우리 반 아이들은 1년 내내 이런 일로 동무들을 놀리는 일은 없었다. 그래서 뒤이은 현미 이야기도 아이들에게 들려줄 수 있었고 자기도 그런 일이 있다며 손을 드는 아이들과 삶을 나눌 수도 있었다. 한 번은 어떤 남학생이 수업 도중에 설사를 한 일이 있었다. 수군수군 말은 많았지만, 똥을 싸 무척이나 당황해 있을 동무를 놀리는 아이는 없었다. 그리고 수군거린 아이들의 일기에는 뜻밖으로 자기도 그런 적이 있었기 때문에, 혹은 나도 그럴 수 있기 때문에 놀리지 않았다는 글이 많았다. 글로 삶을 나누는 일은 이렇게 서로를 이해하고 배려하는 마음을 키우는 일이라는 생각이 들었다.

오늘 태권도 차에서 오줌이 엄청 마려워서 도착하자마자 바로 내려 주차
장 뒤에서 노상방뇨를 했다. 그런데 1학년 7반 광호가 그 모습을 봤다. 그
런데 광호가 학원 선생님에게 내가 노상방뇨하는 걸 말하려고 했다. 나는
잽싸게 입을 막고 광호한테 "너 말하면 꽥이다" 했다. 그리고 살살 꿀밤
때리고 집으로 갔다.(2008)

아이를 잘 몰라도 2학년 꼬마 녀석이 오줌을 참지 못해 주차장에 실례
를 하는 모습과 그 모습을 지켜본 1학년이 학원 선생님에게 달려가 고
자질하는 모습, 그 모습을 발견하고 입을 막는 장면은 상상만 해도 우
습다. 아이들 삶을 이렇게 엿보는 일은 아무에게나 생기지 않는다. 부
모와 교사에게만 가능한 일이다. 다만, 아이들 삶을 읽는 데 그치지 않
고, 그 아름다운 삶을 지켜주고 돌봐주는 일이 곧 어른의 몫임을 잊지
말아야겠다.

노상방뇨 | 김해 어방초 4년 정태인

오늘 학교를 마치고 집에 형빈이랑 가던 길이었다.
"아~ 오줌 마려."
나는 오줌을 못 참고 집에 들어가기 전 길가에서 바지를 반쯤 내리고 왼손
으로 바지를 잡은 다음 오른손으로 꼬치를 잡고 노란색 오줌을 쌌다.
"으아~ 시원하다."
뒤에서 나를 지켜보던 형빈이는

"으악 1, 2학년도 아닌 고학년이 노상방뇨를 하다니."

나는 오줌을 싸던 도중에 사람이 와서 참았다. 오줌을 참으니 꼬치가 간질 간질거렸다. 사람이 지나가고 또 싸기 시작했다.

"쉬이이이익."

나는 다 싸고 꼬치에 남아 있는 오줌을 손으로 흔들며 털었다. 노상방뇨를 해서 부끄러웠지만 참았던 오줌을 싸서 행복했다.(2007)

태인이가 쓴 글을 읽고 얼마나 배를 잡고 웃었는지 모른다. 오줌을 싸는 장면을 실감 나게 적은 이 글을 나는 곧바로 아이들에게 읽어주었다. 난리였다. 여학생들은 특히 '꼬추' 이야기만 나오면 난리였다. 붉어진 태인이 얼굴을 보며 짓궂게 읽어 나간 나도 어지간했지만, 그래도 실실거리며 웃는 태인이 모습이 귀여워 읽어주는 내내 흥이 더했던 기억이 생생하다. 글을 읽어준 뒤에 나는 아이들과 더 이야기를 나누고 싶었다. 그리고 물었다. 오줌을 못 참아 죽을 뻔했던 적이 없었냐고. 그랬더니 여기저기서 한마디씩 한다.

"저도요, 정말 참지 못해서 죽을 뻔했던 적이 있어요."

"그래서?"

"저는 노상방뇨는 못할 것 같아 참고 집으로 달려갔는데, 집 앞에서 그만 싸 버렸어요."

"하하하."

"저는요. 우리 집 옥상에 올라갔는데, 오줌이 마려워서 화분에 쏴 버린 적이 있어요."

"저도요, 저도요~!"

한마디씩 꺼내는데 이제는 부끄러움도 없다. 다른 아이의 경험이 바로 제 경험과 다르지 않다는 걸 안 순간부터 아이들은 무슨 용기라도 생긴 듯 자신 있게 자기 치부(?)를 드러낸다. 신이 난다. 이렇게 삶을 나누면 아이들은 절로 살아난다.

노상방뇨 | 김해 어방초 4년 이형빈

정태인에 이어 나도 노상방뇨를 했다. 병구와 같이 영어 학원으로 가고 있었다. 병구에게

"병구 쉬 마려운데 노상방뇨 할까?"

병구는

"해라!"

나는 103동 아파트 구석 풀 있는 곳에서 노상방뇨를 했다.

"식물들아 거름 잘 먹어!"

병구는 웃었다. 그런데 모르고 팬티와 바지를 올리지 않고 돌아서서 꼬추를 보여줬다. 팬티와 바지를 올리고 병구에게

"병구! 노상방뇨하니까 진짜 행복하다. 살겠다."

병구는 나에게

"우리 이거 생활글 적자!"

나는 좋다고 했다. 정태인한테 고학년이 노상방뇨를 하지 말라고 하는 말 취소다. 노상방뇨를 한 정태인의 기분을 이제 알겠다.(2007)

아이들이 질색하면서도 즐기는 이야기는 똥오줌에서 그치지 않는다. 방귀도 만만치 않다. 특히 방귀 이야기는 똥오줌보다 더 쉽게 아이들 사이를 파고든다. '관계'에 매우 민감하기 때문이다. 똥오줌이 지극히 사적인 공간에서 다뤄지는 일이 많다면, 방귀는 때와 곳에 상관없이 이뤄지고 대상을 가리지 않는다. 방귀 이야기에 동무들과 식구들 이야기가 빠지지 않는 까닭도 아무렇게나 마구 터져 나오는 방귀가 가진 고유한 특징 때문일지도 모른다. 방귀는 냄새와 소리가 주는 위력도 커서 방귀 때문에 벌어지는 일은 언제나 큰 웃음을 준다.

방귀 | 김해 어방초 4년 이용준

평소에는

방귀가 잘 안 나오지만

공부시간이나

이야기할 때만

방귀가 마렵다.

아무도 몰래

방귀를 시원하게 뀌면

나한테 제일 먼저

냄새가 난다. (2006)

정말 맞는 얘기다. 방귀는 늘 예기치 않은 상황이나 나오지 않았으면 하는 자리에서 터지는 경우가 많다. 용준이도 그런 황당한 상황을 자주 겪었을 것이다. 그런데 이 방귀라는 놈은 아무리 몰래 뀌어도 나한 테만은 제일 먼저 냄새가 난다. 그 순간을 모른 척해야 하는 곤란한 상황을 표현한 용준이의 재치가 돋보인다. 어쩌면 방귀 뀐 놈이 성을 내는 까닭은 용준이 말대로 나한테 제일 먼저 냄새가 나기 때문인지도 모르겠다.

밥 먹다가 낀 방구 | 밀양 산내초 6년 정유숙

저녁밥을 먹을 때 밥숟가락을 한 술 뜰 때였다. 갑자기 방구가 끼고 싶어서 참지 못해 방구를 크게 뀌었다. "뿌웅~ 뿌드등" 하고 소리가 났다. 그러다가 엄마에게 혼이 났다.

"가시나가 어디 밥상 앞에서 방구를 힘주고 낀다카데!"

아빠도 엄마 말에 덧붙이시면서

"시집가서도 그렇게 시아버지 앞에서 방구 끼래이!"

"아버님예, 방구 끼고 싶은데 끼까예 하고 여쭤 보고, 아버님이 끼라 카머 '예' 카고, 뽕카고 끼래이. 허허허"

하며 크게 웃으셨다. 언젠가 들었는데 엄마도 시집갔을 때 밥 먹을 때 작은 일이 있었다고 한다. 엄마가 시아버지가 앞에서 물을 먹으면서 "카~"라고 했다는 것이다. 그래서 아빠가 엄마를 데리고 시아버지 앞에서 그랬다고 막 트집을 잡았다고 한다. 정말 그 얘기를 듣고 우스웠다. 엄마가 그랬다는 게 믿어지지도 않았다. 그런데 밥 먹는 중에도 방구를 끼고 싶은데 어떡하냐 말이다. 그래도 힘은 주지 않아야겠다. 정말 시아버지 앞에서 방구를 낄까봐 걱정이 된다. 조심해야겠다. 엄마처럼 그렇게 되지 않으려면. (1996)

아이들 글 읽기와 삶 읽기

아이들의 방귀 이야기를 읽다 보면 이렇게 식구들의 삶도 엿볼 수 있다. 방귀 이야기를 쉽게 꺼낼 수 있는 집안은 건강한 가정이다. 식구들의 행복과 건강이 전제가 되지 않고서는 이렇게 유쾌한 이야기가 오고 가기는 쉽지 않다. 대화가 없고 함께 있는 시간도 없는 식구들과 사는 아이에게서는 방귀 이야기가 잘 나오지 않는다. 오래전 일이지만, 유숙이의 글에 드러나는 식구들 대화만 보더라도 참 행복한 가정이겠구나 하는 생각이 든다. 유숙이가 방귀를 꿔자 자연스럽게 어머니의 잔소리가 나오는데, 아버지의 반응이 뜻밖이다. 시집가서 방귀 뀔 때 유의할 점을 아주 친절(?)하게 설명해주신다. 시아버지 앞에서 방귀 뀔 걱정에 조심해야겠다는 유숙이의 생각도 재미있다. 이제는 성인이 되어 있을 유숙이가 결혼을 했다면, 아마도 예전의 엄마처럼 살아가고 있지 않을까. 이 글은 IMF 위기가 닥치기 한 해 전의 글이다. 이후, 방귀 이야기는 경제적으로 안정된 가정에서나 드문드문 나왔다. 가정의 행복이 전적으로 개인의 문제가 아니라 사회적인 것임을 방귀를 담은 아이들 글에서도 읽어낼 수 있다.

독한 방귀냄새 | 김해 어방초 6년 박미경

오늘 엄마 아빠가 김해 장날이라, 여러 가지를 사러 갔다. 나중에 집에 와서 TV를 보는데, 엄마는 무얼 그렇게 많이 먹었는지 쉴 새 없이 방귀를 껴 댔다. 정말 미칠(?) 것 같았다. 엄마 옆에서 TV를 보며 재밌게 웃고 있는데 엄마가 갑자기

"미경아! 방귀!"

하더니 바로 꺼 버렸다. 방귀소리도 어찌나 크게 하던지. "뽀오~옹~! 푸식!" 이렇게 TV 보던 걸 중단하고 자리를 피해 컴퓨터를 했다. 이윽고 밤 11시쯤, 자던 엄마가 깨어나더니 무를 썰어 먹으며 11시 15분쯤까지 TV를 보는 것이었다. 그리고 누워서 11시 30분쯤까지 계속 방귀를 껴대었다. 아빠는 괴로운지 베개를 들고 일어나며, 나 보고 컴퓨터를 꺼라고 하고 자라고 하였다. 그리고는 다른 방으로 들어갔다. 나는 컴퓨터를 하고, 문을 잠그고 물 한 모금 마시고 방으로 들어가며 엄마를 봤다. 참~ 괴로운 아빠는 생각도 안 하는지, 아주 편하게도 큰대자로 누어 다리를 벌리고 이불을 걷어차고 꿈나라로 가 있었다. 아빠가 불쌍하다.(2004)

엄마 아빠의 방귀 | 김해 어방초 4년 김미현

오늘 갑자기 아빠가 방귀를 "뿡" 하고 끼었다. 나는 이렇게 말했다.

"아빠, 방귀 냄새난다. 왜 의자에 앉아서 방귀 뀌는데 짜증 난다."

아빠는 그냥 "하하하" 하고 웃으셨다. 나는 내 마음에는 '큭큭' 하고 웃었다. 우리 아빠 방귀소리는 크다. 냄새도 많이 난다. 나는 지금 아빠 방귀 일기를 쓴다. 선생님께서 웃으실 것 같다. 엄마는 빨래하고 있는데 엄마도 방귀를 "뿡" 하고 끼셨다. 나는 이렇게 말했다.

"엄마까지 방귀 끼면 어떡하는데."

그러자 엄마도 웃으셨다.(2007)

할아버지의 방귀 | 김해 어방초 2년 김병학

어제 저녁밥을 먹고 있는데 할아버지가 방귀를 "펑!" 하고 뀌셨다.

할머니가 "까스통 터지겠다" 하셨다.

할아버지는 조금 있다 또 연속으로 "퍼버버벙" 뀌셨다.

이제는 내가 "방귀 좀 그만 뀌라!" 했다. 하지만 또 "펑!" 조금 있다 또 "펑"

우리 집이 날아갈 것 같다.

할머니가 "방귀 많이 뀌는 대회에 나가도 되겠네" 했다.

난 "하지만 냄새는 안 나서 다행이다" 했다.

할아버지 방귀소리가 웃기기도 했다.(2008)

방귀 하나로 아빠 걱정을 하는 미경이와 미현이, 할아버지 방귀로 할머니와 손자가 함께 잔소리를 해대는 병학이의 글을 읽어도 방귀보다는 가정의 행복이 앞서 느껴진다. 서슴없이 아이 앞에서 방귀를 마구 뀌어대는 어른들을 지켜보는 아이들의 눈에는 감춰진 사랑이 보인다. 몸을 부대끼며 살아가는 평범하지만 행복한 가정의 모습이 방귀라는 글감을 통해 뚜렷하게 다가온다. 미경이와 미현이, 병학이는 방귀를 얘기하고 있지만, 마치 가정의 행복한 삶을 이야기하고 있는 듯하다. 아이들에게 똥오줌과 방귀는 삶 그 차제다.

시를 쓰기 위해서는 똥하고 친해져야 한다는 안도현 시인은 '똥'에 대해 이렇게 말했다.

'똥'이라는 말은 얼마나 향기로운가! '똥'이 삶의 실체적 진실이라면 '대변'은 가식의 언어일 뿐이다. 시는 '대변'을 '똥'이라고 말하는 양식이다.

그리하여 시는 '똥'이라는 말에 녹아 있는 부끄러움까지 독자에게 되돌려 주고, 그렇게 함으로써 스스로 즐거워 슬그머니 미소를 띤다.

- 《가슴으로도 쓰고 손끝으로도 써라》 한겨레 출판, 2009

아이들도 마찬가지다. 아이들은 '똥'이라는 말에 있는 부끄러움을 읽는 사람들에게 되돌려주고 함께 웃는다. 그래서 아이들의 똥 이야기는 언제나 즐겁고 재미가 있다. 아이들의 삶과 아이들을 둘러싸고 있는 관계가 보였기 때문이다.

아이들은
제 키만큼
세상을
본다

아이들의 삶을 읽어내려 가다 보면, 정말 어른들이 모르는 아이들만의 세계가 있다는 생각이 든다. 어쩌면 몰랐던 것이 아니라 어른들이 오랫동안 잊고 살았던 세계일지도 모른다. 흔히 우리 어른들은 옛 친구나 동창들을 만나면 예전 뛰놀던 이야기를 하며 웃기도 하고 눈물을 보이기도 한다. 힘들고 어렵고 못 먹고 못 살던 시대였지만, 그때가 더 행복했다고 이야기들을 한다. '돈'이 없어도 '행복'했던 삶의 기억은 어른이 되어서도 꽤 오랫동안 남아 있다. 그러나 '돈'이 많아야 '행복'하다는 자본의 논리가 어느새 어른들의 삶 속을 파고들고 아이들의 삶마저 서열과 경쟁의 논리에 구속되면서 평범한 아이들의 일상이 자리할 곳은 점점 줄어만 가고 있다. 그래도 아이들은 어쩔 수 없는 아이들일 수밖에 없는지 비좁은 틈새를 파고들며 그들만의 삶을 드러낸다. 그런 아이들의 삶은 나를 웃게도 하고 놀라게도 한다. 그러다가 고개를 끄덕이게 만드는 아름다운 아이들 세계를 만나기라도 하면 얼마나 반갑고 고마운지 모른다. 이따금 아이들 문집을 꼼꼼히 읽어 본 부모님들이 자신도 모르게 반성을 하게 되더라는 편지를 보내온다. 그럴 때마다 아이들의 세계에 우리 어른들이 자주 드나들면 좋겠다는 생각이 든다.

달리기 시합 | 김해 어방초 2년 허윤오

오늘 최정욱이랑 놀았다. 뭘 하고 놀았냐면 달리기 시합을 했다. 최정욱은 맨날 나한테 져서 맨날 나한테 '치사하다'고 한다. 하나도 안 치사한데 최정욱은 그런다. 최정욱은 내가 앞에 갈 때 최정욱은 저 뒤에 있다. 최정욱은 달리기를 못하는 것 같다. 언젠가는 최정욱이 달리기 시합에서 나를 꼭 한번 이겼으면 좋겠다.(2008)

윤오와 정욱이는 1학기 때 한 모둠이었다. 어찌나 서로 좋아하던지 싸우고 나서도 언제 싸웠냐는 듯 사이가 좋던 단짝이었다. 그렇게만 알고 있던 차에 윤오가 이 글을 써왔다. 어떻게 보면 아주 평범한 글이지만, 윤오를 아는 나로서는 무척이나 감동을 받을 수밖에 없었다. 달리기를 하지 못하는 정욱이와 만날 노는 윤오는 지기만 하는 정욱이에게 치사하다는 소리를 듣기 싫어한다. 하지만 친한 동무 정욱이가 달리기를 잘 못하는 것을 아는 순간, 언젠가는 내 동무 정욱이가 달리기 시합에서 나를 꼭 한번 이겼으면 좋겠다고 생각한다. 아홉 살 난 어린아이지만 나름 동무의 처지를 안타깝게 여기고 배려하는 마음이 잘 담겨 있다. 더욱 재미있었던 건 이 글을 읽던 날, 점심시간이었다. 급식실에서 한참 점심을 먹고 있는데 갑자기 정욱이가 달려와 내게 하소연을 했다. 윤오가 자꾸 놀린다는 것이다.

“선생님, 윤오가 자꾸 놀려요.”

“왜?”

“자꾸 내 얼굴에 반찬 묻었다고 놀려요.”

“그래? 그럼, 정욱이 보고 이리 오라 그래. 너도 같이 오고.”

윤오랑 정욱이를 함께 부른 까닭은 그날 아침 윤오가 쓴 일기 얘기를
꺼내고 싶어서다.

“정욱아!”

“예?”

“오늘 윤오가 어떤 일기 쓴 줄 알아?”

“모르는데요.”

“어떤 일기를 썼냐면, 정욱이 너 만날 윤오한테 달리기 진다며?”

달리기 이야기를 꺼내자 정욱이는 실 웃었다. 그러면서 무슨 얘기를
꺼낼지 무척 궁금한 표정을 짓는다.

“윤오가 오늘 너랑 달리기하는 거 가지고 일기를 썼는데, 정욱이 니가
달리기 못하는 것 같다고 언젠가 꼭 한번 자기를 이겼으면 좋겠다는
글을 썼어. 윤오야, 맞지?”

이 말을 듣자 정욱이는 입을 더 크게 벌리면서 부끄러운 듯 웃었다. 윤
오도 쑥스러워했는데, 어느새 둘은 이미 싸운 사실을 잊은 듯했다.

“윤오가 지금 정욱이를 놀렸지만, 사실 정욱이를 무척 좋아하는 것 같
더라. 윤오도 그런 일기를 썼으면 좀 더 정욱이에게 잘 해줘야지. 놀리
면 되니? 서로 화해해. 알았지? 둘 다 밥 다 먹었으면 빨리 교실로 가
세요.”

말이 채 끝나기도 전에 윤오와 정욱이는 손을 맞잡고 교실로 뛰어갔다. 이렇게 평범함 속에 따뜻함이 느껴지는 글을 읽을 때면 그날은 참 평안하고 즐겁다. 아이들 세계에 잠시 들어갔다 나온 이 기분을 아이들 곁에 사는 교사가 아니면 누가 알 수 있을까?

오뎅은 한 번, 국물은 다섯 번 | 밀양 산내초 6년 서샛별

학교를 마치고 보영이, 나, 현남이 이렇게 세 명은 학교 뒤에 파는 오뎅을 사 먹으러 갔다. 사람은 많이 없었다. 보영이와 나는 오뎅을 하나씩 집었다. 뚜껑을 열고 이왕이면 큰 걸 먹으려고 막 고르기도 했다. 난 하나를 골라 속으로

'이놈아, 잘 걸렸다. 넌 내 꺼다. 우와, 맛있겠다!'

하며 간장에 찍어 먹었다. 추울 때 먹어서 그런지 오뎅은 꿀맛이었다. 오뎅은 금방 없어졌다. 우리는 이제 국물을 먹기로 했다. 빨간 조그마한 그릇에 국물을 떴다. 그리고는 오뎅을 먹은 막대기로 오뎅국물을 식혔다. 보영이는 눈이 동그래지며

"오뎅, 더 먹고 싶다."

"나도 보영아~."

그때 오뎅 국물을 식히고 있었는데 수나가 왔다. 수나가 들어오더니

"내 집에 갔다 왔다. 미리가 너그 여기 있다고 하데. 그래서 내가 왔지."

그때 나는

"수나야, 오뎅 사 먹어라"

했다. 수나는 오뎅을 하나 집어 먹기 시작했다. 그런데 현남이는 오뎅은

　　　　　　　　　　　　　　　아이들 글 읽기와 삶 읽기

하나를 먹고는 국물은 네 번이나 먹고 또 한 번 더 먹으려고 하였다. 그러자 보영이가

"야, 니는 왜 오뎅은 하나 먹어 놓고 국물은 다섯 번이나 먹으려고 하노"

하며 현남이를 쳐다보았다. 그러자 현남이는

"알았다"

하며 엉덩이를 씨~익 뺐다. 난 속으로 '푸하하! 현남이는 진짜 웃기네. 오뎅은 하나 먹고 국물은 도대체 몇 번 먹노?' 했다.(1996)

살짝 추위가 다가올 11월에 동무 몇몇이 어묵을 두고 벌이는 신경전이 유쾌하다. 학교를 마치고 아이들은 무엇을 하며 지내는지 궁금한 나는 이런 일상 이야기가 재미있기만 하다. 어묵 값 치를 용돈이 부족해 어묵 하나 먹고 국물을 수차례 떠먹는 동무를 눈꼴치고 보는 모습은 상상만 해도 우습다. 현남이처럼 얼굴에 철판 깔고 먹으면 될 것을 간이 작은 아이들은 그저 현남이만 탓한다. 아이들 세계를 보며 우리 어른들의 세계를 보게 된다. 어떨 땐 정말 닮았다.

맨소래담 로션 | 밀양 밀성초 5년 염재민

오늘은 맨소래담 로션으로 발목을 발랐다. 발목에 바르는 이유는 축구를 하다가 발목을 삐어서이다. 맨소래담 로션은 바르고 바람을 불면 아주 찹다. 그리고 뜨겁다. 실험 삼아 나는 맨소래담 로션을 꼬치에 발라 보았다. 그런데 23초 뒤에 갑자기 뜨거워졌다. 나는 미칠 것 같았다. 내 방과 마루를 몇 바퀴씩 돌다가 선풍기에 꼬치를 대었다. 그러니 이상하게 더 뜨거워졌다.

그래서 나는 꼬치에 물을 발랐다. 그래도 뜨거워서 나는 얼음을 발랐다. 근데 얼음이 녹아서 물이 되어서 옷이 다 배리고 말았다. 나는 봉지에 얼음을 넣어서 꼬치를 막 문대었다. 그러니 봉지에서 물이 샜다. 그래서 나는 얼음을 봉지에 삼단으로 쌓고 손수건으로 싸서 꼬치에 문대었다. 그러니 인상 쓰던 얼굴에 웃음이 났다. 나는 정말 시원했다. 다음에는 절대 맨소래담 로션을 바르지 않을 거다. (1998)

따까리 | 밀양 밀성초 5년 최은희

오늘 머리를 보니까 따까리가 나 있었다. 그래서 내가 "엄마, 이것 봐!" 하고 보여주니 엄마가 "니 이제 이거 때면 죽는데이!"라고 하였다.

그래서 나는 겁이 나서 "응"이라고 말하고 큰방에 가서 침대에 누웠다. 그런데 계속 손이 머리 위로 올라갔다. 그래서 나는 속으로 '안 된다, 안 된다' 하며 손을 뗐다. 그런데 손은 이미 올라가 머리를 긁어 피가 났다. 그래서 내가 피나는 데를 휴지로 막고 있는데, 엄마가 "은경아, 요 와 바라!"라고 불렀다.

그래서 내가 가 보니. "자, 니 머리 대 봐라. 약 바르게" 하며 약 뚜껑을 대고 약을 엄마 손에 발랐다. 그래서 내가 "안 해도 괘안타"라고 말하고 자리를 피하니 "온나!" 하며 내 머리를 잡았다. 그 다음에 엄마는 "니 와 여기 손 대노! 봐라, 요도 덧난다. 으이구 속 터져!" 하며 화를 냈다. 나도 내가 왜 이러는지 모르겠다. 이놈의 손 때문에. (1998)

몇 번을 봐도 웃음이 절로 나는 글이다. 워낙 즐겁게 살아가던 아이들

아이들 글 읽기와 삶 읽기

이라 당시에는 이런 일이 하나도 이상하지 않았다. 타박상과 다리가 삔 곳에 바르는 로션 파스를 어떻게 꼬치에 바를 생각을 했을까? 정말 재민이가 아니고서는 상상할 수 없는 일이다. 은희는 상처에 붙은 딱지를 억지로 떼는 모습을 실감나게 묘사해주었다. 은희에게는 누구나 겪지만 굳이 글로 옮기지 않는 이야기를 붙잡아 재미있게 쓰는 재주가 있었다. 하찮고 변변찮은 이야기일지 모르나 아이들의 모습을 떠올리게 되는, 그래서 그 아이를 이해하고 받아들이게 되는 이런 글이 나는 늘 그립다.

잠이 많은 우리 식구 | 김해 어방초 4년 배윤정

엄마와 나는 아침잠이 많다.

언니는 엄마 깨우고

엄마는 나를 깨운다.

잠 많은 나를 아는 엄마

5분만 더 자라. 10분만 더 자라.

엄마도 옆에서 몇 분 더 누워 잔다.

엄마도 나도 일어나기 싫어한다.

엄마는 "아침 시간은 참 빨리 가제?" 한다.

세수하고 나서도 난 졸리다.

아침잠 많은 우리 엄마

우리 보내고 10분은 더 잔다.

그런 엄마 날마다 부럽다.(2006)

카레라이스 | 김해 어방초 4년 강병호

현관을 여는 순간, 카레 냄새가 콧속으로 들어왔다. 그 순간 입에서는 군

침전쟁이 일어나고 내 발걸음은 식탁으로 옮겨졌다.

"아, 집에서 일 년 만에 먹어 보는 카레라이스."

나는 빨리 카레라이스를 옮겨 비볐다. 그리고 내 입에 넣는 순간 카레라이

스 밥이 녹아 버렸다.

"아, 맛있는 카레라이스. 또 언제 먹을까?"

생각하고 어머니께

"카레라이스 또 언제 먹어요?"

하니 어머니께서

"일 년 뒤에."

"왜요?"

"아빠 회사 점심 메뉴로 카레라이스가 자주 나와서 아빠가 질려 냄새도 맡

기 싫다고 하셔."

하지만 나는 일 년 뒤라도 생각만 해도 기분이 좋다. (2007)

좋은 글에는 늘 글쓴이의 모습이 뚜렷하게 보인다. 여전히 머리로만

쓰고 상상으로만 짓게 만드는 잘못된 글짓기 교육과 학습목표 중심의

기능적인 국어 교육 때문에 우리 어른들은 아이들 세계를 제대로 읽지

못하는 경우가 많다. 아이들은 아이들대로 어른들은 어른들대로 글쓰

기는 점점 재미도 의미도 없는 노동이 되어 가고 있다. 아이들의 세계

를 어른들이 넘나들기 위해서는 아이들이 자신을 잘 드러내 보이는 글

을 쓸 수 있도록 안내해야 한다. 〈잠이 많은 우리 식구〉에는 윤정이의 모습이 아주 잘 드러나 있다. 윤정이는 자주 지각을 하는 아이였다. 그 것도 꼭 5분씩 늦었다. 5분 일찍 오면 되지 않겠냐는 내 말은 늘 겉돌 았다. 왜 겉돌 수밖에 없었는지 이 시를 보면 잘 알 수 있다. 10분씩 더 자는 엄마를 부러워하는 윤정이의 바람은 곧 내 바람이기도 했다. 병 호의 글 〈카레라이스〉는 밖에서 놀다 집으로 들어설 때 온 집안을 가 득 채운 맛있는 음식 냄새 때문에 빨리 들어오길 잘했다는 내 어릴 적 오래된 기억을 새삼 떠올리게 했다. 더불어 어른들이 어느새 잊고 사 는 작은 행복의 가치도 깨닫게 해주었다.

개구리 반찬 | 김해 어방초 4년 신승용

우리 엄마는 내가 밥 먹을 때

"무슨 반찬이야?"

하면 우리 엄마는 만날

"개구리 반찬!"

이란다. 내가

"개구리 반찬이 무슨 뜻이야?"

하면 엄마는

"그냥 하는 말이다"

한다. 아빠가 옆에 있을 때에는 '하하하' 하며 웃어주신다. 나는 개구리

반찬이 무슨 뜻인지 정확히 알고 싶다. (2007)

엘리베이터 공포증 | 김해 어방초 4년 강태경

학원을 마치고

늦은 밤에 타는 엘리베이터

혼자서 탈 때 무섭다.

올라가는 소리

덜컹덜컹

곤충소리

찌르르

다른 사람과 탈 땐

괜찮은데

꼭 나 혼자만 있으면

이렇게 된다.

일층, 이층, 삼층

나도 모르게

벽에 몸을 기대고

빨리 도착해라

층이 나오는 판만 멍하게 본다.

이럴 때는

꼭~

일층으로

이사 가고 싶다.(2006)

아이들은 제 키만큼 세상을 보며 큰다. 궁금한 것도 많고 무서운 것도 많은 아이들은 호기심과 두려움 사이를 오가며 성장해 간다. 어른들이 빨리 성장하고 철들기를 바라며 서두를수록 아이들의 올바른 성장은 기대하기 힘들다. 나이가 들수록 웃음을 잃고 사는 아이들이 많아지면서 아이다운 글과 삶을 만나기가 어렵다. 그래서 더더욱 개구리 반찬이 무엇인지 정말 모르겠다고 궁금해하는 승용이와 엘리베이터 공포증 때문에 1층으로 이사 가고 싶다는 태경이의 글이 소중하다. 아이들 세계에서나 가능한 개구리 반찬과 엘리베이터 공포를 우리 어른들도 함께 느끼며 산다면 아마도 우리 아이들은 지금보다 훨씬 행복해질 것이다.

관계 속에서
크는
아이들

형제자매나 집안 어른들과 함께 자라는 아이들은 조금은 남다른 경험을 하며 큰다. 아이들의 삶을 읽다 보면, 식구들이 있어 많은 사건들도 생기지만 그만큼 서로 아껴주고 보살펴주는 따뜻한 관계가 가정의 행복에 얼마나 중요한지 알게 된다. 형, 동생과 아웅다웅 다투기도 하지만, 그래도 우리 형, 우리 동생일수밖에 없어 아끼고 보살피려는 아이들의 마음을 들여다볼 때면, 사뭇 어른들의 모습과 닮은 듯하다. 특별한 가르침이 없어도 어른들과 함께 자라는 아이들은 모든 식구들이 한 꿰미로 이어져 있다는 사실을 자연스럽게 몸으로 깨친다. 한 식구로 살아가는 과정을 그려낸 아이들의 글에는 따뜻함과 애틋함, 아쉬움과 원망이 함께 묻어난다. 집안에 어른이 없을 때면, 더럽고 귀찮고 때로는 괴롭히기까지 하던 동생을 보살피는 부모가 되기도 하고 동생이 아플 때는 자기가 아픈 것처럼 가슴 아파한다. 기억도 나지 않을 무렵부터 돌봐주고 키워주신 할머니, 할아버지에 대한 애틋함은 큰 어른과 함께 사는 아이들만이 겪는 잊을 수 없는 소중한 감정이다. 식구들과 어우러져 살아가는 과정에서 아이들은 그렇게 성장한다. 그러나 아쉽게도 이런 식구들의 이야기를 쓰는 아이들이 줄어들고 있다. 혼자 먹고 노는 무미건조한 삶들로 가득하다. 관계 맺기에 실패하거나 기회가 닿지 않아 더디게 성장하는 아이들이 부쩍 늘고 있다. 그럴수록 식구들 이야기를 따뜻하게 그려낸 글이 그립기만 하다. 아이들 마음도 내 마음과 크게 다르지 않을 것 같다.

엄마, 동생이랑 저랑 차별하지 마세요 | 김해 어방초 4학년 황해민

엄마, 요즘 동생이 제 말 안 듣고 있다는 거 잘 알고 계시죠? 만약에 엄마가 어렸을 때, 엄마의 동생이 그릇을 깨뜨렸을 때, 딴 짓하며 엄마가 그 그릇을 깨뜨렸다고 하면 엄마는 기분이 어떻겠어요? 진짜 느끼지 않아서 잘 모르시겠지만 진짜 억울하고 숨이 멎는 것 같아요. 그런데 진짜 화가 나는 것은요. 엄마가 저번에

"동생이 거짓말하고 있는 거 다 안다"

하셨는데 왜 알고 계시면서 동생을 혼내시지 않으시는 건가요? 또 엄마가 저번에 동생이 저를 놀리면 엄마가 꼭 동생을 혼내시겠다고 하셨잖아요. 그러면서 왜 동생을 혼내시지 않는 거예요? 또 왜 동생이 먼저 장난을 쳤는데 왜 저한테만 혼을 내시는 거예요. 물론 동생만 먼저 놀리고 괴롭히는 게 아니에요. 저도 가끔 먼저 동생을 괴롭히고 놀리죠. 그런데 엄마는 동생이 장난쳐서 제가 혼낼라고 하면

"나중에 혼내줄게"

하면서 나중에는 혼내주시지도 않잖아요. 그래서 내가 동생을 혼내려 하면

"영어 숙제 다 했나?"

"공부해라!"

왜 이렇게 말씀하세요? 또 제가 공부하면 가끔 엄마랑 동생이랑 막 웃으면서 텔레비전 보시잖아요. 장난도 막 치면서요. 전 그때 정말 화가 나요. 그렇게 장난치고 즐겁게 텔레비전 보시면 공부하고 있는 저는 기분이 어떻겠어요? 왜 사람을 차별하세요? 엄마가 가끔씩

"넌 다 컸잖아!"

하고 말씀하시잖아요. 전 그 말이 기분 나빠요. 제가 2학년 때 그렇게 동생처럼 잘 대해주셨나요? 한번 생각해 보세요. 엄마, 이제 더 이상 동생이랑 저랑 차별하지 마세요. (2007)

나도 동생처럼 | 김해 어방초 4년 이연호

오늘 저녁밥을 먹을 때 엄마가 동생에게만 물을 주고 김치 주고 했다. 그래서 내가

"엄마, 나도 물 줘!"

했다. 그러니 엄마는 내 보고

"니는 손이 없나 발이 없나?"

했다. 그때 동생은

"오빠야는 얼굴이 없다"

했다. 그래서 내가

"야! 니 한대 맞을래!"

했더니 엄마가

"니 동생한테 뭐라고 하노?"

했다. 나는 할 말이 없었다. 그러자 동생이

"쯧쯧 오빠야는 불쌍하네."

"뭐?"

하며 화를 냈더니 그때 엄마가 말했다.

"내가 왜 그러냐면, 니는 내년이면 5학년이고 2년 후면 6학년이고 다음에
닌 중학생 된다이가."

하지만 나도 동생처럼 대접받고 싶다.(2007)

채인선 씨의 《아름다운 가치사전》(한울림어린이, 2005)으로 4학년 아이
들과 '나만의 사전 만들기' 수업을 했을 때다. '공평'이라는 낱말이 있
었다. '공평'에 대한 낱말풀이는 '필요한 사람에게 더 많이 주는 것'이
라고 되어 있었다. 그 뜻이 얼마나 좋던지 나는 아이들에게 정말 좋은
풀이가 아니냐며 흥분해서는 열을 내며 가르쳤다. 잠시 뒤 아이들이 생
각하는 '공평'의 뜻을 적어 보라 했다. 아이들이 만들어내는 '공평'에
대한 새로운 낱말풀이를 나름 기대를 가지고 기다렸다. 그러나 내 예상
은 보란 듯이 빗나가고 말았다. 아이들에게 '공평'이란 똑같이 나누는
것이었다. 유난히 동생들에 대한 불만이 많았던 4학년 아이들에게 내
가 기대한 '공평'의 개념은 먹혀들지 않았다. 동생을 가진 모든 아이들
이 말한 '공평'은 '케이크를 똑같이 나눠 먹는 것' '무거운 짐을 똑같
이 나르는 것'이었다. 대개 아이들 글을 보면 동생인 아이들이 형이나
누나보다 대접을 받지 못하는 경우가 많지만 해민이와 연호의 경우는
달랐다. 동생과 차별을 두는 어머니 때문에 못내 섭섭했던지 서운한 감

정을 그대로 드러낸다. 늘 동생을 보살펴야 하고, 형이라는 이유로 꾸중을 듣던 두 아이에게 동생은 늘 미움의 대상이었을 것이다.

의사가 된 나 | 김해 어방초 6년 이주영

내가 학원을 갔다오니깐 엄마가 모임에 다녀오신다고 하셨다. 동생들과 나는 저녁으로 컵라면을 먹기로 하였다. 잠시 뒤, 끓인 물을 다 붓고 기다리고 있었다. 그동안 동생들은 접시, 컵라면 모서리를 치면서 놀고 있었다.

나는 "야! 하지 마! 그러다가 쏟으면 어쩔라구."

그때, 막내 택호 쪽으로 결국 그 뜨거운 물이 쏟아졌다.

"아~뜨거워~응~ 아~뜨~거워~!"

동생들은 라면 국물이 쏟아지니깐 바로 울었다. 그래서 난

"택호야 빨리 오세요! 큰누나가 안 아프게 해줄게!"

"따갑다~."

"보자, 호야! 니 배 껍질이 확 일났네!"

자세히 보니 택호 배 밑쪽에 동그란 과자 크기만큼의 살이 베껴졌다.

'얼마나 뜨거울까.'

동생 호야는 그것을 보고 더 놀라 더 크게 울었다. 그때 나는 호야가 여섯 살이고 순해서 일부러 말을 지어내기 시작하였다.

"호야, 여기 살 벗겨진 거 봐봐. 때 색깔이제."

동생은 고개를 '끄덕' 했다.

"호야, 니 목욕탕 따뜻한 물 들어갔다 나오면 때 나오제?"

동생은 또 '끄덕' 했다.

"그러니깐 컵라면 따뜻한 물이 택호 때 베껴줬다고 생각하면 되니깐, 뚝!"

그러니깐 서서히 울지 않았다. 그리곤 어떤 약을 발라야 되는지 몰라 손수건에 물을 묻혀서 배에 대고 붕대로 감고 다시 물을 부어 컵라면을 먹었다. 순간 난 의사였다. (2004)

동생 몸 걱정 | 밀양 밀성초 5년 백정현

오늘 동생이 산에 놀러갔다가 벌레에 물리고 나뭇가지에 긁혀서 왔다고 했다. 나는 목욕을 했고 엄마는 슬픈 표정이었다. 동생을 보니, 온몸에 두드러기 같은 것이 나서 막 긁고 목 주변에는 나뭇가지에 긁혀서 생긴 자국이 있었다. 나는 내 동생의 이야기를 들으니 동생이 참 불쌍했다. 온몸이 상처투성이라서 죽을지도 모른다는 생각이 들어서 슬펐다. 엄마는 모른 척하면서 일부러 화내는 투로 이렇게 말했다.

"에이씨, 그 말라 가노? 누가 가라 카나?"

그러자 동생은

"민지하고 용혁이가 자꾸 가자고 카는데 어째 안 가겠노?"

내 동생도 열심히 변명했다. 나는 시끄러워서 놀이터로 갔다.

저녁이 되자 엄마가 같이 갔던 민지 집에 전화를 했다.

"여보세요?"

엄마가 전화를 끊은 뒤, 우리는 궁금해서 엄마에게 물었다.

"엄마 머라 카든데?"

"내 말이 맞제! 엄마!"

동생도 엄마에게 물었다.

"그래!"

나는

"엄마, 승민이 불쌍하제."

내가 물어보았는데 엄마는 아무 대답도 하지 않았다. 나는 내 방으로 와서

아무도 모르게 눈물을 흘렸다. 내 동생이 와서

"누나야, 머하는데?"

"아무것도 아니다."

"누나야, 울었나?"

"아이다. 금방 하품한 기다."

내가 이렇게 말했지만, 내가 들으니 울먹이는 소리였다. 나는 더 울고 싶

었다. 내 동생이 너무 불쌍하다. 나는 이제 내 동생을 소중하게 여길 거다.

내 동생의 병은 언제 나을까?(1998)

동생이 둘인 주영이는 맏딸이어서인지 책임감이 강했다. 책도 많이 읽

고 담임인 나랑은 이런저런 사는 얘기도 즐겨 나누던 아이였다. 엄마

가 집에 없을 때면, 막내 동생을 대신 돌보며 지내는 모습이 대견스럽

기도 했다. 아픈 동생을 살피며, 순간 의사가 됐다는 주영이는 부모님

에게 늘 든든한 딸이었다. 5학년 치고는 작던 정현이는 하얀 피부에

동그란 안경을 써서 무척 귀여웠다. 제 한 몸 지키기도 버거워 보이던

정현이는 동생이 다쳐 돌아오자 이런 글을 써왔다. 산에서 놀다가 벌

레에 물리고 나뭇가지에 긁혀 상처를 입은 동생 모습을 보며 가슴 아

파하는 정현이의 모습이 눈에 선하다. 어머니의 속상함과 동생이 아파

   아이들 글 읽기와 삶 읽기

하는 모습을 지켜보는 정현이의 눈을 따라가다 보면 정현이가 얼마나 따뜻한 가정에서 행복하게 자라고 있는지 어림할 수 있다. 주영이와 정현이의 글을 보면, 내가 아닌 남을 키우며 나를 성장시킨다는 신영복 선생님의 '관계' 론이 새삼 절실하게 와 닿는다.

쓸쓸한 할아버지 | 김해 어방초 2년 조민성

오늘 할아버지 집에 갔다. 엄마랑 누나랑 같이 갔다. 왜냐하면 어제가 어버이날이었기 때문이다. 그리고 아빠는 왜 못 갔냐면 일 때문에 못 갔다. 할아버지한테 가 보니까 할아버지는 혼자서 쓸쓸하게 누워 있었다. 왜 누워 있었냐면 우리 할아버지는 편찮으셔서 그렇다. 할아버지는 내만 오면 아주 기뻐하신다. 왜냐하면 내가 아기였을 때 귀여워해서 그렇다. 할아버지는 나를 할아버지의 강아지라 부른다. 할아버지랑 같이 딸기도 먹고 얘기도 했다. 밤에 할아버지를 남겨 두고 집에 왔다. 쓸쓸한 우리 할아버지.(2008)

할아버지와 존댓말 | 김해 어방초 2년 최서연

오늘 당뇨로 몸이 편찮으신 친할아버지와 엄마랑 나랑 차 타고 삼방동 탑마트에 갔다. 가는 도중에 엄마가

"아버님, 백도 사 가지고 올까요?"

했다. 할아버지께서는

"예~"

하셨다. 그러자 엄마는

"아버님! 며느리한테 존댓말하는 거 아닙니더. 세상에 며느리에게 존댓말

하는 아버님이 어디 있습니꺼?"

하셨다. 그래서 우리는 웃음바다가 되었다.(2009)

할머니 손은 약손 | 논산 반곡초 6년 홍민재

오늘 저녁쯤에 내 동생이 설사를 했다. 그래서 그런지 배가 아프다며 낑낑대고 있었다. 나는 동생을 불러 할머니한테 가 보라고 했다. 같이 가자길래 같이 갔다. 부엌에 가니 할머니께서는 마늘 껍질을 까고 계셨다. 우리 할머니는 20년 전쯤에 중풍에 걸려서 왼팔 전체를 쓰지 못하신다. 할머니는 남은 마늘을 다 까고 손을 씻고 나서

"소정이 어이 한번 보자. 할머니 손이 약손인겨."

할머니께서는 동생 티셔츠를 배 위로 올린 후 오른 손을 척하고 올리며 손으로 동생 배를 원 그리듯이 저었다.

"할머니! 근디 할머니 손이 왜 약손이에요?"

"옛날부터 할머니 손이 약손이라 했는디, 할머니들이 애기들한테 배에다 손을 얹어서 저었는디, 신기하게 안 아파서 그런 말이 나왔지, 뭐~."

"그럼, 할머니 손도 약손이겠네요."

"그건 농담이지 할머니 손이 약손인지 어떻게 알것어? 사람들이 그냥 장난 삼어 한 말이겠지."

"그거 참 신기하네요. 할머니 손이 약손?"

진짜 신기하게도 할머니께서 동생 배를 저어주었는데 동생이 배가 안 아프다고 하였다. 내 동생이 거짓말을 하는 걸까? 아니면 진짜일까? 할머니 손은 약손이란 말은 참 신기하다.(2009)

 아이들 글 읽기와 삶 읽기

도시 아이들은 집안 어른들과 지낸 이야기를 잘 써오지 않는다. 때때로 멀리 계시는 할머니, 할아버지를 찾아뵙고 잠시 지내다 온 이야기를 쓰기는 하지만, 글 속에서 어른들의 모습을 찾기는 쉽지 않다. 그저 잘 놀고 잘 먹고 왔다는 이야기들뿐이다. 손주들을 누구보다 아끼며 사랑하는 집안 어른들과 함께 사는 모습은 이제 보기 드문 세상이 되었다. 보살핌이 필요한 도시 아이들에게 어른의 부재는 또 하나의 불행이 아닐까 싶기도 하다.

도시 아이들의 글을 보면 할머니, 할아버지를 곧잘 불쌍한 대상으로 묘사할 때가 많다. 민성이의 글에서처럼 멀리 떨어져 외롭게 사는 어른에 대한 애틋함이 잘 드러나기도 하지만, 거꾸로 할머니와 할아버지의 삶을 가까이서 지켜보며 함께 살지 못하는 아이들의 모습은 왠지 씁쓸한 기분을 들게 할 때가 많다. 그래서 같은 도시 아이들이라도 서연이처럼 큰 어른들과 함께 살며 행복함을 전하는 아이들의 글을 볼 때면 반갑고 흐뭇하다.

이와 달리 시골에 사는 아이들은 할머니, 할아버지와 함께 사는 이야기를 자주 쓴다. 〈할머니 손은 약손〉이라는 글을 쓴 민재처럼 큰 어른들의 사랑을 가깝게 느끼며 보살핌을 받고 자라는 아이들은 무척 건강해 보인다. 누군가의 보살핌을 받고 자란다는 건 아이들의 성장에 큰 영향을 미치는 게 분명하다. 관계가 어떻든 할머니, 할아버지에 대한 어린아이들의 애틋한 감정이나 사랑을 읽다 보면 미처 발견하지 못한 아이의 또 다른 모습을 읽어낼 수 있어 좋다.

초보운전 | 김해 어방초 2년 노우람

우리 식구는 큰아빠 집에 갔다. 가는 길에 엄마가 운전을 했다. 엄마는 초보운전이다. 그런데 엄마는 이제 초보운전이 아니라고 한다. 우리가 볼 때도 엄마 운전 솜씨가 많이 늘었다. 아빠는 엄마 운전하는 게 못마땅한지 자꾸 잔소리를 한다.

"우측 깜빡이! 좌측 깜빡이! 천천히!"

그러자 엄마가 갑자기 신경질을 냈다.

"자꾸 잔소리를 해서 운전을 못하겠다. 그냥 집에 가자."

아빠는 갑자기 앞만 쳐다보고 조용해졌다. 분위기가 이상하다.(2008)

엄마와 희진이 | 김해 어방초 2년 윤성일

태권도를 갔다 와 밥을 먹고 놀고 있는데 누나가

"재미있는 이야기 들려줄까?"

해서 수진이랑 내가 손을 들었다. 누나가 말하기를 내가 태권도 갔다 오기 10분 전에 엄마가 희진이 보고

"희진이 싫어!"

라고 하니 희진이가 엄마 궁둥이 쪽으로 다가가며

"엄마 싫어!"

라고 했단다. 그러면서 엄마 궁뎅이를 꽉! 깨물었단다. 누나가 혼자 보기 아까웠다고 했다. 재밌었다.(2008)

 아이들 글 읽기와 삶 읽기

멍게 비빔밥 | 김해 어방초 4년 허준섭

태권도 학원에 다녀오니 엄마께서 저녁 준비를 하고 계셨다. 내가 오늘 저녁이 뭐냐고 물으니 멍게 비빔밥이라고 하셨다. 순간 나는 얼굴을 찡그렸다. 나는 멍게를 제일 싫어하기 때문이다. 생긴 것도 울퉁불퉁 하고 맛도 쌉사름하고 이상하기 때문이다. 나는 얼른 빵과 우유를 먹고 배가 불러서 밥 생각이 없다고 하였다. 그러자 엄마가

"내가 니 속을 모를 줄 알고?"

라고 하셨다. 그래서 나는 자는 척을 하다가 정말로 잠이 들었다. 일어나니 아빠가 오셨다. 엄마께서

"저번에 거제에서 먹었던 거 흉내 좀 내 봤는데 어때?"

라고 말하셨다. 아빠가 한술 뜨시더니

"식당 차려도 되겠네"

라고 하셨다. 엄마는 즐겁게 웃으셨다. 만약 엄마가 식당을 차리면 날마다 우렁쉥이 비빔밥을 먹겠네! 안 돼~.(2007)

똥고집 우리 동생과 황소고집 우리 엄마 | 김해 어방초 6년 주성경

오늘 학원을 갔다 오니 우리 엄마는 되게 화가 나 있었다. 은근슬쩍 여동생에게 물어보니 남동생, 여동생, 엄마, 이렇게 셋이서 슈퍼에 가서 먹을 거 사는데 치과에도 가야 하는 우리 남동생이 사라졌다는 것이다. 그래서 엄마하고 여동생이 남동생 강현이를 찾으러 나가니 오락 구경을 하고 게임한다고 치과에 나중에 갈 거라고 고집부렸다고 한다. 그래서 엄마가

"안 돼! 치과 가서 치료하다 보면 아빠 올 시간이잖아!"

라고 했단다. 결국 우리 동생은 치과에 갔지만, 치과에서 20~30분씩이나 오랫동안 기다려서 자기 차례가 왔는데 치료도 안 하고 교정기도 버리고 나가서 엄마가 매우 화가 났다는 것이다. 게다가 우리 동생은 6시에 가서 7시인 지금까지 밖에 나가 들어오지 않아 우리 엄마는 더욱 화를 내고 있었다. 잠시 뒤에 엄마는 저녁 준비를 하시면서

"나가서 강현이 찾아와! 누가 이기는지 보자고, 누가 더 고집 센지"

라고 나에게 말하며 엄마 혼자 중얼중얼거렸다. 아무튼 난 어디에 있는지도 모르는 강현이를 찾으러 가야만 했다. 먼저 치과를 찾아갔지만 없었다. 그 다음엔 문방구 앞에 있는 오락기 주변을 둘러보았다. 우리 동생은 역시나 오락 구경을 하고 있었다.

"강현아~ 오늘 저녁밥 맛있는 거 나온다. 집에 가자."

"싫어~ 가기 싫다~."

집으로 고생고생하며 힘들게 끌고 왔는데, 집에 가기 싫다고 하는 소리가 엄마 귀에 들려

"집에 오기 싫으면 나가~ 다시는 오지 마!"

라고 말을 했다. 그리고 동생을 그대로 놔두고 나는 집으로 왔다. 잠시 뒤에 아빠가 오시고 전복죽을 끓여서 맛있게 먹는데 갑자기 동생 생각이 났다.

'지금쯤이면 배고플 텐데…….'

밥 다 먹은 뒤에 엄마가 토마토 주스를 만들었다. 그런데 토마토 주스 반은 남겨 두라고 하셨다. 강현이 줄 거라고. 그러고 보니 엄마는 겉으로는 화가 나 있지만, 속으로는 아마도 걱정하고 있는 게 분명했다. 그렇게 8시

가 다 되도록 동생은 들어오질 않았다. 그때 엄마에게 물어봤다. 강현이 데리고 와도 되냐고. 아무 말도 없었다. 그러나 엄마 표정을 봐서는 영 아니었다.

30분이 지나도 안 오길래 나는 더 이상 참지 못하고 찾으러 나갔다. 가려고 하니 집에 들어올지 말지 망설이는 강현이를 집 앞에서 보았다. 알고 보니 강현이도 배고프고 추우니까 오래 전에 집 앞에 왔었는데, 들어오지도 못하고 집 앞을 서성거렸던 것이었다. 내가 동생을 데리고 집에 들어와 엄마에게 갔지만 여전히 화가 나 있었다. 일단 강현이도 배고플까 봐 내가 죽을 주었다. 그러자 동생은 얼른 한 그릇 먹고는 또 한 그릇을 더 먹었다. 그리고 엄마에게 가서 무릎 꿇고 빌며 죄송하다고 말을 했다. 그러나 엄마는 무엇을 잘못했냐고 물어보기만 했다. 사과도 받아주질 않았다. 그러자 동생은 울며 안방에 있던 나에게 왔다. 강현이는 울다가 그만 잠이 들었다. 때마침 이모에게 전화가 와서 엄마는 이모를 만나러 나갔다. 그 사이에 강현이는 더 깊은 잠에 빠져 있었다. 그리고 20분이 지나 엄마는 왔다. 잠자는 강현이에게 우리 엄마는 아이스크림을 주고는 뽀뽀하고 안아주고는

"강현아! 다시는 그러지 마. 그리고 엄마가 미안하다. 사랑한다."

그런데, 그렇게 깊은 잠에 빠진 동생 강현이가 엄마가 안아주자 바로 일어나는 게 아닌가. 너무 신기했다. 똥고집 내 동생과 황소고집 우리 엄마는 누가 더 고집 센지 대결하면 처음엔 늘 똥고집 내 동생이 지다가 끝에 가면 꼭 황소고집 우리 엄마가 진다. 우리 집은 늘 이렇다. 끝에는 꼭 엄마가 진다.(2004)

아이들에게 일기를 쓰게 하면 한동안은 먹는 얘기, 노는 얘기가 주를
이룬다. 그래서 식구들 이야기도 보고 싶다고 하면, 아이들은 특별한
일이 없어 쓸 게 없다고 한다. 아이들에게는 식구들과 지내는 일상이
정말 그렇게 느껴지기도 할 것이다. 하지만, 대개는 집안에서 벌어지
는 일을 자세하게 들여다보지 않아서인 탓도 있다. 이따금 아이들에게
식구에 관한 보기 글을 읽어주면 자기도 그런 일이 있었다고 하는 아
이들이 많다. 그제야, 평소에 일어난 일을 붙잡아 글로 쓸 생각을 못한
걸 깨닫는 것이다. 우람이의 글 〈초보운전〉도 그런 과정을 거친 뒤에
나왔다. 초보운전사인 어머니와 옆에서 잔소리하는 아버지 모습이 잘
살아있다. 분위기가 정말 이상해진 그 상황을 아마도 누구나 느낄 수
있을 것이다. 어머니의 엉덩이를 입으로 깨물어 버린 동생 모습을 그
린 성일이 글이나 멍게 먹기 싫어하는 준섭이가 부모님 대화를 재미있
게 드러낸 글도 평범한 식구들의 일상이지만 행복한 가정을 엿볼 수
있어 좋다. 특히 성경이가 쓴 글처럼 고집 센 동생을 끝내 이기지 못하
는 어머니를 나타낸 글을 읽을 때면 식구들에 대한 아이들의 진한 애
정을 읽을 수 있어 더불어 행복하다.

돈 벌기 위해 | 밀양 단산초 5년 하수린

엄마, 아빠는 얼마 되지도 않는 돈을 벌기 위해서 밤낮을 쉬지 않고 일하신
다. 학교 갔다 엄마한테 인사하러 가면 온몸이 땀투성이고, 옷이 꼭 우리가
강에 갔다 젖은 것처럼 젖어 있다. 아빠 역시 마찬가지다. 아빠의 옷이란 옷
은 거의 다 찢어져 있다. 긴 바지 입고 뭐하다 보면 바지가 찢어져 살이 다

          아이들 글 읽기와 삶 읽기

긁히고 다치고 심하게 아파도 아빠는 병원은 가지 않는다.

또, 우리 집에는 일하는 아줌마가 오신다. 아줌마가 오면, 돈은 많이 벌 수 있지만, 돈 번 것 중에 반은 아줌마가 가지고 가신다. 그래서 그렇게 넉넉하진 않다.

이건 정말 창피하지만, 사실 내 꿈은 커서 결혼 안 하고 엄마 옆에서 같이 농사일하는 것이다. 엄마 아빠는 얼마 되지도 않는 돈을 벌려고 고생하는데, 나는 투정부리고 애태우고. 그래서 커서라도 농사일을 돕고 싶어서이다. 그리고 아이들 꿈이 다 경찰, 의사, 선생님 등인데 나 혼자 '농사일하는 것'이라 말하면, 아이들이 비웃을까 봐 선생님이라고 했다. 선생님이 좋긴 좋지만. 농사 안 짓는 사람은 모를 거다. 얼마나 힘들고 괴로운지를. 나는 보기만 해도 눈물이 나올 것 같은데. 다음 미래엔 농사일 같은 게 없었으면 좋겠다.(2002)

눈물이 왜 나왔을까? | 김해 어방초 6년 이주영

난 지금 새벽 2시 40분 일기를 쓴다. 왜냐하면 방금 아빠가 날 울리고 갔기 때문이다. 새벽 2시 5분쯤 이상하게 우리 집 거실과 부엌 불이 켜져 있었고 엄마는 깨어 있었다. 그리고 2시 10분쯤 전화가 왔다. 난 그 소리에 깼다. 그리고는 냉장고에·가 물을 덜컥덜컥 마셨다. 엄마는 전화 받으러 갔다. 엄마가 전화를 받고 나갈 준비를 했다.

"엄마 이 새벽에 어디 가?"

"아빠 술 마셔가꼬 데리로 간다!"

"빨리 갔다 온나."

난 다시 침대에 누워 있었다. 그때 아빠가 들어왔다. 난 자는 척했다. 그러니 아빠가 우리 침대방으로 들어와

"보민아~ 쪽쪽!(뽀뽀소리)"

"으~~~응~~~으~~~"

그리고 나한테 와

"우리 큰딸 아빠는 우리 큰딸 제일 좋아하는 거 알제?"

"영아 오늘 국기 그리기는 어땠노?"

"내 우리 반에서 1등 했다 아이가!"

"진짜가 잘 했네."

"아빠 오늘 술 왜 마셨어?"

"괴로워서."

나는 그 한마디에 눈물이 나왔다. 그 상태로 아빠는 날 벽쪽으로 밀어 넣고 날 껴안고 잤다. 그래서 난

"엄마 빨리 아빠 좀 데려가."

엄마가 와서 아빠를 데리고 갈려 하나 아빠가

"좀만 더 자자 좀."

 나는 그 한마디에 또 눈물이 나왔다. 엄마는 결국 아빠를 데려갔다. 그때 눈물이 왜 나왔을까?(2004)

식구들과 사는 모습을 드러낸 아이들 글이 늘 밝고 재미난 것만은 아니다. 평범한 일상을 아주 자세하게 묘사해 읽는 재미를 주는 글도 있지만, 이렇게 안타깝고 슬픈 마음을 나타낸 글도 있다. 수린이와 주영

　　　　　　　　　　　　　　　　　　　　　아이들 글 읽기와 삶 읽기

이의 글은 힘들게 살아가는 부모의 모습을 아이들의 눈으로 읽어낸 글이다. 어렵게 농사를 지으며 생계를 꾸려 가는 부모님의 모습을 지켜보며 세상에 농사 같은 힘든 일이 없어졌으면 한다는 수린이의 마음을 누가 알아줄 수 있을까. 밤늦게까지 일 때문에 술을 마셔야 했던 아버지의 지친 모습을 보며 자기도 모르게 눈물을 흘려야 했던 마음을 이렇게 글로 나타내지 않았다면 주영이의 속 깊은 마음은 아무도 몰랐을 것이다. 이런 아이의 마음을 글로 읽었을 주영이의 아버지는 아마도 세상 누구보다 행복하지 않았을까. 보살핌을 받고 자라는 아이들은 다른 이를 돌볼 힘을 얻는다. 식구들과 사는 모습을 쓰는 아이들은 바로 이런 관계 맺기를 통해서 자기도 모르게 쑥쑥 성장해 나간다.

아이들
글에는
부모의 삶이
담겨 있다

얼마 전, 10대 여중생이 인터넷에 엄마 안티카페를 만들어 사회적인 파장을 일으킨 적이 있다. '소중한 생명을 탄생시키는 고귀한 어머니라는 칭호는 이미 타락되었다' 며 '자식을 상처 입혀 괴롭히는 부모가 부모인가. 우린 너희의 노예가 아니야' 라며 어머니를 질타하는 내용을 보고 많은 사람들이 큰 충격을 받았다.

아이들에게 부모란 정말 어떤 존재일까? 자기를 태어나게 해준 고마운 분들이며 은혜를 갚아야 한다는 교과서적인 설명은 이제 더는 우리 아이들에게 통하지 않는 것일까? 그동안 아이들이 쓴 글을 보면, 부모의 모습을 그렇게 쉽게 단정 지을 수는 없었다. 아이들이 바라보는 부모의 모습은 처한 상황에 따라 매우 달랐기 때문이다. 사랑과 관심을 보여주는 부모 덕분에 행복해하는 아이들이 있는가 하면, 부모의 상징인 '잔소리' 때문에 힘들지만 그런 부모를 나름 이해하며 받아들이는 마음 여린 아이들도 많았다. 물론, 이해할 수 없는 부모의 화와 폭력 때문에 상처 받고 아파하는 아이들도 있었지만, 힘들게 살아가는 부모를 지켜보며 오히려 연민을 느끼는 아이들을 볼 때면, 아이들을 마냥 어리다고만 볼 수 없었다.

요즘에는 부모의 기대가 지나쳐 아이의 일상을 쥐락펴락하다 보니, 그 속에서 방황하는 아이들을 자주 보게 된다. 경제난으로 힘든 상황에 놓인 가정이 늘면서 건강하게 자라던 아이들마저 삶이 무너지는 경우도 심심치 않게 본다. 아이들의 삶뿐 아니라 부모의 삶과 우리 사회의 단면까지 읽어낼 때면, 아이들의 글을 그저 가볍게만 볼 수 없다는 생각이 들기도 했다. 이런 고민에까지 이르면 교사가 서야 할 곳이 어디고 아이들의 곁에서 어떻게 살아나가야 하는지, 좀 더 복잡한 고민에 빠져든다.

우리 엄마는 뽀뽀귀신 | 김해 어방초 6년 석유진

아침에 일어나니 엄마가 평소에 안 하던 뽀뽀를 했다. 나는 "왜 이라는데?"라고 물었다. 그런데 답은 하지 않았다. 공부할 때도 볼, 이마에 뽀뽀를 했다. 내가 잠이 와 잠을 잤는데 큰방에서 잤다. 엄마가 나를 깨우면서 볼에 뽀뽀를 했다. 나는 "엄마, 왜 내한테만 뽀뽀하는데?" "유진이가 좋으니까." 닭살이 돋았다. 나는 아빠가 나한테 한번이라고 좋다. "유진아, 사랑해" 하는 뽀뽀를 받고 싶다. 한 번도 그런 적이 없기 때문이다. 오늘 기분이 만빵! (2004)

공개수업 | 김해 어방초 4년 정태인

오늘은 학부모님들이 학교에 오셔서 공부하는 모습을 보기로 한 날이다. 3교시부터 공개수업을 시작했다.

'우리 엄마는 오셨을까?' '형 반에 먼저 가셨을까'

나는 뒤로 힐끔 돌아보았다.

'어, 엄마다!'

난 손을 흔드니 엄마도 손을 흔드셨다.

'진짜 엄마가 오셨네? 하늘을 날 것 같다!'

쉬는 시간 종소리가 들려 난 엄마한테 바로 달려갔다.

"엄마!" "아들~"

왠지 고아가 엄마를 만난 듯한 느낌이었다. 엄마가 오시니 기분이 정말 좋았다. (2007)

어른들이 누구에겐가 인정받고 싶어 하듯 아이들도 사랑받고 싶어 한다. 닭살 돋는 엄마의 뽀뽀가 싫지 않고 한 번도 받아보지 못한 아빠의 뽀뽀도 받아 보고 싶은 유진이는 그래서 늘 즐겁고 행복하다. 여자아이가 열세 살쯤 되면 어른들과 그것도 아버지와 접촉을 피할 만도 한데 유진이는 오히려 아빠의 뽀뽀를 원한다. 자라면서 자연스럽게 멀어진 아빠를 그리워하는 유진이의 마음이 잘 담겨 있다.

해마다 공개수업을 할 때면, 아이들은 학년에 관계없이 교실 뒤나 창문 밖을 두리번거린다. 어머니를 찾는 것이다. 수업 참관을 약속받은 아이들과 참관이 확실하지 않은 아이들 얼굴에는 설렘과 불안이 시시각각 엇갈리면서 교실 분위기를 한껏 흔들어 놓는다. 그렇게 공개수업이 끝나고 이튿날이 되면 아이들은 어김없이 부모에 대한 기쁨과 원망, 아쉬움이 뒤섞인 글들을 내 책상에 쌓아 놓는다. 늘 부모의 잔소리

와 꾸중 때문에 힘들어하면서도, 보살펴주는 부모에 대한 뿌리 깊은
애정은 아이들 마음속에 단단히 숨어 있나 보다.

엄마의 잔소리 | 김해 어방초 6년 김지혜

미술학원에서 집으로 가고 있는데 내 눈 앞에 눈이 뚝뚝 떨어졌다. 나는
너무 좋아서 넘어질 뻔했다. 실컷 눈을 맞은 뒤 집에 왔다. 집에 오니까 엄
마가 하시는 말씀이

"아이고, 우리 새끼 왔나. 느그들은 좋겠네. 눈도 오고. 아니 근데 이 화창
한 봄에 웬 눈이고?"

또 엄마는

"왔으면 빨리 옷 벗고 씻으러 들어가라."

5분 뒤, 엄마가 욕탕으로 들어왔다. 엄마는 나를 씻겨주면서 말했다.

"머리 감을 때는 일어서서 감으면 안 되제. 딱 이렇게 수구려 가꼬 샴푸 세
번 딱 눌러 가꼬, 양쪽 손에 칠해 가꼬, 머리에 물 칠 조금 해 가꼬, **빡빡** 문
질러야제."

"그래 가꼬 머리에 샴푸 칠이 해지겠나? 그래. 오늘 학교는 재밌드나?"
엄마의 밀려오는 잔소리가 내 귀에 팍팍 밀려 들어왔다. (2004)

엄마에게 혼났던 날 | 김해 어방초 6년 박혜경

오늘 엄마가 아침부터 빨래를 했다. 엄마가 빨래를 하면서 나한테 심부름
을 시켰다. 베란다에 있는 피존을 가지고 오라는 것이었다. 나중에 엄마가
다 쓰고 다시 가져다 놓아 달라고 했는데, 나는 그만 베란다에서 쏟아 버

렸다. 얼른 물로 씻고 닦았다. 그런데, 엄마가 알아 버렸다.

"야! 이놈 가시나야! 뭘 시키면 제대로 하는 게 없노? 으이구 시킨 내가 잘못이지."

엄마는 야단을 쳤으면서도 화를 내면서 계속 중얼거렸다. 나중에 목욕을 하려고 물을 받았다. 그리고는 얼른 들어가서 온도계를 가지고 노는데 그만 온도계의 빨간 밑 부분이 깨져 버렸다. 나는 얼른 물을 뺐다. 다시 받으려고 할 때, 또 엄마가 알아 버렸다.

"가시나야! 엄마 좀 도와 봐라! 유리는 없나? 오늘 왜 이렇게 죄를 많이 짓냐? 내가 못 산다. 내 명에 못 죽지."

오늘 나는 정말 운이 없는 날인 것 같다. (2007)

잔소리 많고 꾸중만 하는 두 어머니의 모습에는 딸을 사랑하는 마음이 꼭꼭 숨어 있다. 누구나 한 번쯤 겪었을 법한 평범한 일상을 떠올리게 하는 이런 글을 읽을 때면, 지난날 내 어머니의 잔소리를 듣고 있는 듯 아련한 그리움이 밀려든다. 어느새 훌쩍 나이를 먹은 나를 돌아보게 만드는 아이들의 삶이 그래서 나는 참 좋다.

까다로운 우리 엄마 | 김해 어방초 4년 김기섭

오늘 문제집을 풀고 엄마가 검사를 하였다. 그런데 한 문제를 봤더니 이렇게 되어 있었다.

1. 다음 중 이등변삼각형이라고 할 수 있는 도형은 어느 것인가?

　① 직각삼각형　② 정삼각형　③ 예각삼각형　④ 둔각삼각형

아이들 글 읽기와 삶 읽기

나는 이렇게 말했다.

"직각삼각형도 이등변삼각형이 될 수 있는 거 아니가?"

그러니까 엄마가

"그럼 그려 봐라."

그래서 난 두 변의 길이를 2cm로 똑같이 해서 직각삼각형을 만들었다. 그리고 확인을 하던 엄마가 2cm를 길이의 한 변을 가리켰다.

"이거 1.9cm다."

"어? 진짜네."

그래서 이렇게 말했다.

"그런데 겨우 1mm 짧게 했다고 너무 그러는 거 아니가? 내가 다시 그릴게."

이번에 다시 그리고 확인까지 하고 엄마에게 확인을 맡겼다. 그런데 엄마가

"너무 연하다!"

하면서. 연필로 덧칠을 했다. 그리고 이렇게 말했다.

"이거 2.1cm인데."

엄마가 가리킨 것은 똑같은 변의 하나이다. 그런데 그건 분명히 2cm여서 이렇게 따졌다.

"엄마가 덧칠하다가 그렇게 된 거 아니가?"

그렇게 따져도 소용이 없었다. 1mm 짧거나 길어도 틀렸다고 한다. 너무 엄만 까다로운 것 같다. 그래서 결국엔 원래 답인 정삼각형으로 결정했다. 직각삼각형은 항상 두 변의 길이는 똑같지 않다나? 어쨌든 엄마에 대해 내가 남긴 말!

'우아~ 지독하다!' (2007)

엄마의 폭발 | 김해 어방초 4년 이시연

엄마가 연경이 공부를 가르칠 때 폭발을 했다. 초등학교 1학년 되는 연경이가 두부라는 글자도 못 썼기 때문이다. 그래서 엄마는 큰소리로

"두 할 때 두! 두부 말이야!"

하고 소리치면서

"경아 이건 어떻게 적었니?"

하고 물어보자 연경이가 엉엉 울면서

"선생님이 칠판에 적어줬어"

했다. 그러자 엄마가

"엄마가 울면서 말하지 말랬지! 연아 대나무 매 들고 와!"

하자 나는 갑자기 무서웠다. 나는

"알겠어요! 엄마"

하고 존댓말까지 썼다. 연경이는 엄마에게 맞고서는 안방에 들어가 문을 잠갔다. 그러자 엄마가 문을 열나며

"5, 4, 3, 2, 1"

이라고 수를 샜다. 그래도 문을 열어주지 않아서 엄마는 열쇠로 따고 들어갔다. 그때 연경이는 울고 있었다. 엄마가 연경이 보고 하는 말이

"문 안 열었으니까 더 맞아야 돼"

하면서 연경이를 혼냈다.

'아이고 무서워.' (2007)

  아이들 글 읽기와 삶 읽기

민준이가 자고 간다. 나는 놀려고 숙제를 꺼냈다. 하지만 공부방 숙제가 너무 많았다.

"휴~ 이걸 언제 다 외우냐!"

나는 한 바닥에 반 정도 외우고 잤다. 그런데 엄마가 잠을 깨워서 다시 외우기 시작했다. 나는 물을 마시고 '빨리 외워야지' 하고 생각하고 시작했다. 그런데 그게 생각대로 되지 않았다. 나는 생각대로 되지 않으면 물체를 차는 버릇이 있다. 그것을 엄마가 보았다. 난 죽었다고 생각했다. 엄마는 회초리를 들고 와

"세 대만 맞아라! 세 번 만에 안 오면 한 대 추가!"

나는 아무 말도 하지 않고 가지도 않았다. 엄마는

"하나, 둘, 셋, 네 대, 다섯 대……."

계속 그러다 열 대를 맞았다. 엄마가 어찌나 세게 때리던지 회초리가 부러졌다. 그래도 남은 세 대는 딴 회초리로 맞았다. 엄마가 무지 화났나 보다. (2007)

어머니와 아이들이 갈등을 빚는 경우는 대부분 '공부' 때문이다. 제 자식 공부시키기만큼 힘든 일도 없을 텐데, 우리 어머니들은 가르치기를 멈추지 않는다. 자식들이 뜻대로 움직이지 않을 때면, 마치 감독과 선수 관계를 보는 것 같다. 이를 두고 아이들의 미래는 어머니의 노력에 달려 있다는 말로 포장을 하지만, 우리 어른들이 진정 아이들을 행복의 길로 이끄는 것인지는 깊이 생각해 볼 일이다.

앞에서 언급한 아이들의 글을 보면, 화내고 까다로운 어머니 때문에

무서워하고 힘들어하지만 크게 굴하지는 않는 모습도 발견할 수 있다. 요즘 말로 '쿨' 하다. 어쩌면 이게 바로 아이들일지 모른다. 어른들은 이런 아이들 모습을 모를 때가 많다. 이런 글을 읽을 때면 아이가 어른 같고 어른이 아이 같다.

우리 엄마도 예전엔 | 김해 어방초 6년 주성경

난 오늘 내 할 일들 안 하고 아빠 몸살로 힘들어 하는데 위로해주고 간호해 주는 척하면서 이불에 놀고 있었다. 엄마가 이불 깔아 두기만 하고 덮는 이불과 베개는 아직 꺼내 두질 않았다. 그래도 난 계속 미친 사람같이 혼자 웃으며 놀았다. 그런데 그때 엄마가 이불을 꺼낸다며 내가 누워서 놀고 있는 쪽으로 이불을 던졌다. 보통 무언가를 나에게로 던지며 되게 기분 안 좋은데 이건 엄청 좋았다. 무겁지도 않고 가볍지도 않은 게 내 몸 위에 있다는 것과 던질 때 바람이 나에게 오는 느낌이 너무 좋다. 그래서 내가 엄마에게

"엄마~ 한 번 더~ 또~"

그러자 엄마는

"은다~ 싫다~"

라고 말을 해서 작전 짜고

"엄마 짱! 엄마 캡~ 한 번 더~"

라고 하자 베개와 이불을 나에게로 던져주었다. 내가 씨~익 웃자 엄마는

"엄마도 예전에 그랬는데 항상 외할머니가 이불 깔면 엄마하고 이모들하고 외삼촌들하고 누워서 '엄마 내한테' 라고 하면 막내라고 엄마한테 던지고 그때 얼마나 재밌었는데"

라고 말씀하셨다.

'엄마도 나처럼 이랬었구나.'

엄마는 이모들이랑 외삼촌들이랑 같이 했으면 얼마나 신나고 재밌었을까? 게다가 막내라고 엄마 쪽으로 주면 되게 기분이 좋았을 것 같다. 다음에 엄마가 누워 있고 내가 엄마에게 이불을 던져주고 싶다. (2004)

엄마 어릴 적 얘기 | 김해 어방초 6년 박혜경

오늘 호박죽을 먹으면서 엄마 옛날 얘기를 들었다.

"엄마 어릴 때 살던 집에는 감나무하고 밤나무하고 앵두나무하고 석류나무하고 뽕나무도 있고 앞에는 개울가도 있었거든?"

"앵두 맛있었겠네?"

"앵두만 맛있었나? 석류는 얼마나 맛있었는데, 익어 가는 거 그대로 놔두면, 톡! 터진다이가. 그라면 그거 빨~갛게 돼 가지고 진짜 맛있었다. 새콤하고 달콤하고, 감도 따먹고 그랬다. 옛날에는……. 감똘개 아나? 우리는 감꽃을 감똘개라고 했었거든~. 그거 떨어지면 주어다가 이렇게 이어서 목걸이 만들면서 놀았다이가~. 또 먹기도 했었다."

"헤~ 바닥에 떨어진 걸 먹었다고?"

"어, 그게 떨어져야 먹거든. 먹을 수도 있었디~. 그리고 뽕나무 알제? 그거 오돌개(오디) 따려고 주전자 들고 나무 밑에 가가꼬 따다 담꼬 그랬다이가. 또 동네 애들이 막 우리 집 나무 열매 따려고 새벽부터 오거든, 애들이 막 손전등 들고 온다이가, 그럼 우리 언니들이랑 오빠들이랑 새벽부터 일어나서 지켰다이가. 우리가 '으흠~' 이러면 애들 다 도망가고 그랬다!"

"음, 호박죽 다 식겠네."

엄마 얘길 듣다 보니 호박죽 먹는 걸 깜빡했다. 호박죽을 먹는 동안 엄마도 재잘재잘 얘기했다. 얘기를 들으면서 엄마한테서 놀라운 소리를 들었다. 엄마 옛날에 살던 집이 삼국시대의 전쟁터란 것이었다. 그때 등골이 오싹했다.

"그때 우리 이사 가면서 나무 다 파냈디~."

"허얼, 아깝다!"

"근데 나무 파낼 때, 말 뼈하고 사람 뼈 많이 나왔디. 엄마가 그거 봤는데 딱! 알고 보니까 그 집이 삼국시대 전쟁터였다드라."

"진짜? 무섭다. 혹시 유령 꿈 같은 거 안 꿨나?"

"어."

그리고 계속 엄마 얘기를 들었다. 어렸을 때 했던 놀이들이었다. 전쟁놀이, 삥(?)이라는 놀이, 오니(?)라는 놀이 등 많은 얘기를 들었다. 계속 말하는 게 재밌기도 하고, 엄마가 친구처럼 느껴지기도 했다. 그렇게 계속 얘기하는 엄마도 재밌어 보였다. 그렇지만 얘기를 할 때마다,

"그때, 참 좋았는데. 그때 참 재밌었는데."

이런 말을 자주 했다. 그런 얘기를 듣고 있으니 엄마가 불쌍해 보였다.(2004)

어머니와 딸의 대화에서 정과 사랑이 따뜻하게 전해온다. 두 아이 모두 어머니의 어릴 적 이야기를 들으며 함께 즐거워하고 기뻐한다. 그 시절 어머니의 모습에 공감하고 함께 이야기를 나누며 어머니가 친구 같다고 느끼는 두 아이의 모습이 참으로 정겹다. 어느 순간 어머니와

닮았다고 느끼는 부분에서는 6학년 나이만큼이나 커가는 아이들 모습을 읽을 수 있다. 어머니에 대한 안쓰러움을 얘기하는 대목에서 아이들은 더 이상 어린아이들이 아니었다. 어머니의 품속에서 어머니 어릴 적 이야기를 듣는 아이의 모습이 잘 드러난 이런 글을 읽노라면 마치 한 폭의 아름다운 그림을 보는 것처럼 마음이 따뜻하다.

아빠의 울퉁불퉁 굳은살 | 김해 어방초 2년 정민희

오늘은 아빠 발을 씻어드렸다. 아빠의 울퉁불퉁 굳은살. 노란색이었다. 샤워기로 아빠 발을 뽀드득뽀드득 씻어드렸다. 손으로 뽀드득뽀드득 씻어드렸다.

'발 냄새 각오해~.'

이렇게 마음속으로 말을 했다. 힘들게 일하고 늦게 잔업까지 일하시는 우리 아빠도 마흔세 살. 아빠도 나이 드셨다. 이번엔 향기 비누로 아빠의 발을 문질렀다. 아빠 발밑도 '쓱싹쓱싹' 그리고 헹구어주었다. 그러자

"간지러워 민희야~."

아빠가 이러셨다.

"괜찮아요~."

내가 말했다. 그러니까 아빠가

"숭구리당당 수리수리당당."

이러셨다. 이렇게 이야기하는 사이에 이렇게 30분이 흘렀다. 아빠가 이제 됐다고 하셨다. 다 씻어드리고 수건으로 발을 닦아주었다. 오늘은 아빠가 깨끗 왕! (2008)

두루치기 | 김해 어방초 2년 최정욱

우리 아빠는 저녁에 주택관리사 학원에 다니신다. 그래서 우리 집 저녁식사 기간은 오후 5시 30분이다. 오래간만에 돼지 두루치기를 너무 맛있게 먹었다. 감자 양파 파 여러 가지 채소를 골고루 먹었다 보통 때는 한 그릇 먹었지만 오늘은 두 그릇이나 먹었다. 나와 동생은 매워서 물을 많이 먹었다. 그런데 우리 아빠는 얼큰해서 소주 생각이 나신다고 하셨다. 공부하러 가시기 때문에 아쉬워하면서 학원을 가셨다. 다녀온 뒤에 드신다고 나와 동생 보고 남겨 놓으라고 하시고 아빠는 학원에 가셨다. 나와 동생이랑 자고 있는 시간에 아빠는 소주를 엄마랑 같이 드실 것 같다. (2008)

아이들에게 아빠는 늘 일하는 사람이다. 울퉁불퉁 굳은살을 씻어드리는 아홉 살 민희의 모습이 생각만 해도 우습다. 귀찮다 하지 않고 어린 딸의 재롱을 그대로 받아주며 함께 노는 아버지의 모습도 다정하다. 아이들은 이럴 때 행복을 느낀다. 사랑을 느낀다. 정욱이네 아버지는 낮에 일하고 저녁에 공부하러 나가는 분이었다. 맛있는 돼지 두루치기를 아쉬워하는 아버지가 자기가 잠든 사이에 어머니와 소주와 함께 맛나게 드실 것 같다는 정욱이의 생각에서 오늘을 사는 우리네 아버지 모습을 읽어낼 수 있다.

나의 질투 | 김해 어방초 2년 한수진

나는 저녁에 화가 났다. 왜냐하면 아빠는 김연아만 좋아하고 나는 안 좋아하기 때문이다. 아빠는 김연아가 나오기만 하면 하는 말 "잘 하네. 참 잘

하네. 와~"라고 한다. 근데 나한테는 "공부했나?"라고 한다. 나는 이렇게 생각한다. 부모는 자기 자식한테만 칭찬을 해야 한다고. (2008)

아빠는 좋겠다 | 김해 어방초 2년 김재원

아빠는 좋겠다. 엄마는 맨날 아빠만 맛있는 걸 해준다. 나도 맛있는 거 먹고 싶은데 엄마는 아빠만 맛있는 걸 준다. 엄마는 좀 이상하다. 다음에 엄마가 나한테 맛있는 거 해주면 좋겠다. 아빠는 좋겠다. (2008)

어릴수록 어이없는 질투를 할 때가 있다. 아들은 어머니를 사이에 두고 아버지랑 경쟁을 하고 딸은 아버지를 사이에 두고 어머니랑 경쟁을 한다. 이런 글을 읽을 때마다 웃음이 나는 건 그 모습이 아이들답기 때문이다. 아이들 글을 읽을 때, 제일 재미없는 글은 아이들이 어른 흉내를 내거나 반성문처럼 글을 쓸 때다. 피겨 스케이팅 선수인 김연아를 응원하는 아버지 때문에 화가 난 수진이나 아버지한테만 맛있는 걸 해준다고 어머니가 밉다는 재원이가 귀엽고 사랑스러운 건 바로 그 때문이다.

아파하는 우리 아빠 | 김해 어방초 6년 박준민

학원을 다녀오니 아빠께서 소파에 앉아 계셨다.

"학원 다녀왔습니다!"

"어."

아빠께서 아주 힘없는 목소리로 대답해주셨다. 아빠를 보니 아주 아파 보

였다. 약간 파인 얼굴은 새빨갛게 달아올랐고 눈은 검은 눈알 빼고 하얀

건 다 빨갛고 목소리도 아주 힘없었다.

"엄마, 아빠 어디 아프시나?"

"그래 그 뭐고 그 가면 같은 거 쓰고 '징' 하는 거 있다이가. 그거 그래, 용

접! 그거 하다가 지금 안약도 뿌려야 하고 아빠 많이 아프시다."

왠지 아빠가 아픈 모습을 처음 보는 것 같았다. 아빠의 숨소리도 거칠었

다. 난,

"아빠 어디가 그래 아퍼?"

그러니 아빠는 눈도 아프고 머리도 아프다고 하였다. 아빠가 내일 아침에

아무 일 없었던 것처럼 아침밥을 먹고 출근하셨으면 좋겠다. (2004)

담배 심부름 | 김해 어방초 6년 김이슬

어제도 그제도

난 거의 날마다

아빠의 담배 심부름으로

슈퍼에 간다.

슈퍼에 가면

딱 세 마디

"안녕하세요."

"엘란 주세요."

"안녕히 계세요."

  아이들 글 읽기와 삶 읽기

슈퍼에 가는 건

귀찮지만

그것보다 정말

더 싫은 건

우리 아빠가

담배를 피우는 것이다.

요새 힘든 일이 있는 걸까?

거의 하루에 한 갑을 핀다.

그래서 나도

대꾸 없이 그냥 사준다.

아빠가 아무 말도

안 하는 모습을 보면

괜히 보기 싫어

일부러 담배를 사러 나간다.

담배를 사러 가면

내 마음은 쓸쓸해지고

눈은 괜히 뜨거워진다. (2004)

우리 엄마 | 김해 어방초 4년 박해운

우리 엄마

눈에 병 걸렸으면서

일하러 나간다.

많이 나아졌지만

아직까지 눈물 안 난다.

눈에 안약을 넣지만

잘 안 낫는다.

슬픈 영화 볼 때도

울고 싶을 때도

눈물이 안 난다.

2년인가 3년인가

그 정도나 되도

우리 엄마 병 잘 안 낫는다.

그래도 엄마는 일하러 간다. (2006)

글을 쓴 아이들 모두 가정형편이 그리 넉넉지 못했다. 준민이는 앞니
가 다 썩어 늘 까만 이를 드러내던 아이였지만, 내내 그 이를 치료하지
않고 졸업을 했다. 이슬이는 우리 집에 놀러온 적이 있는데, 누가 시키
지 않았는데도 설거지를 척척 해내는 모습이 집에서도 어머니를 도와
늘 살림을 하던 아이다. 해운이는 밤늦게까지 치킨 가게를 운영하는
어머니를 늘 보고 싶어 했다. 이따금 가게에 놀러갔지만, 형과 함께 단
둘이서 저녁을 먹으며 하루를 보내곤 했다. 아이들에게 비춰진 부모의
모습은 늘 안타깝고 안쓰럽다. 삶에 지친 부모를 지켜보는 아이들 마

　　　　　　　　　　　　　　　　　　　아이들 글 읽기와 삶 읽기

음이 얼마나 아팠을까 생각할 때면 내 마음도 무거워진다. 그래도, 이런 마음을 가슴에 품고 사는 아이들은 건강했던 것 같다. 다른 아이들처럼 잘 먹고 잘 입고 다니지는 못해도, 자존감을 잃지 않고 동무들과 정답게 어울렸다. 이런 아이들을 지켜볼 때면, 오히려 내가 더 배울 게 많았고 용기를 얻을 때가 많았다.

아빠 화나신 날 | 밀양 단산초 5년 임준희

엄마가 회를 사 오셔서 아빠 고모와 고모부 또 어떤 아저씨와 같이 술을 드셨다. 아빠가 한참 드시고 계실 때, 우리들은 연필 때문에 싸웠다. 나중에 큰일이 일어날 줄은 아무도 모르고 말이다.

손님들이 다 가셨다. 아빠가 얼굴이 벌겋게 해서 우리 방에 들어오셨다. 아빠가 "느그들 나중에 10분 후에 보자!" 아빠는 술도 많이 드셨다. 몇 분 후, 아빠가 효자손을 들고 들어오셨다. 그리고 뭐라고 말한 뒤, 효자손으로 언니를 사정없이 때리셨다. 언니는 옷장에 등을 돌려 울으며 계속 등을 맞았다. 그리고 아빠는 언니 머리도 때리셨다. 계속 때리니 효자손이 3등분으로 부셔졌다. 그리고 아빠 밖에 나가셨다. 그런데 갑자기 언니가 "아~ 아빠 잘못했어요~"하고 고함을 질렀다. 보니 아빠가 빨래 빨 때, 두들기는 방망이 크기인 나무를 들고 계셨다. 나는 그걸로 몇 대만 맞았지만 언니는 그걸로 엄청 많이 맞았다. 아빠가 정말 무서웠다. 그리고 그 걸로도 안 되는지 불 피울 때 쓰는 나무를 가지고 오셨다. 그리고 때리려 하자 엄마가 와서 온몸으로 막았다.

그리고 아빠는 욕을 막 하더니 나무를 내려놓고 누우셨다. 어깨가 너무 아

팠다. 언닌 얼마나 아팠을까? 나보다 더 많이 맞았는데. 언니는 아픈 것을
잘 표현을 안 한다. 그래서 아픈 것도 모른다. 우린 나무 부스러기를 다 쓸
고 방에서 꼼짝 않고 앉아 있었다. 언니가 계속 훌쩍거렸다. 아빠는 "울어?"
하고 언니를 발로 찼다. 아파 보였다. 엄마는 우리를 위로해주셨다. 그리고
엄마도 속상하다고 하셨다. 아빠는 술만 먹으면 딴 사람 같다. (2003)

무서운 아빠 | 김해 어방초 4년 박인제

아빠는 술을 마실 때는 상냥하다. 술 안 마실 때는 무섭다. 시험 못 치면
화를 내신다. 그러는 아빠가 나는 무섭다. 우리 동생도 무서운 아빠라고
한다. 가끔 나는 "아빠, 술 좀 더 마셔라" 한다. 술 마실 때는 화를 안 내기
때문이다. (2006)

아빠의 화 | 김해 어방초 4년 김희섭

난 오늘 한자 빼곤 계획대로 하지 못해서 아빠가 화났다. 수빈이를 혼내다
남은 화가 나한테까지 겹쳐서 더욱더 화난 것이다. 난 독후감을 안 적고 오
답 노트를 안 가지고 와서 혼이 났다. 독후감 한 편에 다섯 대씩 3×5=15대.
15대를 맞았다. 열 대까진 문제없었는데 열한 대부터 아팠다. 피도 조금 났
다. 원래부터 아빠를 만만하게 보지 않았지만 더욱더 조심해야겠다. (2007)

어머니의 역할이 더 중요해지고 있지만, 뒤로 물러서 있던 아버지가
전면에 나설 때는 아이들에게 꽤 큰 공포로 다가온다. 여기에 술과 폭
력이 함께 어우러지면 아이들은 더욱 힘들다. 도시든 시골이든 적지

 아이들 글 읽기와 삶 읽기

않은 아이들이 아버지의 이런 모습을 담아온다. 맞벌이 가정이 늘고 있지만, 여전히 가정의 생계를 책임져야 할 가장의 몫은 크다. 아버지의 어깨가 무거워질수록 아이들에게 다가가는 아버지의 모습도 두 얼굴일 때가 많다. 마치 세계적인 인재라도 키울 것처럼 실제로는 학벌사회를 단단히 구축해 기득권을 유지하려는 사회세력과 고용 없는 성장에 따른 사회양극화, 실업의 두려움 앞에서 우리네 아버지들의 얼굴은 언제나 그렇게 일그러질 수밖에 없다. 흔히 말하는 부모교육과 어른들의 의지만으로 우리 아이들의 처지를 바꾸기는 정말 어려운 게 우리 현실이다. 부모들을 힘들고 지치게 만드는 사회가 함께 바뀌지 않고서는 우리에겐 희망이 없어 보인다. 그래서 나는 오늘도 아이들의 글을 읽으며 부모의 삶까지도 함께 읽어내려 한다. 고단한 부모의 삶을 떠안은 아이들 모습에서 또 다른 길을 찾고 싶어서다. 아니 그렇게 해야 길이 보일 것 같기 때문이다.

혼자 노는
아이들

밀양에서 일터를 옮겨 새롭게 만난 김해 아이들 글에는 생각 밖으로 외로움이 많이 묻어났다. 때로는 심심하다는 표현을 달리 나타낸 뜻이기도 했지만, 아이들이 '심심하다' '그립다' '외롭다' '썰렁하다' 같은 말을 직접 쓸 때는 정말 쓸쓸하고 무언가 불안할 때였다. 학교수업을 마치고 학원까지 갔다 왔는데도 집에 들어가면 아무도 없는 썰렁함을 아이들은 견디기 힘들어 했다. 그러나 돈을 벌어야만 아이들을 키울 수 있는 우리네 부모들은 긴 시간 동안 노동현장에 뛰어들어야 했고 그만큼 아이들과 떨어져 있어야만 했다. 아이들은 외로울 수밖에 없었다. 두 번에 걸친 큰 경제위기는 우리네 부모들을 고용불안과 수입 감소라는 큰 짐을 안겨주었다. 더불어 늘어나는 부모의 이혼은 상처받은 아이들의 방황을 더욱 부추겼다. 이혼 자체보다는 그 과정에서 벌어지는 아이들의 상처를 내버려 둔 어른들의 무책임이 더 문제였다. 물론 부모의 부재와 무책임만이 외로운 아이들을 만들어내는 것은 아니었다. 알게 모르게 사회전반을 지배하고 있는 서열과 경쟁, 배제와 차별이라는 신자유주의 논리가 학교를 지배하면서 뒤처지는 아이들을 더욱 외롭게 했다.

외로운 아이들 곁에는 불안에 떨고 있는 부모들이 있다. 학업성적만이 곧 자녀의 미래를 좌우한다는 현실인식은 끊임없이 사교육 속으로 아이들을 밀어 넣었다. 외로움과 상처를 안고 사는 갈 곳 잃은 아이들은 사춘기라는 이름으로 잠시 일탈과 방황으로 저항의 몸짓을 보이기도 했다. 하지만 아이들이 받은 상처와 때때로 찾아오는 외로움은 뜻밖에도 작은 관심과 배려로 보듬을 수 있었다. 아이들에게 필요한 것은 어른의 관심과 사랑이었다. 그러나 우리 부모들에게 자녀에 대한 관심과 사랑을 주문하기에는 너무 힘든 하루를 살아가고 있다. 아이들 곁으로 우리 부모들을 돌려보내는 일은 어른들의 의지에만 달린 일은 아니다. 사회가 함께 나서주어야 한다. 사회복지와 안정된 고용이라는 두 바퀴가 맞물려 돌아갈 때라야 비로소 상처 받고 외로운 아이들도 줄어들 것이다. 아이들의 글을 읽을수록 나는 부모들의 삶이 더욱 커 보인다. 어른들의 삶을 이해할수록 나는 우리 사회가 평범한 부모들의 행복을 지켜줄 수 있는 사회가 되길 바라는 마음만 커진다. 그 까닭은 부모의 행복이 곧 아이들의 행복으로 이어질 것이라 믿기 때문이다.

썰렁한 우리 집 | 김해 어방초 6년 김준석

학교 갔다 오면 텅텅 빈 우리 집이 썰렁하다. 엄마는 회사 가고 아빠도 회사 가셨다. 우리 가족은 항상 이렇다. 모두 아침에 나갔다가 오후에 들어온다. 요즘에는 시험기간이어서 내가 제일 바쁘다. 일요일은 가족끼리 놀러 갈까 하면 누가 아프거나 아빠가 회사를 가셔서 놀러 못가서 아쉽다. 일요일만이라도 가족끼리 놀러 갔으면 좋겠다. 아님 한 번이라도 가족끼리 옹기종기 모여 놀아 봤으면 좋겠다.(2004)

언제나 외롭다 | 김해 어방초 4년 이승율

나는 학교를 마치고

집으로 달려가면

늘 나 혼자 집을 보고 있다.

나 혼자 있어서

심심하고 외로울 때면

엄마에게 전화를 한다.

"엄마, 언제 와?"

하고 물으면 엄마는 늘

"새벽 3시쯤에 들어갈 거야."

이 말 들으면

나는 더 외롭고 심심해진다.

이렇게 전화를 끊으면

가끔 이런 생각이 자주 떠오른다.

"그 잘난 돈이 우리 가족을 떨어져 놓게 한다."(2006)

그냥 푹 쉬세요 | 김해 어방초 4년 하준겸

주말이면 아빠는

일 때문에 늘 주무시기만 한다.

"그만 자고 일어나서 좀 어디 가요!"

"조금만 있다. 밥 먹고 가자."

조금 있다가

"어디 가 볼래?"

하고 물으시다 조용해져

아빠를 보면 다시 주무신다.

휴~ 그냥 푹 쉬세요~.(2007)

위 글에 나타난 가정의 모습은 우리 아이들이 도시에서 흔히 겪는 상황이다. 돈 벌러 나간 부모를 뒤로 하고 텅 빈 집으로 들어서는 아이들의 마음은 어떨까? 내 어릴 적에는 늘 어머니가 집에 계셨다. 언제나 밥 달라고 소리 지를 수 있었고 아쉬운 용돈 이야기도 할 수 있었다. 집에 가면 누군가 있다는 믿음에 밤늦도록 돌아다니고 집에 돌아와 혼이 나더라도 주저함이 없었다.

하지만 요즘 아이들은 다른 시대를 살고 있다. 집 열쇠를 목에 걸고 다니거나 휴대폰으로 자기 근황을 끊임없이 부모에게 알려야 한다. 학교를 마치고도 학원을 전전해야 하는 아이들은 동무들과 돈독한 관계도 맺기 힘들다. 학원조차 다니지 못하는 아이들은 더욱 외롭다. 동무들과 온 동네를 휘저으며 종일토록 모험을 즐기던 어린 시절은 이제 도

시에서 찾기보기 힘들다.

밤늦도록 장사를 해야 하는 승율이 어머님은 늘 새벽에야 집에 들어와 잠든 아이의 얼굴을 보시던 분이다. 승율이는 이 모든 것이 '돈' 때문인 것을 안다. 주말이면 부모와 시간을 보내고 싶은 준겸이 같은 아이들은 그나마 나은 편이다. 하지만 또 다른 실망을 만난다. 힘든 노동에 지친 부모들의 주말이 늘 아이들 바람대로 이뤄지지는 않기 때문이다. 준겸이와 아버지 사이에서 벌어지는 일상을 마음 편히 볼 수 없는 것도 이 때문이다. 낮 3시가 채 되기도 전에 일을 마치고 식구들과 즐거운 시간을 보내기 위해 서둘러 집으로 달려간다는 덴마크의 평범한 수리공 이야기는 정말 먼 나라의 이야기일 뿐이다.

우리 엄마 | 김해 어방초 4년 이도현

일만 하는 우리 엄마. 내가 학교 가면 청소하고 내가 학원 가면 빨래하고 내가 집에 오면 집안은 텅 비어 있다. 텅 빈 집에서 나는 엄마가 언제 오나 시계만 본다. 집이 조용하니 탁탁 시계 소리만 들리고 이것저것 안 들리던 소리도 들린다. 엄마가 안 오면 걱정되고 계속 시계만 보고 있자니 눈이 아프다. 그렇게 엄마를 기다리다 나는 잠을 잔다. (2006)

엄마의 중요성 | 김해 어방초 4년 김민준

오늘 어머니가 반상회를 하러 나갔다. 형도 아직 학원에 있어서 나 혼자 있었다. 텔레비전을 봐도 심심하고 책을 보아도 마찬가지였다. 나갈까도 했지만 형이 못 들어와서 그냥 앉아서 형이 오길 기다렸다. 드디어 우리 형이 왔다. 하지만 형이 놀아주지 않아 심심했다. 어머니가 있으면 심심하지 않고 형이랑 나하고 있으면 조용하고 심심하다. 그래도 계속 기다리니 어머니가 왔다. 그런데 전화가 오니 통화를 하면서 나갔다. 내가 "어디 가요?"라고 했지만 어머니가 보이지 않았다. 그래서 다시 기다렸다. 갑자기 잠이 와서 잤다. 일어나 보니 어머니가 와 계셨다. 오늘 어머니의 중요성을 느꼈다. 다음엔 어머니가 집에 많이 있고 많이 놀아주시면 좋겠다.(2007)

늦게 오는 엄마 | 김해 어방초 2년 김성찬

오늘은 현충일이다. 오늘 친구들이랑 많이 놀고 저녁을 먹었다. 그런데 엄마가 볼링장에 갔다고 했다. 누나는 운동하러 갔다. 나는 티비를 봤다. 그런데 숙제가 있는 걸 깜빡했다. 나는 빨리 숙제를 했다. 밤 10시가 됐다. 그런데 몇 분이 되자 누나가 왔다. 나는 겨우 한숨을 쉬었다. 그런데 엄마는 안 왔다. 아빠는 지금 왔는데 엄마는 안 왔다. 아무래도 엄마는 지각할 것 같다. (2008)

아이들에게 엄마는 큰 존재다. 오늘을 사는 아이들에게 아빠의 존재가 점점 약해져만 간다는 이야기는 아이들 글에도 심심치 않게 나온다. 아이들에게 엄마가 친근한 존재라면 아빠는 먼 동경의 대상일지도 모른다. 혼자 노는 아이들이 많아지는 요즘, 같이 놀아줄 어른들에 대한 갈망은 예전보다 더 한 것 같다. 엄마가 잠시라도 없으면 속상하고 늦게 들어와 걱정되고 돌아오니 어머니가 얼마나 소중한지를 알겠다는 아이들에게 진한 외로움이 묻어난다.

도현이 어머니는 일 때문에 늘 바쁘셨다. 늘 집에 가면 혼자였던 도현이가 시계만 바라보다 잠이 든다는 이야기에 마음이 아팠다. 민준이는 아빠가 일하는 곳이 김해를 벗어난 먼 곳이라 늘 어머니와 함께 지낼 수밖에 없는 아이다. 그래서 그런지 민준이 글에는 아빠 이야기가 거의 없다. 성찬이도 늘 부모님이 바쁘게 일하시고 저녁 7시나 되어서야 돌아오시곤 했다. 누나는 나이 차이가 많이 나서 함께 놀아주지 않는다. 한창 놀아야 할 시절에 놀 상대가 없어 외로워 하는 아이들에게 부모의 역할은 더욱 소중해져만 간다.

옛이야기로 잘 알려진 서정오 선생님이 한 번은 강연 끝에 이런 말씀을 하신 적이 있다.

"어른들은 아이들과 놀아주어서는 안 됩니다. 아이들과 함께 놀아야 합니다."

겉으로 놀아주는 척하는 어른이 아니라 아이들은 함께 노는 어른을 바란다는 말씀이셨다. 어른들이 진정 즐거워 아이들과 함께 놀 때, 그만큼 아이들도 행복을 느낄 수 있다는 말씀이셨다. 분명 옳은 말씀이다. 그러나 그 말씀을 듣고 한편으로는 진한 아쉬움과 안타까운 마음도 들었다. 아이들과 함께 놀려는 어른들의 노력도 필요하겠지만, 우리 사회는 갈수록 아이들과 놀아주기 어려운 사회가 되어 가고 있다는 생각 때문이다. 아이들과 놀 시간이 없는 사회. 분명 이런 사회는 우리가 바라는 사회가 아닐 것이다. 어른들만 탓하기에는 우리 사회는 너무 팍팍하다.

 아이들 글 읽기와 삶 읽기

이혼 | 김해 어방초 4년 박성현

우리 엄마 아빠 이혼한다.

나는 싫지만 엄마가 원한다.

엄마가 아빠가 바람 피운다고 이혼하자 한다.

나에게 누구 따라갈지 정하라 하신다.

아빠는 엄마를 살린 게 자기란다.

누굴 정할지 힘들다.

내일 법정에 엄마와 아빠 간다.

아빠 따라가면 엄마가 불쌍하고

엄마 따라가면 아빠가 불쌍하고

누구로 정할까 걱정이다.

그래서 가끔 슬프다. (2006)

학기 초에 아이들의 생활기록부를 살펴보면, 부모들의 이혼이 생각보다 빠르게 늘고 있다는 사실이 새삼 피부로 와 닿는다. 부모의 이혼이 모든 아이들에게 상처를 남기지는 않는다고 해도, 이혼 과정에서 벌어지는 불미스런 일들로 아이들은 큰 충격에 휩싸인다. 안타깝게도 내가 본 이혼 가정의 아이들은 어린 시절을 힘들게 보내는 경우가 많았다. 내게도 부모의 이혼 때문에 빗나간다는 표현이 딱 들어맞을 정도로 힘들게 방황하며 지낸 아이가 있었다. 이혼 후 양육권을 넘겨받은 아버지가 새엄마를 얻으면서 아이는 집에서나 학교에서나 겉돌기 시작했다. 부모가 이혼하기 전에는 학교생활에도 적극적이고 공부도 열심히 하던

아이인데, 어느새 어떤 교사도 맡기 싫어하는 골칫덩어리가 되어 버렸
다. 아이를 맡은 나는 무척이나 힘든 한 해를 보내야 했다. 부모는 자꾸
빗나가는 아이를 붙잡기 위해 돈과 물질로 달래려 했지만, 이미 상처 받
을 대로 받은 아이의 마음을 돌려놓지는 못했다. 나 또한 그 아이를 제
대로 보살펴주기에는 여러모로 부족했다. 그렇게 졸업을 시킨 뒤 들리
는 아이에 대한 무성한 소문과 안 좋은 소식들에 마음이 아팠다. 부모의
이혼을 근본적으로 막지는 못하겠지만, 그에 따르는 아이들의 충격과
상처를 어떻게 보듬어야 할지, 우리 어른과 사회가 함께 고민하지 못한
다면 장기적으로 아이들뿐 아니라 우리 사회에는 큰 부담이 될 것이다.
〈이혼〉이라는 글을 써온 성현이도 부모의 이혼을 앞두고 상처가 조금
씩 깊어 가던 아이였다. 한 번은 부모님이 학교를 찾아와 아이에 대해
상담까지 하고 가신 터라 이렇게 갑자기 이혼을 하실 줄을 상상하지
도 못했다. 아이가 써낸 글을 읽고 난 뒤, 어린 아이에게 너무 잔인한
선택을 강요한다는 생각이 들었다. 성현이 부모님이 무척 원망스러웠
다. 두 분이 모두 불쌍해서 차마 어느 쪽도 선택할 수 없다는 성현이
의 마음을 과연 누가 이해할 수 있을까? 성현이는 4학년이었지만 콧
물을 자주 흘렸다. 어머니가 밤늦도록 일하셔서인지 아이는 늘 같은
옷을 일주일 내내 입고 다니기도 했다. 하지만 늘 밝고, 발표도 씩씩
하게 해서 내 칭찬을 독차지하던 아이였다. 글은 솔직하게 적어야 한
다는 내 말 때문이었는지, 아니면 정말 답답한 마음에 토해낼 수밖에
없어서였는지 알 수 없지만 거침없이 이런 글을 써서 내게 보여준 성
현이의 마음이 나는 아프도록 고마웠다.

   아이들 글 읽기와 삶 읽기

2006년 5월 16일 | 박진환

"영대가 친구들과 놀이에 끼지 못하는 모습을 보면 어떤 생각이 떠올라요?"

"나는 그 애들이 나쁘다고 생각해요. 불쌍한 아이들인데 저는 친구들이 저하고 안 놀아주면 집에서 만날 혼자 축구해요."

"석훈이는 장작불을 앞에 두고 논 적이 있어요?"

"3학년 때인가 어디 갔는데 손잡고 한 바퀴 돌았거든요. 나중에는 아이들이 짝지끼리 놀며 돌았는데, 저는요, 그냥 혼자서 돌멩이 던지고 있었어요. 아이들이 들어오라고 했는데 안 들어갔어요. 나는 돌멩이가 많길래 혼자 놀다가 나중에 들어갔어요. 저는요. 내 혼자 노는 게 좋아요."

"영대가 우니까 어떤 마음이 들어요?"

"저도 울고 싶었어요. 슬프니까요. 저도 내 혼자 있으면 울 것 같아요. 나는 혼자 있으면 놀기를 놀지만 기분은 안 좋아요."

"선생님이 이 책(내 짝꿍 최영대)을 읽어주니까 어떤 기분이 들어요?"

"슬프지만 기분이 좋아요. 처음에는 슬펐지만 넘어가면서 기분이 좋네요."

"선생님이 책 읽어주니 어때요?"

"전에는 아무도 이렇게 해준 적이 없는데 선생님은 책 읽어주니 좋아요."

"글쓰기가 어려워요?"

"2학년 때부터 공부를 안 했어요. 맨 뒤에 앉아 있었는데 만날 딴 짓만 했는데 우리 선생님은 신경도 쓰지 않았어요. 그냥 책 펴라, 덮어라 했어요. 책도 없지만."

아이들의 외로움은 가정에서만 비롯되는 게 아니다. 학교에서도 외로운 아이들이 보인다. 워낙 아이들이 많고 업무에 치이다 보니 그 외로움을 감싸주지 못하고 그냥 집으로 돌려보내는 일이 많다. 작정하고 뛰어들지 않으면 아이들과 마음을 터놓고 만나기가 정말 쉽지 않다. 그렇게 1년을 보내 버리면 아이와 교사의 관계는 곧 끊어져 버린다. 오랫동안 나도 그렇게 살아왔다. 이런저런 핑계를 대면서 말이다.

그러다 만난 아이가 석훈이다. 석훈이는 또래에 비해 체중이 많이 나가고 온갖 성인병을 다 가지고 있었다. 말도 어눌하고 글을 읽을 수는 있으나 쓰지는 못했다. 글을 쓰게 하려고 부단히 노력을 했지만, 늘 실패했다. 그러던 어느 날 글쓰기에 거부감을 느끼는 석훈이를 방과 후에 남겨 동화와 그림책을 읽어주었다. 평소에 말도 잘 하지 않고, 이따금 말을 해도 툭툭 내뱉는 욕설과 남의 심기를 건드리는 말이 전부였던 석훈이가 은근히 이 과정을 좋아하는 듯했다. 그 모습에 나도 나름 보람을 느꼈다.

그렇게 학년이 올라가고 나와 헤어진 석훈이는 그 후로도 줄곧 우리 교실을 찾아왔다. 멋쩍은 이 녀석은 늘 먹을 것을 달라며 손을 내밀곤 했다. 한 번은 지난해 맡았던 아이들이 몰려와서 내게 고자질을 했다. 늘 석훈이를 맨 앞자리에 두고 챙겨 왔던 나를 아는 아이들은 석훈이가 공부 못한다고 선생님에게 맞고 산다며 불쌍하다고 했다. 동무들에게도 놀림을 많이 받는다는 소식도 전해주었다. 하지만 복도나 운동장에서 나만 보면 "헤이, 박선생 잘 지내? 사탕 줘요"하며 장난을 치며 달아나는 녀석의 얼굴은 늘 밝기만 했다. 석훈이와 1년을 함께 지내면

서 나는 지난날의 내 모습을 떠올리며 많은 반성을 했다. 더불어 소외
받는 아이들 곁에서 살아가는 교사는 어떤 모습이어야 하는지도 조금
씩 깨달아 갔다.

반성하다 | 김해 어방초 4년 김민진

선생님이오늘말하셨다

민선아 곱셈나눗셈을모르면안되라고말하셨다

그리고선생님친구가어쩌고저쩌고라고말하셨다

그때난반성을했다

내가곱셈기초단을모르면내가아는내가존경하는 태권도

관장님이 못된다는것을 그래서 다짐하고 마음속으로 또 다짐했다.

생활글도자주쓰고, 한글도왜우고틀리지안도록

수학도선생님과함께남아서라도열심히풀어보겠다

는생각을했다선생님이말을할때

나는다올지안다고했다

지금이야기를들어보면다맞고내가지우개짜르고수업시간에놀고했던게

잘못인거 같다.

이제는 그런것 안해서 국어를 열심히 수학도 열심히하겠다. 발표도 잘할

것이다. (2006)

꼭 말과 글에 외롭다거나 상처 받았다는 말을 쓰지 않아도 은연중에 아
이의 외로움이 보일 때가 있다. 이 글을 쓴 민진이는 씩씩하지만 늘 어

른들의 관심 밖에 있던 아이다. 공부도 못하고 이렇게 글도 못 쓰는데 말과 행동도 거칠다. 그러다 보니 아이들 사이에서도 늘 눈 밖에 났다. 4학년인데 구구단도 외우지 못하는 민진이를 공부시키려고 나는 막무가내인 아이를 붙잡아 놓고 방과 후 시간을 보냈다. 가만히 있지 못하여 엉덩이를 들썩대는 아이에게 나머지 공부를 시키는 일은 나에게나 민진이에게나 곤혹이었다. 그래도 내 진심이 통했는지 민진이는 어느새 한 시간씩 쭉 자리에 앉아 공부를 하기 시작했다.

2006년 3월 27일 | 박진환

수업을 모두 마치고 민진이와 함께 곱셈 공부를 했다.

"민진님! 4학년이 아직도 구구단을 못 외워서 어떡합니까?

"괜찮아요."

"괜찮긴 뭐가 괜찮아요? 부끄럽지 않아요?"

"안 부끄러워요."

구구단을 달달 외우지 못하는 게 전혀 부끄럽지 않다는 민진이.

맞춤법도 많이 틀리는 민진이.

부끄럽지 않다면서 내 앞에서는 얼굴을 붉힌다.

내일부터 남아서 구구단과 곱셈을 기초부터 다시 하기로 했다.

물론, 자기는 싫단다. 남아 공부하는 게 싫단다.

그저 움직이고 노는 걸 좋아하는 민진이.

"민진아, 그래도 공부해야 할 건 해야 돼요."

뒤도 안 돌아보고 교실 밖을 나간다.

방금 민진이는 구구단을 열심히 외우고 갔다. 7단부터 잘 안 되던 아이가 한 시간 만에 다 외우고 집으로 갔다. 돌아가는 민진이에게

"민진님, 열심히 공부해줘서 고마워요"

하고 말했다. 그러자 민진이는

"네"

이러고는 묻지도 않은 말을 한다.

"1학년 때하고 2학년 때하고 3학년 때까지 한 번도 공부해 본 적이 없어요. 집에서도 학교에서도요."

그러고는 간다. 이제껏 한 번도 공부 안 해 봤는데 자기가 공부를 하는 것이 신기한 모양이다. 단 한 시간이면 구구단을 외울 수 있었던 아이. 지난 3년 동안 부모나 교사나 왜 신경을 써주지 못했는지 안타깝기만 하다. 담임을 맡은 지난 10년 동안 제대로 살피지 못한 아이들이 내게도 많을 것이다. 반성하는 마음으로 민진이가 하려는 공부를 열심히 도와주어야겠다는 생각을 해 본다. 웃으며 교실을 나가는 민진이 얼굴이 지금도 떠오른다. 내일부터는 그림책도 읽어주어야겠다.

민진이는 이런 일이 있은 뒤로 구구단도 잘 외우고 책도 곧잘 읽고 띄어쓰기도 하고 맞춤법도 훨씬 잘 지키며 글을 썼다. 봄에 펴낸 문집에 엉망이던 민진이 글의 내용과 맞춤법이 여름, 가을, 겨울을 거치면서 얼마나 좋아졌는지 모른다. 아이들을 변화시키는 가장 큰 힘은 어른의 자그마한 관심이었다. 외롭고 지치고 상처 받는 아이들을 위로하고 보

듣어주는 일을 어른들이 하지 못하면 정말 우리 아이들은 갈 곳이 없다. 가정에서 힘들다면 적어도 학교에서라도 우리 아이들이 따뜻한 관심과 보살핌을 받고 자라도록 해주어야 한다. 어릴 때부터 자신이 가치 있는 존재라는 것을 느끼고 자라는 아이들이 어른이 되어서도 다른 사람들의 처지를 이해하고 존중하는 사람으로 성장할 거라고 믿기 때문이다.

아이들은
놀기 위해
세상에
온다

10년 넘게 여러 학년의 아이들을 고루 맡다 보니 이제는 교육과정을 짜는 일도 익숙해졌다.

형식적으로 내보이는 학년 교육과정이 아니라 1년 동안 아이들과 놀 궁리를 하며 우리들만의 교육과정을 짜는 일은 늘 즐겁다. 아이들 특성에 따라 주마다 달마다 무엇을 어떻게 할지 구상하기 때문이다. 아이들의 삶과 무관한 교과 진도 때문에 고민하고, 학교와 교육청에서 요구하는 각종 행사에 아이들을 끌어다 놓아야 하는 일이 늘 짐으로 여겨지지만, 틈만 나면 수업 안팎에서 아이들과 놀고만 싶다. '아이들은 놀기 위해 세상에 온다'는 편해문 선생님의 책 제목은 그래서 진정 아이들을 잘 아는 사람만 쓸 수 있겠다는 생각이 든다. 아이들은 놀 때 가장 눈이 맑고 빛난다. 가장 행복해 한다. 내가 생각하는 수업은 놀며 즐기는 과정이다. 교과서대로 수업을 하지 않을 때면 아이들은 마치 노는 듯 즐거워 한다. 그래서인지 수업을 마치고 나면, 오늘은 왜 공부를 하지 않았냐고 되묻는다. 아이들에게 공부란 그저 교과서를 펼치고 시험을 치기 위해 열심히 읽고 외우는 과정일 따름이다. 평가를 하고 등급을 매겨야만 경쟁력이 강화되고 학력을 높일 수 있다는 천박한 학력관이 지배하는 사회에서 아이들은 결코 행복할 수 없다. 교사도 마찬가지다. 교사와 아이들이 불행한 교실에 교육이 들어설 자리는 없다. 겉으로는 창의적인 교육이라는 거창한 구호를 내세우고 있는 오늘날의 교육 현장은 그저 20세기를 향해 역주행하고 있을 뿐이다. 꿈꿀 시간도 주지 않으면서 학력을 앞세워 아이들이 꿈을 꾸지 않는다고, 도전의식을 가지지 않는다고 나무라기만 한다.

그러나 조금이라도 아이들 곁에서 살아 본 어른이라면, 아이들이 언제 가장 활발하게 자기를 드러내고 행복해하며 꿈을 키워 나가는지 단번에 안다. 아이들은 놀 때 가장 빛난다. 아이들은 놀면서 공부할 때 가장 행복해 한다. 그제야 아이들도 학교가 좋다. 배움이 즐겁다.

놀이수학 | 김해 어방초 2년 김승진

도형과 도형 움직이기를 해서 우리 반 전체 33명 대 선생님의 승부였다. 재미있었다. 하지만 우리가 졌다. 선생님은 가위바위보를 잘한다. 근데 가위바위보 게임을 할 때 나와 친구들도 잘한다. 왜냐하면 선생님은 처음에 묵을 낼 때가 많기 때문이다. 그래서 그렇다. 학교가 즐겁다.(2008)

사람들은 흔히 아이들과 허물없이 지내는 선생님을 보면, 그 아이들이 버릇없이 자랄 거라며 걱정을 한다. 나도 한때 아이들과 지내며, 시쳇말로 '기어오른다' 는 표현을 써 가며 일정한 선을 넘는 아이들을 경계했던 적이 있다. 그러나 그런 생각을 할 때마다 많은 아이들이 내게서 멀어져 갔다. 아이들이 교사를 함부로(?) 대하는 바탕에는 호감이 깔려

아이들 글 읽기와 삶 읽기

있다는 걸 그때는 미처 알지 못했다. 일본의 섬머힐이라고 불리는 키노쿠니 학교에서는 '선생님'이라는 호칭을 없애 아이들과 교사 사이의 거리를 줄여 나간다고 한다. 우리에게는 낯선 키노쿠니 학교의 문화가 지금도 변함없이 유지되고 있는 까닭은 격의 없는 관계 속에 쌓인 서로에 대한 믿음 때문이 아닐까 싶다. 나는 함께 살아가는 교사와 아이들 사이의 예의는 권위가 아닌 믿음에서 시작한다고 본다.

선생님과 형림이가 뽀뽀를? | 밀양 밀성초 5년 박지연

박진환 선생님과 형림이가 뽀뽀를 했다. 일은 다행히도(?) 공부가 끝나고 난 뒤에 일어났다. 책상에서 일을 하고 계시던 선생님에게 형림이가 장난을 치자 자꾸 장난을 치면 뽀뽀를 해 버린다고 하셨다. 그러자 형림이는 장난으로 "해 보세요, 해 보세요~"라고 했고 참지 못한 선생님은 고개를 돌려 입을 내밀고 있던 형림이에게 그만 뽀뽀를 했다. 선생님은 "야, 너 책임이다. 선생님은 이제 집에 가면 죽었다" 하시며 장난스럽게 말하셨다. 형림이는 "아잉~" 하고 짜증을 냈다. 보고 있던 아이들은 "이제 큰일 났데이!" 하면서 놀려댔다. 이 문제를 소문내고 다니는 애가 많았다. 형림이는 그날 엄마에게 "좀 촐랑대지 마라!"는 이야기를 들었다고 한다. 좀 촐랑대지 않고 설치지만 않았어도 심각하게 걱정할 필요도 없을 것 같은데. 하지만 이 문제는 별 큰 문제없이 재미있게 마무리가 된 것 같다. 새 학기가 시작된 지 얼마 되지도 않아 이런저런 사건들이 발생해서 그런대로 즐거운 시작이 되고 있는 것 같다. 우리 지혜반 여러분! 선생님과 뽀뽀하지 않도록 조심하세요. (1998)

선생님의 배 | 김해 어방초 2년 최정욱

오늘 급식 먹으로 갈 때 김제원이 선생님을 간지럽혔다. 그때 선생님의 옷 단추가 열려서 배가 뽈록이 나왔다. 우리 반 전체가 다 웃었다. 나도 웃었다. "하하하" 하고 웃었다. (2009)

형림이 얼굴을 나는 지금도 뚜렷이 기억한다. 말괄량이에다 어찌나 수다를 떠는지 형림이만 나타나면 정신이 없었다. 내가 일할 때조차 달려와 어찌나 장난을 치는지 하도 옆에서 수다를 떨어 안 가면 뽀뽀를 하겠다고 했더니 입을 내밀기에 바로 뽀뽀를 해주었다. 그 모습을 지켜보던 아이들이 얼마나 재미있어 하던지, 아이들에게는 큰 이야깃거리가 되었다. 한 번은 형림이가 내게 장난을 치다 긴 손톱으로 내 팔을 깊게 긁어 놓아 흉터가 생긴 적이 있다. 지금도 내 팔에는 형림이의 손톱자국이 선명하다.

그래도 이렇게 아이들과 노는 게 나는 좋다. 아이들 앞에서 개그맨 같다는 소리를 들어도 옷이 찢기고 망가져도 나는 아이들과 노는 게 좋다. 키노쿠니 학교에서는 교사가 갖추어야 할 자질 가운데 하나가 '야심이 없어야 한다' 는 거란다. 섬머힐의 설립자 니일도 '나이가 사십이 넘어 아이들과 하루 종일 뒹굴고 씨름하는 것이 귀찮아지면 교직을 그만두어야 한다' 는 말을 했을 정도로 아이들과 지내는 일이 쉽지만은 않다. 허나 내 나이 이제 사십을 넘겼지만 여전히 나는 아이들과 노는 게 즐겁고 재미있다.

선생님과 함께 산에 간 날 | 김해 어방초 6년 이현선

오늘 국회위원 뽑는 날 나는 우리 반 선생님과 그리고 친구와 함께 모여 산에 올라갔다. 산에 올라갈 때 무척 힘들었다. 중간쯤까지는 별로 힘들지 않았는데, 그 뒤부터 정말 힘들었다. 그리고 미끄러질 뻔도 했다.

"으아아~."

"괜찮나?"

"어, 유진아 나 좀 잡아줘."

운동화가 미끄러워서 그런 걸까? 그래도 안 미끄러져서 다행이다. 산에 도착했다. 나는 헉헉거리며 앉아 있었다. 다시 출발했다. 이번에는 천문대로 향했다. 천문대 쪽에 있는 벤치에 앉아 점심을 먹었다. 점심을 먹고 있는데 강지한이 어려운 말을 했다. 그러자 여자애들이 지한이에게

"야, 어려운 말 좀 하지마라!"

라고 했다. 그리고 이 말 하나 때문에 조금 말다툼이 일어났다. 나와 유진이는 끼어들 틈도 없었다. 그래서 강지한과 여자애들이 싸우든 말든 그냥 신경 안 쓰고 보기만 했다. 우리는 점심을 다 먹고 집 쪽으로 향했다. 가면서 이쁜 꽃 하나를 발견했다.

"쌤~이 꽃 이름 뭐예요?"

"그거, 잠시만. 어! 제비꽃!"

"아~."

난 그 꽃을 들고 유진이한테 자랑을 했다.

"유진아! 이거 제비꽃이래. 히히!"

"어? 진짜? 나도 찾아야지!"

꽃도 구경하고 오랜만에 운동도 하고 조금 힘들었지만 정말 즐거운 하루였다. 오늘 푹~ 쉬어야지.(2004)

75학급의 거대한 공장 같은 학교였지만 그래도 김해 어방초등학교가 좋았던 까닭은 아이들이 쉽게 오를 수 있는 뒷산과 약수터가 가까이 있어서다. 첫 해에는 느끼지 못했는데, 시간이 지날수록 이만한 조건을 갖춘 도시 학교도 없겠다 싶었다. 철마다 아이들과 오르는 산행은 나나 아이들의 기분을 바꿔주는 최고의 선물이었다. 자연의 변화와 시간의 흐름을 온몸으로 느끼면서 아이들은 각기 다른 속도로 조금씩 성장해 가는 것 같았다.

산 | 김해 어방초 2년 김병학

오늘 학교에서 우리 반만 산에 갔다. 산에 가면서 나뭇잎을 줍는데 이 나뭇잎을 주을려고 하면 저 나뭇잎이 더 좋은 것 같다. 그래서 둘 다 주었다. 산에서 길이 험해 넘어질 때도 있었다. 오르막길 올라 갈 때는 힘들었다. 도착해서 큰 바위에서 사진도 찍었다. 공원에 가서 운동기구들도 탔다. 선생님이 여기서 조금만 더 가면 다른 공원이 나온다고 해서 갔는데 찻길이 나와 실망했다. '선생님이 길을 알고 온 건가?' 하는 생각이 들었다. 나는 실망해도 너무너무 실망했다.(2008)

산 오르기 | 김해 어방초 2년 윤성일

오늘 1학기 때 갔던 산에 갔다. 전에 가 봐서 그렇게 힘들진 않았다. 뒤에 김재원이 있었다.

"성일아, 안 힘드나?"

"안 힘들다."

김재원은

"나는 조금 힘든데"

라고 했다. 쭉 가고 있는데 뒤에서 소리가 났다.

"그쪽 아니다!"

이 말에 모두 다른 쪽으로 뛰어갔다. 계속 따라가다 운동기구장이 보였다.

조금 놀다 선생님이 말했다.

"여기서 420미터만 더 가면 다른 운동기구장이 있대요. 어때요? 가 볼래요?"

라고 하니 모두 "네!" 대답했다. 근데 선생님이 일부러 길을 잘못 들어 생고생만 했다. 선생님은 나쁘다. (2008)

2학년 아이들과 가을 산행을 떠났을 때다. 늘 가던 곳을 지나다 문득 이번에는 다른 길로 안내하고 싶은 욕심이 생겼다. 전에 가 본 기억도 나고 이정표도 있어 아이들에게 자신 있게 가 보자 했는데, 막상 들어서니 도무지 길이 나올 기미가 없었다. 2학년 녀석들 앞에서 잘못 왔다고 고백했다간 두고두고 구박 받을 것 같고, 나름 운동도 될 만한 길이어서 모른 척하고 계속 갔다. 그러자 아이들은 예상대로 투덜거리기 시작했다. 자기들을 속였다느니, 길이나 알고 가는 거냐느니 어찌나 잔소리를 해대는지 산길을 내려가는 내내, 나는 길도 제대로 안내 못하는 못난 선생이 되고 말았다. 나중에는 운동시키려고 일부러 그랬다고 시치미를 뗐다가 눈치 빠른 녀석들에게 들키기도 했다. 착하디착한 여자아이들은 내 실수를 용서해 주었건만, 우리 반에서 제일 말 안 듣는 남자 녀석들이 내가 나쁘다며 한소리씩 해댔다. 그래도 나는 좋았다. 잔소리는 했어도 사실은 아이들도 좋아했을 거라 믿었다. 왜냐하면 우리는 함께 놀았으니까.

선생님 댁 방문 | 김해 어방초 6년 김형준

수업을 마치고 학교에 남았다. 이슬이, 영선이, 나는 암행어사 상품권으로 받은 '선생님댁 방문권'이 있어서 선생님 집에 갈려고 남았다. 다섯 시쯤에 선생님 차를 타고 먼저 선생님의 아들인 태석이를 데리러 갔다. 태석이는 우암초등학교에 다니고 있었다. 선생님은 태석이와 우리를 데리고 다시 홈플러스로 갔다. 저녁 식사거리를 살 겸 그리고 태석이가 사탕도 사야 된다고 해서 갔다. 홈플러스를 돌다가 우리는 시식도 마구하였다. 잠시 뒤, 살 것을 다 사고 선생님 집으로 갔다. 집은 너무 깔끔했었다. 선생님이 저녁을 하고 나는 청소를 맡았다. 이슬이와 영선이는 컴퓨터를 하였다. 나만 청소를 하다니 억울(?)하였다. 드디어 저녁식사가 나왔다. 내가 먹을 때 선생님이 사진을 찍으셨다. 잘 나올려고 했지만 그렇게 되지 않았다. 설거지는 이슬이가 했고 빨래 개기는 영선이가 하였다. 쌤통이었다. 잠시 뒤에는 갈돔 홈페이지에 들어가 선생님이 우리 사진을 올리셨다. 사진을 보니 내 것은 다 이상한 것 같았다. 밤 여덟 시 삼십 분쯤에 선생님 집을 나섰다. 선생님은 우리들을 모두 집까지 데려다주셨다. 기억에 남는 하루였다. (2004)

선생님 집 방문 | 김해 어방초 4년 하영지

오늘 선생님 집에 놀러 갔다. 우리는 점심으로 비빔면을 먹었다. 선생님 요리솜씨가 뛰어나셨다. 석진이는 자기 혼자 남자라고 기죽어 있었다. 그것도 잠시 선생님 아들과 원 카드와 목각인형을 갖고 놀았다. 우린 2층으로 올라가서 책도 읽고 보드 게임도 하였다. 제목은 잘 생각 안 나지만 아주 재미있는 영화도 보았다. 진희는 이미 그 영화를 보았다고 했다. 선생님이 끓여주신 만두국도 얼큰했다. 쫀드기도 쫀득했다. 삼계동에 있는 체육관도 가고 김해시립운동장도 가고 고분박물관에도 갔다. 선생님께서 목마도 태워주셨다. 고분박물관에서는 7세 이하만 말을 타야 하는데 나도 몰래 타서 사진도 찍었다. 목관묘도 신기했다. 방패 꾸미기도 정말 이쁘게 생겼다. 우리가 제일 무서워했던 것은 죽지 않은 사람도 무덤에 함께 묻었다는 이야기였다. 오늘 날씨는 더웠지만 선생님 집에 가길 정말 잘 했다.(2006)

학교에서 늘 함께 사는 아이들이지만, 왠지 나는 꼭 우리 반 아이들을 집에 데려오고 싶어 한다. 오가는 일이 번거롭기는 하지만, 내가 아이들 집을 찾듯이 아이들이 우리 집을 찾는 일은 당연하다고 생각했고 그제야 함께 사는 기분이 들어서다. 여러 사정으로 모든 아이들을 데려오지 못하는 게 늘 아쉽지만, 난 오늘도 우리 집에서 노는 아이들이 보고 싶다. 아이들도 마찬가지일 게다. 선생님 집에 대한 환상과 궁금함이 많은 아이들은 늘 기대가 크다. 부푼 기대를 갖고 우리 집을 찾은 아이들과 나는 이전의 아이들과 내가 아니었다. 무언가 비밀을 알고 있는 듯, 함께 살아가는 식구처럼 이전보다 더욱 가깝게 지내곤 했다.

한 학교에 오래 있다 보면 지난해에 함께 한 아이들이 우리 교실을 자주 찾아오곤 한다. 친했든 아니든 아이들은 자기들과 1년을 보낸 선생님에 대한 그리움이 있는 모양이다. 내게는 잊을만하면 어떻게 지내냐며 안부 인사를 하는 아이들이 여럿 있었다. 그 가운데 선머슴처럼 놀던 한 여자아이가 한 번은 교실로 자기 반 아이를 데려왔던 적이 있다.

"선생님, 또 왔어요. 뭐하세요?"

"어, 제원이 또 왔네. 뭐하긴 보시다시피 일하고 있잖냐."

그러고는 대뜸 자기 친구를 내게 소개시킨다. 그러면서 하는 말.

"저 선생님하고 지내면 참 재밌데이. 만날 먹는 거 하고야, 수업도 교과서대로 안 한데이."

어이가 없어 웃고 있으니, 녀석도 씩 웃고는 안녕히 계시라며 인사하고는 가 버린다. 나를 거친 아이들의 기억 속에 내가 어떻게 남아 있는지 그 아이 덕에 조금은 알게 됐다. 자주 먹고 교과서대로 수업도 잘 안 하고. 모르는 부모님들이 들으면 이상하게 들릴지 모르지만, 나는 그 말이 고맙게만 들렸다. 자기들하고 잠시나마 놀아준 선생님으로 날 기억할 것이기 때문이다.

얼마 전 이 아이들과 함께 꾸리던 학급 카페에 들린 적이 있었다. 나와 함께 살다 학년이 올라간 뒤에 딴 학교로 간 종건이가 중학생이 되어 짧은 안부글을 써 놓았다. 한동안 나도 들어가지 않아 뒤늦게 읽을 수밖에 없었지만, 종건이가 쓴 짧은 한마디에 나는 잠시나마 행복했다.

저, 기억하세요? 종건이에요.

선생님 안녕하세요. 오랜만이죠? 아직도 그때 모습이 보여요.

그땐 정말 고마웠어요.

2부 아이들은 관계 속에서 자란다

아이들
눈에 비친
세상

"애들이 뭘 알아?"

많은 어른들이 이런 말을 자주 한다. 분명 아이들은 모르는 게 많다. 하지만 모든 걸 모를 거라는 생각은 어른의 착각이거나 아이들을 무시하는 어리석음에서 비롯될 때가 많다. 아이들은 의외로 옳고 그름이나 진실과 거짓을 재빠르게 알아채고는 그릇된 짓을 일삼는 어른과 세상을 단호하게 비판한다.

나름 자기만의 가치가 있어 기회만 닿으면 서슴없이 어른들의 잘못을 지적하는 것이 요즘 아이들이다. 그럴 때마다 교사인 나도 뜨끔거릴 때가 한두 번이 아니다. 담임으로서 약속을 잘 지키지 않고 까먹을 때는 물론이고 때리지 않는 선생님이 되겠다고 선언해 놓고는 화를 참지 못하고 일을 저지르던 내 모습을 경멸에 찬 눈으로 지켜보던 아이들의 눈빛을 나는 아직도 기억한다. 아이들은 분명 무엇이 옳고 그른지 잘 안다. 세상 돌아가는 이치도 잘 안다. 세상에는 강자의 논리가 지배하지만 아이들은 대부분 약자 편이다. 늘 약자일 수밖에 없는 아이들 처지에서 세상을 보는 눈은 그만큼 낮은 곳으로 쏠리고, 그래서 정확하다.

아이들이 내뱉는 생각들을 어른들이 인정할 때라야 오롯이 받아들일 수 있다. 이를 거부할 때 마찰이 일어나고 소통이 단절된다. 때로는 어른의 세계를 지나치게 꿰뚫어본 나머지 부당한 어른의 세계에 쉽게 적응하려 드는 아이들도 있다. 그 모습을 볼 때만큼 씁쓸하고 안쓰러울 때도 없다. 어른들은 늘 아이들이 무엇을 어떻게 바라보고 있는지에 관심을 가져야 한다. 아이들이 건강하게 성장할 수 있도록 말이다.

비교는 싫어! | 김해 어방초 6년 주성경

우리는 선생님에게 요즘 자주 시골 아이들이랑 비교하는 말을 듣는다. 시골 아이들이 쓴 일기나 시는 직접 경험한 것을 사실대로 적어서 살아있다고 한다. 그런데 우리들은 직접 경험도 못하고 시간도 없고 마땅한 장소도 없다. 우리 어방동엔 공원이 없고 내외동에 가야지 연지공원이라도 있다. 그런데 사실 선생님이 시골 아이들의 좋은 점만 말하는 것 같다. 솔직히 듣기가 좀 그렇다. 얼마든지 우리들의 좋은 점도 있다. 시골 아이들은 공부를 그다지 잘하지는 않는다고 선생님께서는 말씀하셨다. 우리들은 그래도 조금은 한다. 사실 우리는 꽃 이름은 모른다. 시골 아이들은 컴퓨터를 잘 다루지 못할 것 같지만, 우린 좀 다루는 편이다. 도시 아이들이 동물과 곤충을 함부로 죽인다고? 아마도 몇 명은 그럴 것이다. 하지만, 보통 아이들은 그냥 봐도 모른 척하고 지나간다. 무엇보다 난 비교는 참 싫다. 그것도 나에게 불리한 쪽으로 하는 비교는 더 싫다.(2004)

어른이나 아이나 다른 이와 견주어 낮춰 보이는 것을 좋아할 사람은

없다. '엄친아' 라는 신조어가 나온 까닭도 이런 비교가 주는 차별적인
대우에 대한 일종의 비꼼일 것이다. 아무튼 선생이라는 사람이 답답하
다고 쉽게 차별적인 언사를 써 가며 비교를 해댔으니 아이들 기분이
좋을 리가 없다. 이런 내 행동에 아이들은 기분이 나쁘더라도 보통은
마지못해 그냥 넘겨 버린다. 그런데 성경이는 그냥 지나치지 않았다.
일기에다 기분 나쁜 감정을 쏟아냈다. 이 글을 읽고 순간 얼마나 뜨끔
했는지 모른다.

사실 그 시절 나는 작은 시골 학교에서 큰 도시 학교로 옮기면서 삶의
방식과 태도가 다른 도시 아이들과 지내는 일이 때론 무척 피곤했다.
그러다 보니 나도 모르게 순박한 시골 아이들과 견주며 도시 아이들을
내 맘대로 다스리려 했던 것 같다. 그 순간을 참지 못하고 토해낸 성경
이가 한편으로는 대견스럽기도 했다. 성경이는 키도 크고 이목구비가
또렷한 얼굴에 버릇없이 함부로 말을 내뱉고 행동하는 것 같지만, 일
끝에 늘 정이 묻어나던 아이다. 톡톡 튀는 말 때문에 오해도 불러일으
켰지만, 악의는 없어 동무들과 사이도 좋은 편이었다. 그런 성경이의
지적이어서 나는 그 뜻을 받아들일 수밖에 없었다. 기분 좋게 사과를
하고 싶었다. 점심시간, 교실 뒤쪽에서 동무들과 이야기를 나누던 성
경이가 보였다. 무슨 일인가 싶어 다가오는 성경이에게 웃으며 한마디
를 건넸다.

"내 미안하데이. 다시는 안 그럴게. 됐제?"

무슨 말인지 알아차린 듯 내 말을 듣고 씩 웃고는 새침하게 제자리로
돌아가는 성경이 모습이 지금도 새록새록 떠오른다. 곧잘 학교에서 단

                                   아이들 글 읽기와 삶 읽기

지 어른이라는 '권위' 하나로 아이들을 가르치려 드는 선생님들을 자주 본다. 그러나 아이들은 겉으로는 듣는 척하지만, 그것이 위선이며 억압인 것을 단번에 알아차린다. 다만, 소리 내어 말하지 않을 뿐이다.

울고 싶은 날 | 김해 어방초 4년 하준혁

집에서 간식을 먹고 있는데 엄마가 엄마 친구와 전화하고 나더니 엄마 친구 딸은 1학년인데 원어민 선생님과 프리토킹도 되고 영어 원서를 독해한다며 4학년이나 된 놈이 문장도 버벅거리냐며 비교했다. 엄마는 친구와 전화하면 항상 나를 비교했다. 나도 3학년 때 친구들은 유학도 갔다 와서 그런지 영어를 잘하는데, 나는 3학년 때 시작해서 진도도 느리고 문장도 버벅거려서 내 자신이 친구들과 비교 되어서 몰래 울었던 적도 있다. 그런데도 실력은 오르지 않는다. 노력을 해도 말이다. 여기에 엄마가 친구와 직접 비교까지 하니 눈물이 난다. 하지만 나는 생활글은 잘 쓴다. 그 말로 나의 울적함이 조금 덜어지는 것 같다.(2007)

다른 아이들과 자녀를 비교하는 일은 부모가 저지르는 큰 잘못 가운데 하나다. 준혁이 글을 읽으면 아이들 앞에서는 함부로 남과 견주어 낮춰 보는 일은 하지 말아야겠구나 하는 생각이 든다. 준혁이는 무척이나 활발한 아이였다. 장난도 심했고 때로는 엉뚱한 일도 잘 벌이는 개구쟁이였다. 2007년 대선 때였을 것이다. 대통령 선거가 한창일 무렵, 준혁이는 모 당 선거유세장에 가서는 다른 당 후보 이름을 외치며 자발적(?)인 선거운동을 했다. 준혁이 어머님이 얼굴을 못 들고 다니겠다며 하소연을 할 만큼 엉뚱한 아이였다. 그 엉뚱함이 무척이나 귀여워서 만나면 내가 붙잡고 뽀뽀를 하는 통에 학교에서 준혁이와 나는 쫓고 쫓기는 추격을 몇 번이나 해야 했다. 그런 아이가 눈물을 보일 정도니 가슴이 엄청 아팠던 모양이다. 그래도 이 녀석 맨 끝에 자기는 글을 잘 쓴다며 스스로 위안을 한다. 사실 준혁이는 자유분방하게 글을 쓰면서도 재미나게 쓰는 재주가 있다. 그것을 보고 내가 자주 칭찬을 해 주었는데, 준혁이는 그 말에 기분이 좋았나 보다. 영어를 잘하는 것과 생활글 잘 쓰는 것을 비교하는 게 부모 눈에는 성에 차지 않겠지만 준혁이가 마음을 풀고 다시 제자리로 돌아가는 모습을 보면 쉽게 여길 일만도 아니다.

버스기사 아저씨 | 밀양 단산초 5년 이연영

성은이 언니 집에서 집으로 오는 길에 버스에서 기사 아저씨와 할머니들이 이야기하는 것을 들었다. 다원 쪽으로 갈 때 기사 아저씨가

"요즘 농사꾼 웃기죠? 농사꾼이 일은 안 하고 데모나 하고 참말로 웃기잖아예~"

하니 할머니는 "맞다" 하셨다. 우리 선생님은 데모하는 것도 다 이유가 있고, 살기 위해서 데모를 한다고 하시던데. 버스기사 아저씨가 생각이 짧은 것 같다. (2002)

그 시절 연영이는 내게 단단히 교육을 받은 모양이다. 우리 시대 영원한 아웃사이더를 자청한 홍세화 님은 우리 사회가 국민들에게 철저하

 아이들 글 읽기와 삶 읽기

게 자기 존재를 배반하는 교육을 시켜 왔다고 말한다. 국민 대다수가 노동자로 살 수밖에 없는 현실에서 노동자들이 자신의 권익을 주장하지 못하고 자본가들의 입장만 앵무새처럼 되뇌는 것은 철저히 자기 존재를 배반하는 의식을 몸에 익혀 왔기 때문이라는 것이다. 연영이의 일기에서도 운수 노동자와 시골 할머니는 같은 노동자인 농민의 데모를 실없고 가치 없는 행동으로 웃어넘기고 있다. 월세 사는 사람들이 종부세를 걱정하더라는 우스갯소리도 괜히 나온 말이 아닐 것이다. 그만큼 우리 사회 구성원들은 기득권층의 논리를 마치 자신의 논리인양 착각하며 살고 있다. 연영이는 내 얘기를 귀담아 들었고 버스기사 아저씨의 생각을 짧다고 얘기했다. 나를 통해 연영이는 조금은 다른 사람들의 처지를 생각해 볼 수 있었던 것 같다. 모쪼록 연영이가 어른이 되었을 때는 거짓 없이 부지런히 농사만 지으시던 부모님의 삶과 대다수 노동자들의 삶이 근본적으로 다르지 않다는 것을 더 깊이 깨달았으면 좋겠다.

전쟁 | 밀양 단산초 4년 심은섭

몇 년 전처럼 이라크와 미국이 전쟁을 한다고 한다. 또 싸우는 이유는 석유 때문이다. 미국이 석유를 많이 가져가서 부자가 되려는 것이었다. 나는 전에 미국을 좋아했다. 왜 미국을 좋아했냐면 링컨 대통령 때문이다. 링컨 대통령께서 흑인을 해방하셨기 때문이다. 그렇게 좋은 나라였는데 석유 때문에 이라크와 싸우고 정말 실망하였다. 전쟁이 시작되는 시간은 우리가 학교 가는 시간인 아침 8시이다. 하지만 이라크는 용맹하였다. 무서워

서 도망치지도 않고. 나는 도망쳤을 텐데. 이라크는 신무기도 없는데 미국
은 신무기가 많고 이라크가 불리하다. 이라크 신이 이라크를 도와줬으면
좋겠다. 전쟁을 안 했으면 좋겠지만 전쟁은 내일 내가 일어나면 벌써 일어
나고 있을 것이다.(2003)

이라크 포로 학대 | 김해 어방초 6년 이수겸

오늘 컴퓨터를 하면서 게임을 깔 게 있어서, 인터넷을 다 뒤지다가 미군의
이라크 포로 학대 사진을 봤다. 이런! 막 화가 났다. 그리고 미국 안티카페
에 가입해야겠다는 생각이 들었다. 사진을 보니 옷을 벗겨 놓고 '앉았다
일어서'를 시키고, 목에 개 끈을 달아서 질질 끌고다니고 도저히 사람이
할 짓이 아니었다. 어떤 사람한테 교육 받았는지 모르겠지만, 하여튼 미국
은 욕 들어 먹을 짓만 골라서 한다. 그렇게 이라크를 다 부쉈으면 됐지 또
옷 벗겨서 발로 차고 목에 끈 달아서 끌고다니고. 일본이 우리나라 지배했
을 때 정도로 자기네들 맘대로 고문하고, 때리고, 그렇게 당한 사람들은
진짜 억울하고 죽고 싶을 정도로 괴롭고 힘들 텐데. 사람이라면, 그런 생
각 한 번쯤은 할 만할 텐데 진짜 나쁜 놈들이다. 물론 미국인들이 다 나쁘
다는 건 아니지만 미국인 중 몇몇 사람들처럼 자기 나라가 세계 최강이라
고 횡포 부리고 다니는 걸 보니 진짜 화가 난다. 일본이나, 미국이나 너무
기본이 없고 싸가지도 없는 나라 같다. 나라면 아무리 이라크 사람이 미웠
어도 목에 끈 달고 다니지는 않았을 텐데. 진짜 미국 사람들이 제정신 차
려서 인간답게 살았으면 좋겠다.(2004)

　　　　　　　　　　　　　　　　　　　　　　아이들 글 읽기와 삶 읽기

이런 글이 베트남 전쟁이 일어난 시대에 쓰였다면 어땠을까? 초등학생들조차 서슴없이 미국을 비난하고 자기 생각을 이야기하는 세상은 분명 전과 다르다. 그러나 이렇게 달라지기까지 수많은 사람들의 희생이 있었다는 것을 아이들은 잘 모를 것이다. 세상을 바라보는 아이들의 눈이 정직하지만, 그래도 그 사회가 어떤 체제이고 얼마나 민주화가 되어 있느냐에 따라 그 정직한 눈도 달라질 수밖에 없다. 이 사회에 사는 어른들이 정말 잘 해야 한다는 생각이 든다. 이 글을 보면 언론이 얼마나 제대로 자기 역할을 해주어야 하는지를 알 수 있다. 세상을 보는 눈을 요즘 아이들은 텔레비전과 인터넷 매체를 통해 키워 가고 있다. 따라서 매체가 얼마나 정직하고 누구의 처지에서 보도를 하느냐에 따라 우리 아이들의 생각도 크게 달라질 것이 분명하다. 아이들이 나름 이라크 전쟁의 이유와 폐해를 진단하고 비판했던 것도 매체의 진정성이 담보가 됐기 때문이다. 나는 이 글을 읽으면서 아이들의 눈을 높이 평가하기보다 이런 글을 쓰도록 정확한 정보를 제공해준 매체에 고마움을 느꼈다. 우리 아이들이 사회를 좀 더 정확하고 정직하게 바라볼 수 있기 위해서는 앞으로도 어른들의 많은 희생과 노력이 뒤따라야 할 것이다.

나이 서른에 나는 | 김해 어방초 6년 김승기

난 19살 때 로또복권을 사서 113억을 받게 된다. 20살 때 113억으로 주식 투자를 하여 2배로 돈을 벌었다. 그리고 군대에 다니다 제대한 뒤 226억을 가지고 가족들에게 당첨금을 좀 주고 미국으로 유학을 갔다. 미국의 옥스퍼드 대학에 입학해서 4년 다닐 수 있는 장학금을 받았다. 옥스퍼드 대학에서 친구도 사귀고 한국 친구를 만나 친하게 지냈다. 그리고 26살 때 한국으로 돌아와 큰 대기업을 차리게 된다. 대기업 이름은 GGGL 기업. 핸드폰과 자동차를 파는 기업이다. 난 회장이 되어 큰 기업을 이끌게 된다. 회장 겸 차 디자인, 핸드폰 디자인을 동시에 한다.

옛 초등학교 친구 훈희와 충규가 취직을 하러 왔다. 난 그 친구를 반겨주고 충규에게는 사장 자리를 훈희에게는 차장을 시켜주었다. 그리고 난 프랑스 파리로 계약을 하러 갔다. 파리에선 아름다운 경치와 길거리의 연주가들이 여러 명 있었다. 파리에서 내가 쉴 곳은 허름한 방이었다. 나만 그렇게 멋진 집에서 살면 사람들이 억울할 것이다. 그래서 그냥 허름한 방에서 몇 달을 지내게 되었다. 파리에서 직업은 별로 허접한 자동차 정비소 직원이었다. 자전거를 타고 출퇴근을 하고 집에서 계약서를 보고 그렇게 1년이 지난 뒤 난 파리에서 다시 한국으로 돌아왔다.

한국으로 돌아와 외모는 준수하고 성격도 좋은 사람과 사귀다 28살 때 결혼을 하였다. 그리고 2년 뒤에 GGGL 기업은 아주 유명한 브랜드 기업으로 거듭났다. 30살 때 나는 최고 브랜드 기업의 사장이고 내 친구 세빈은 SKTF 사장으로 거듭났다. 아직도 둘의 경쟁은 치열하다.(2004)

졸업을 앞둔 6학년 아이들에게 나이 서른에 내 모습은 어떨지 생각해 보며 글을 써 보자 했다. 재미난 얘기가 나오리라 기대했지만, 뜻밖으로 많은 아이들이 로또와 주식 얘기를 꺼내며 일확천금을 기대하는 꿈들을 늘어놓았다. 앞에서도 잠깐 이야기했지만, 때로는 이렇게 어른의 세계를 지나치게 꿰뚫어본 나머지 비뚤어진 어른 세계를 닮아 가려는 모습을 보일 때가 있다. 이럴 땐 정말 기분이 좋지 않다. 한 해 동안의 학급운영이 아무 소용이 없었다는 생각도 들고, 내가 아이들 곁으로 좀 더 다가가지 못했구나 하는 반성도 든다. 그러나 꼭 내 탓만 할 수도 없다. 이미 우리 생활 곳곳에는 천박한 자본의 논리가 스며들어 아이들 사고와 삶까지 지배하고 있기 때문이다. 돈이면 무엇이든 할 수 있다는 생각, 땀 흘려 돈 버는 일은 미련한 짓이라는 생각이 보이지 않게 아이들 의식 속에 자리 잡고 있었다.

이 글을 쓴 승기는 그해 봄에 갑작스런 사고로 아버지를 잃었다. 승기는 한동안 많은 방황을 했다. 당연히 성적은 떨어졌고 부쩍 말도 줄었다. 어머니 홀로 생계를 꾸려 가야 하는 상황이었으니 가정형편도 어렵기만 했을 것이다. 그런 승기가 나이 서른의 제 모습을 로또와 주식에 기대어 그린 일은 한편으로 이해할 수 있다. 씁쓸하고 안타깝기는 했지만, 이것도 승기의 성장 과정을 고스란히 담아내는 일이라 여겨 당시 문집에 그대로 실었다. 승기 말고도 여러 아이들이 비슷한 글을 써냈다. 나는 아무 말 없이 문집에 넣었다. 먼 훗날 얼마나 헛된 꿈이었는지 스스로 깨달기를 바라는 마음도 있었다. 어쩌면 이런 꿈도 지나고 나면 추억이 될 수도 있겠다는 생각도 들었다. 아이들의 눈은 이렇듯 그릇된 어른들의 삶을 닮아 있어 이따금 무서울 때가 있다.

나의 불만 | 김해 어방초 2년 이한국

엄마는 맨날 내 돈만 빌린다. 오늘도 뻥튀기를 하려고 하는데 엄마는 2천

원밖에 없어서 내 돈 8천 원을 빌려 갔다. 왜 엄마는 내 돈만 빌리는 걸까? 형아 돈도 있는데 짜증난다. 내가 상을 받았을 때도 내가 피자 한 판을 우리 가족에게 사줬다. 그런데 형아는 자기가 상을 받으면 엄마 보고 "피자 사줘!" 이런다. 나는 피자를 별로 안 좋아 하지만 형아는 아주 좋아하면서도 엄마 보고 사달라고 한다. 그리고 엄마는 내 돈을 빌리고 나서 한참 있다가 은행 가는 날에 갚아준다. 지금도 엄마는 나한테 갚을 돈이 12,800원이나 남았다. 그런데 아직까지도 안 갚고 있다. 난 그게 제일 불만이다.(2008)

한국이는 2학년인데도 말하는 것이나 행동하는 것이 민첩하고 영민한 아이였다. 자기주장도 또렷해서 어리다고 어설프게 함부로 대했다가는 뒤통수 맞기 십상이다. 그래서 한국이랑 대화를 하거나 놀 때는 마치 4학년 대하듯 했다. 글만 보아도 야무지게 글을 쓰는 한국이 모습이 생생하게 보인다. 하나하나 따져 가며 논리적으로 파고들어서는 어머니를 꼼짝 못하게 만든다. 정말 누가 봐도 한국이는 억울하게 생겼다.

몇 해 전부터 마치 붐이라도 일듯이 여기저기서 논술이 성행을 하고 있다. '초등논술'이라는 신조어까지 만들어내며 어린아이들을 논술 시장으로 안내한다. 영어를 왜 해야 하는지도 모른 채 학원으로 이리저리로 끌려다니던 아이들은 이제 논술마저 왜 해야 하는지도 모르고 그저 어른이 시키는 대로 따른다. 모든 게 대학 입시 때문인데도 마치 아이들의 사고력과 창의성을 키우는 것인 양 포장해 혹세무민하는 세태가 한심하기까지 하다.

    아이들 글 읽기와 삶 읽기

그런데 한국이 글은 이런 한심한 세태를 보기 좋게 무너뜨린다. 논술
이라는 것은 기능이 아니라 자연스럽게 드러나는 삶의 한 과정임을 잘
보여주고 있기 때문이다. 자기 생각과 주장을 조리 있게 글로 표현하
는 논술은 절실함이 바탕에 깔려 있지 않으면 소용이 없다. 진정한 논
술은 주어진 주제를 억지로 생각하여 기계적으로 채워 가는 것이 아니
라 삶에서 얻은 경험과 폭넓은 독서에서 얻어진 지혜로 풀어나가는 것
이기 때문이다. 한국이 글은 그 지혜로운 전형을 잘 보여주고 있다. 때
맞춰 어른들이 이치에 맞는 한국이의 주장에 귀 기울여 준다면 더 할
나위 없는 좋은 경험과 가르침을 주게 될 것이다.

시험
스트레스 주는
사회

오늘의 날씨 │ 논산 반곡초 6년 김영주

학교 끝나고 집에 가던 길에 오늘 배운 날씨를 알아
보는 방법이 생각났다. 나는 멈춰서 바람이 부는 방
향을 알아봤다. 바람이 동쪽에서 서쪽으로 불고 약하
게 분다. 하늘은 우리나라가 고기압에 위치에 있는지 맑았다. 학교에서 배
운 것도 쓸 데가 있구나 하고 생각했다. (2009)

영주의 글을 읽으며 '그동안 학교에서 가르친 것들이 아이들에게는 쓸
모가 없었을까?' 하는 생각이 들었다. 솔직히 요즘 학교에서 아이들은
무엇을 배우는지 모르겠다. 학교에서 배운 것이 꼭 아이들 삶과 이어져
야 하는 것은 아니지만, 자기 삶에 와 닿지도 않고 꿈도 키워주지 못하
는 공부를 하니 아이들은 학교가 재미없고 수업도 별 도움이 안 된다고
여기는 것 같다. 갈수록 시험과 평가가 강조되고 결과만으로 아이들을
채근하는 경쟁 체제에서 아이들은 점점 학교를 싫어한다. 세계 2위의
학력 수준을 유지한다는 나라에서 얼마나 더 학력을 올려야 어른들은
만족을 할까? 그 어른들이 말하는 학력이라는 것이 정말 아이들 삶의

질을 높이고 학부모의 불안을 없애줄 수 있을까?

우리네 수업 풍경도 그렇다. 아이들의 삶과 고민, 다양한 재능과 소질을 가진 아이들에 대한 관심이 도무지 없다. 창의적이고 실험적인 수업은커녕, 오로지 성적을 올리려는 무의미한 주입식 수업과 문제풀이에만 열중하고 있다. 그러니 아이들은 시험기간에 쫓기고 평가를 두려워하며 학교가 전혀 자신들에게 도움이 안 된다고 여길 수밖에 없다.

많은 어른들은 학력 향상만이 아이들의 행복을 보장할 것처럼 호들갑대지만, 정작 아이들은 불행하기만한 이 해괴한 세상을 우리는 언제까지 지켜봐야 할까? 문득 "한국 학생들의 문제는 학력이 낮은 데 있는 게 아니라 '억지로' 공부한다는 데 있다"는 어느 교육평론가의 말이 정말 옳다는 생각만 든다.

"으이구~" | 김해 어방초 6년 박혜경

시험 끝난 지 나흘

하지만 우리 엄마

아직도 시험으로 트집을 잡는다.

밥을 먹을 때도

"으이구~, 우짜면 좋노?"

일기를 쓸 때도

"으이구~ 으이구~"

지금은

‘으이구~’ 소리가

귀에 박혔다.(2004)

밀양에 있는 작은 학교에서 김해로 옮긴 첫해는 참 힘들었다. 새로 부임한 학교는 75학급으로 당시 경남에서 가장 컸다. 달라진 환경에 적응하는 일도 어려웠지만 문제는 평가였다. 전 과목을 시험 치는 학교는 처음이었는데, 재량활동까지 평가하는 통에 공부에 찌든 아이들과 지내는 일이 여간 힘들지 않았다.

그 가운데 혜경이가 있었다. 혜경이는 자그맣고 마른 체구에 안경을 끼고 동무들과 시간 가는 줄 모르고 수다를 떨던 아이였다. 성적은 그리 나쁘지 않았지만, 기대 보다 낮은 점수를 얻은 혜경이가 어머니 눈에는 성에 차지 않았을 것이다. 시험점수 때문에 어머니에게 핀잔을 듣는 혜경이의 모습이 굳이 ‘잔소리’라는 말이나 ‘힘들고 짜증난다’는 말을 쓰지 않았는데도 잘 드러나 있어 해마다 만나는 아이들에게 시험 때만 되면 곧잘 들려준다. 그럴 때마다 아이들은 ‘으이구~’를 되풀이하며 시험점수 때문에 어머니에게 압박을 느끼는 혜경이의 글에 공감을 한다.

엄마 아빠의 꾸중 | 김해 어방초 4년 안수빈

내가 영어 급수시험 1급 공부를 시작했을 때, 그리고 총괄평가 공부를 시작했을 때부터 엄마 아빠의 똑같은 꾸중이 계속 반복됐다. 내가 한마디라도 하면 뭐라 하는 엄마.

　　　　　　　　　　　　아이들 글 읽기와 삶 읽기

"엄마! 내 오늘 10시까지 공부할 테니까 자라고 하지마라. 영어까지 포함해서. 하긴 내가 공부한다는 데 설마 자라고 하겠나."

"니 알아서 해라, 아무튼 니 시험 떨어지기만 해 봐라!"

"내 영어 단어 외우고 있다!"

"엄마가 보기엔 아닌 것 같은데."

내가 영어 외우고 있는지 아닌지 직접 보시지 않으셨으니까 내 말 안 믿으시겠지. 그리고 아빠. 내가 잠깐만 누워 있으면,

"니는 하루 종일 누워 있나! 좀 일어나라. 공부는?"

"나중에 할 거다."

하루에 한 번씩 나는 이런 꾸중을 듣는다. 그러고 나면 나중에 화장실에 들어가 가끔은 울기도 한다. 내가 평균 85점 넘을려고 영어 합격할려고 저번보다 얼마나 땀나도록 공부하고 있는데⋯⋯. 엄마 아빠께서 내가 시험 잘 쳤으면 하고 걱정하시는 마음은 잘 알겠는데, 공부해라, 이거 해라, 책 좀 읽어라, 알아서 해라. 솔직히 난 이런 꾸중 가끔 듣는 건 괜찮은데 너무 자주 들으니까 화도 좀 나고 마음이 아프고 눈물도 난다. 이제 이런 꾸중 자주 안 하셨으면 좋겠다.(2004)

'시험'에 관한 글을 쓴 아이들을 찾으려고 문집을 처음 만든 1996년도부터 차례대로 훑어 봤다. 그런데 우연일까? 이상하게도 2004년 이전의 아이들에게는 시험이나 공부에 대해 쓴 글이 거의 보이지 않았다. 그도 그럴 것이 2004년 이전의 아이들은 이른바 '열린 교육' 세대들이어서 시험을 거의 보지 않았다. 특히 밀양이라는 작은 도시 아이들

은 학원도 그다지 다니지 않았다. 더구나 이 지역의 학교들은 각종 시험을 만들어 심한 압박을 주는 큰 도시의 학교와 달랐다. 그러다 보니 시골 아이들에게 시험은 그리 심한 공포의 대상이 아니었다. 그러나 김해라는 도시로 넘어오면서 나는 공부와 시험이 싫다는 아이들의 흐릿한 눈빛을 만나게 되었다. 아이들 입에서는 시험, 학원, 평균, 심지어 등수까지 오르내렸고 요즘 이야기하는 이른바 '스펙'을 채우기 위해 각종 자격증 시험에 매달려 있었다. 이 아이들과 1년을 어떻게 살지 당시에는 참으로 막막했다.

시험점수와 잔소리 | 김해 어방초 6년 박준묵

오늘 학교에서 돌아오고 가게로 갔다. 가게에서 아빠가 말씀하셨다.

"시험 성적 잘 나왔니?"

"아니요?"

"……."

이렇게 내가 왔을 때부터 계속 아빠는 나에게 잔소리를 퍼부어댔다. 나는 정말 그 잔소리가 듣기 싫었다. 그래서 울고 싶었다. 하지만 나는 꾹 참았다. 하지만 참는 것도 얼마 안 가 나는 울음을 터뜨렸다. 시험은 우리 가족 간의 사랑을 갈라지게 했다. 엄마도 아빠도 나와 동생한테 시험 스트레스를 팍 주었다. 시험이 정말 싫고 아빠의 잔소리도 정말 싫다.(2004)

시험만큼이나 아이들이 힘들고 괴로워하는 것이 있다. 바로 학원이다. 이제 우리 아이들에게는 학교 이상으로 학원이 큰 자리를 차지하고 있다. 시험 때가 되면 주말에도 가야 하는 학원은 아이들의 학습 장소이자 또 하나의 놀이터가 되어 가고 있다. 아이를 맡겨 둘 데가 없는 맞벌이 부부에게는 탁아소가 되기도 한다. 그렇게 아이들은 학원에 떠맡겨진 채 이리저리 떠돌며 어서 집으로 돌아갈 밤을 기다린다. 밤늦은 시간에 무거운 가방을 메고 고개를 숙인 채 내 앞을 지나던 한 초등학생의 무거운 발걸음이 지금도 생생하게 떠오른다. 나라에서는 사교육을 잡겠다고 학원식 교육을 학교로 끌어들이면 모든 게 해결될 것처럼 말하지만, 진정 아이들과 부모들이 원하는 것이 그런 것일지는 의문이다. 내가 만난 부모님들은 대부분 주눅만 들게 하고 좌절감만 주는 평가 위주의 학교보다는 자기 소질과 재능을 찾을 수 있도록 안내하는 친절한 학교를 바랐다.

근본적인 문제는 우리 사회에 있다. 평가로 등수를 매겨 아이들의 각기 다른 재능을 하나로 엮어내는 학교를 만들어내는 사회가 가장 큰 문제다. 시험 때문에 식구들 사이가 멀어졌다는 어린아이의 하소연을 들어주지 않는 사회는 진정 우리 아이들이 원하고 바라는 사회가 아니다. 자율성이라고는 보이지 않고 지시하고 집행만 하려 드는 행정기관이자 평가기관인 이 무능한 학교를 근본적으로 바꿔내지 않는 이상 우리 아이들은 늘 불행한 삶을 살 수밖에 없을 것이다.

배앓이 | 김해 어방초 6학년 김지효

오늘, 배가 아팠다. 다른 때에도 아팠지만, 오늘은 특별이 더 아파 주는 것 같았다. 그래서 1교시 읽기시간에 양호실로 갔다. 보건 선생님께서 주신

알약을 먹고, 이름을 쓰고 있는데, 보건 선생님께서

"우와~ 니 손톱 좀 잘라라"

라고 말씀하셨다. 그래서 나는 "네"라고 대답했다. 정말 황당했다. 약을 먹은 지, 10분쯤 지나자 아프다 안 아프다 하였다. 그래서 3교시 체육도 나가지 않았다. 체육시간 때 김종찬도 나가지 않았는데, 별짓을 다 했다. 의자에 누워서 창틀에 발을 기대고 황당 그 자체였다. 나는 인터넷 소설을 보고 있었다. 그러니 시간은 빨리 가서 금방 종이 울렸다. 종이 울리고 조금 뒤 여자아이들이 들어오고, 조금 있으니 남자애들이 들어왔다. 아이들이 선풍기를 틀자 나는 추웠다. 내가 춥다고 하니, 애들은 황당하다고 했다. 그렇게 체육시간이 지나고, 수학시간.

수학을 하는데 자꾸 배가 아팠다. 그래도 참고 열심히 했다. 아~ 점심시간 나는 배가 아파 점심을 안 먹고, 소설을 또 보았다. 거의 다 읽어 갔다. 그때, 밥을 다 먹은 석효민, 백규리 등 아이들이 나한테 와서

"말뚝 박기 할 수 있나?"

라고 물었다. 그래서 나는 얼떨결에

"어? 어."

그렇게 해서 아픈 몸으로 말뚝 박기를 했다. 우리 팀이 대부분 다 뛰고, 우리가 한 번인가 두 번인가 그것 밖에 안 박았다. 배가 아팠지만 재밌었다. 그렇게 6교시 청소를 마친 뒤 집으로 왔다. 집에 오니 아무도 없어 엄마한테 전화해 보니, 집에 오신다고 하셨다. 엄마가 감자튀김을 사오셨다. 그냥 나도 먹었다. 엄마가 병원 가자고 했는데, 나는 안 갔다. 내가 병원을 안 간다고 하니, 엄마가

"병원 안 갈 거면 학원 가라!"

했다. 나는 학원 가서 복습하고 책을 보다가 왔다. 엄마가 너무 미웠다.

와~ 지금도 춥네. 나만 추운 여름, 나만의 겨울인가보다.(2004)

조퇴 | 김해 어방초 4학년 김희선

오늘 나는 학교에서 배가 아파서 선생님께 울면서

"선생님 저 조퇴 좀 하면 안 돼요? 배가 아파서요."

했다. 그러자 선생님이

"알겠다. 배 많이 아파?"

하고 물어보셨다. 그래서 내가 "네"라고 말해서 조퇴를 받았다. 집에 도착

해서 화장실로 가 보았는데 설사가 나왔다. 그래서 엄마에게

"엄마, 나 있잖아. 화장실 갔더니 설사가 나오더라"

라고 말했다. 그리고

"엄마 나 있잖아. 나 사실은 학교에서 조퇴 받고 왔다."

근데 엄마는

"왜?"

하고 물었다. 내가

"배 아파서"

라고 말했다. 근데 엄마가

"지금도 배 많이 아프나?"

하고 물었다. 그래서 나는

"지금은 별로 안 아프다"

했다. 그런데 내가 그 도중에 시계를 보았는데 1시 30분이었다. 그러자 엄마는

"학원 갈 준비해라!"

했다. 그래서 빨리 가방 챙기고 학원에 갔다. (2007)

〈배앓이〉를 쓴 지효는 학교생활을 신나게 하던 아이다. 공부도 잘하고 나와 이야기도 자주 나누며 격이 없이 친하게 지냈는데, 이따금 부모님께 공부 압력을 받아 힘들어 하던 모습을 보여주었다. 늘 긍정적이고 밝은 성격이 아니었다면 아이는 더욱 힘들게 방황했을지도 모른다. 이 학교에서는 아파도 학원으로 떠밀려 가야 하는 아이들을 흔히 볼 수 있었다. 특히 아이들은 소풍이나 현장학습을 갔다 왔는데도 어머니가 학원으로 가라고 했을 때 가장 아쉬워했다. 한 번은 소풍이 늦게 끝나는 바람에 학원을 가지 못하는 상황에 놓이자 아이들이 얼마나 기뻐했는지 모른다. 비가 오나 눈이 오나 늘 학교와 학원을 전전해야 하는 아이들은 주말과 방학을 손꼽아 기다린다. 나름대로 즐겁게 학급운영과 수업을 하며 한 학기를 보내도 방학이 되면 아이들은 뒤도 돌아보지 않고 학교 밖을 나선다. 한편으로는 섭섭하기도 하지만, 그게 바로 아이들이다. 그러나 주말과 방학이 주는 아이들의 해방감마저 일제고사라는 괴물이 빼앗아가 버렸다. 시험과 경쟁 때문에 늘 억눌려 살던 아이들에게 자유롭게 쉴 시간마저 빼앗는다면 도대체 아이들은 어디로 가야 한단 말인가?

아이들 글 읽기와 삶 읽기

평일이 낫다 | 김해 어방초 4년 서인석

오늘 하루 종일은 아니지만 낮엔 공부만 했다. 아침엔 엄마가

"과학 문제집 좀 풀어라!"

했다. 그리고 12시쯤에

"영문법 46쪽까지 해라."

그리고 오후엔

"학습지 몇 권 있는데? 해라!"

그것도 학습지는 네 권이다. 내가

"이건 평일에 해도 괜찮잖아"

하니까

"나중에 하면 바빠서 못한다"

했다. 그래도 틈틈이 하면 되는데 하루의 대부분이 책상 앞에만 앉아 있어서 그게 고문처럼 느껴졌다. 주말에 계속 이러면 차라리 평일이 낫겠다.(2007)

일요일에 일어나면 | 김해 어방초 4년 하상민

일요일에 빨리 일어나

엄마 있나 아빠 있나 본다.

없으면 TV 본다.

하지만 화장실에 나오는 엄마

주무시는 아빠

엄마는

"숙제 할라고 일어났나?"

하며 칭찬하고

나는

아쉬운 마음으로

"어? 어."

일요일에는 놀고만 싶다.

친구랑 놀고만 싶다.(2007)

주말이다 ㅣ 김해 어방초 4년 권태연

주말이다

시험 공부한다.

주말이다

학원 숙제한다.

주말이다

학습지 한다.

"삐리 삐리"

주말에도 나는 공부하는 로봇이다.(2007)

오늘은 학원가기 싫다. 토요일 일요일 빼고 다 가야 하니까 너무 힘이 든다. 엄마한테 학원 두 군데나 다니면 힘들다고 말하고 싶다. 그래도 입에 지퍼를 잠그듯이 입을 다물었다. 아예 말을 말자. 말하면 혼날 게 뻔하니까.(2009)

요즘 삼사십 대를 가리켜 가장 잔인한 세대라고 일컫는다. 까닭인즉슨, 자신들은 학원이나 사교육 한번 제대로 받지 않고 나름 유년시절을 즐기며 살았으면서도 자식들은 가혹하리만큼 공부와 사교육으로 내몰기 때문이다. 우리는 늘 다음 세대를 상상해 봐야 한다. 그리고 두려워 해야 한다. 하루 종일 점수 따기 경쟁에 내몰려 유년기와 청년기를 보낸 아이들이 자기 자식들은 어떻게 키울지, 그 아이들이 만들 세상은 또 어떤 모습일지, 오늘을 사는 어른들은 심각하게 걱정해야 한다. 진정 아이들이 행복한 사회가 건강한 사회라는 상식이 우리 사회 전반에 자리 잡을 날은 과연 언제일까? 시험과 경쟁이라는 무서운 전쟁터에서 우리 아이들은 숨겨진 자기 소질과 재능을 발견하지도 못한 채, 어른들이 만들어 놓은 어두운 실험실에서 오늘도 잔인한 실험대상이 되어 가고 있다.

아이들과
함께
자라고
큰다는 것

20대에 선생님이 되어 마흔이 넘은 지금, 나는 예전과 무엇이 달라졌을까? 총각 교사 박진환이 아이들에게 해줄 수 있는 거라곤 기타 치며 함께 놀아주는 것이었다. 그게 학급운영의 전부였다. 이따금 공개수업이나 수업대회에 억지로 끌려나가 새로운 수업의 전형인양 화려한 쇼를 보여주기도 했지만, 일상 수업은 늘 학원식이었다. 오로지 젊음 하나 때문에 아이들은 나를 좋아했고, 나 또한 아이들에게 그 어설프고 부끄러운 젊음만을 마냥 쏟아 부었다. 때로는 열정이라는 이름으로 아이들을 때리고 나서는 미안한 마음에 밤을 설치기도 했다. 늘 후회하고 반성하지만 또 다시 되풀이 되는 못난 열정은 꽤 오랫동안 내 교사 생활을 지배해 왔다. 이런 나를 그동안 아이들은 어떻게 바라보았을까? 10년도 넘은 1996년 밀양 시골 아이의 눈에 비친 내 모습부터 살펴본다.

점심시간 | 밀양 산내초 6년 김선숙

점심시간이 끝나기 전에 운동장에서 힘이 센 아이들이 힘이 없는 아이들을 들어서 세 번에 던져 버리는 놀이를 하고 있었다. 나는 하지 않았지만

아이들 글 읽기와 삶 읽기

무섭게 보이면서 죽일 거처럼 힘없는 아이들을 못살게 구는 것 같았다. 1시 25분이 조금 지나자 그 아이들은 수업 준비를 하지 않고 계속 놀았다. 그래서 내가 수업 준비를 하라고 하니, "니나 수업 준비해라" 했다. 모른 척하는 아이들도 있어 더 이상 말을 걸지 않았다. 그때 선생님이 갑자기 들어오셔서 뒤에서 놀고 있던 아이들을 되게 혼냈다. 나중에는 말로 되지 않아서 매를 드셨다. 뒤에 또 떠드는 남자들이 있어서 매를 맞았다. 선생님은 몽둥이를 들고 아이들의 엉덩이를 한 대도 아니고 세 대씩이나 때렸다. 아이들이 불쌍해 보였다.(1996)

산수시간 | 밀양 산내초 6년 김선숙

산수 익힘 숙제를 하다가 문득 학교에서 산수시간에 벌어진 일이 생각이 났다. 산수시간에 나는 원과 원의 넓이를 공부했다. 선생님께서는 원주를 구하는 것과 둘레를 구하는 것을 해 보라고 하셨다. 나는 아주 쉬운 것 같아 얼른 했다. 나는 다 했는데, 아이들은 아직도 하고 있었다. 나중에 답을 맞혀 보았다. 첫 번째 문제가 틀리고 세 번째 네 번째가 틀렸다. 3번과 4번 문제는 맞는 줄 알았는데 이상했다. 집에 와서 전과를 찾아보니 내가 한 것이 맞았다. 선생님께서 깜빡하고 잘못하셨는가 보다. 그러면 그렇지. 1번과 2번은 원주를 구하는 것이고 3번과 4번은 지름을 구하는 것인데 선생님은 책을 자세히 보지 않으셨던 것 같다.(1996)

선숙이는 이 밖에도 선생님들 이야기를 몇 편 더 썼다. 선숙이가 선생님들에 대한 관심이 커서였을까? 그때는 몰랐는데, 지금은 보인다. 선숙이의 글 속에 비친 내 모습은 부끄럽지만 모두 사실이다. 급한 성격에 욱하는 성질까지 있어 마음에 들지 않으면 도깨비처럼 변하는 내 성격은 담임이 되어서도 달라진 게 없었다. 한없이 재미있어 하다가도 돌연 달라지는 내 모습에 예전 우리 반 아이들은 혼란스러웠을 것이다. 나를 표현한 몇 안 되는 글 가운데 이런 글이 있는 게 어쩌면 다행일지도 모르겠다. 숨기고 싶었을 텐데 그 시절 나는 무슨 생각으로 버젓이 이 글을 문집에 실었을까?

선생님은 개그맨 | 밀양 단산초 5년 김여은

오늘 학교에서 선생님이랑 재미있는 가라사대 게임을 하였다. 선생님이 가라사대 코 하고 말을 하면 장난끼가 드러나기 시작했다. 채권능이랑 이연영이와 가라사대 게임에서 틀려서 선생님이 앞으로 나오라며 부르셨다. 벌칙을 주셨는데, 가위바위보를 하여 지는 사람이 살짝 한 대씩 맞는 게임이다. 잠시 뒤에 선생님이 장난으로 작은 소리로 "연영아 들어가!" 그때, 권능이가 눈을 감고 있었다. 이후 선생님의 장난끼가 발동해서 권능이만 자꾸 벌칙을 주었다. 나중에 선생님이, "권능아, 니 뒤돌아 봐!" 하셨다. 돌아보니 연영이가 없어 자기만 남아 혼자 가위바위보 했다고 울었다. 얼굴이 빨개지면서 울었다. 선생님은 개그맨 같다. 선생님이 왜 자꾸 우리들을 웃길까?(2002)

마음이 찡한 날 | 밀양 단산초 5년 하수린

미술을 끝내고 선생님께서 무슨 말씀을 하셨다. 이제 선생님과 지낼 날도

60일 정도밖에 안 남았다 그러셨다. 그런데 고은이 눈을 자세히 보니 빨갛게 되어 눈물이 고여 있었다. 선생님이 말한 게 너무 슬펐나? 그러고 보니 고은이도 아마 선생님과 많이 정이 들었을 것 같다. 맨날 선생님이 웃긴 말하고 그러니깐 정이 들 수밖에 없다. 나도 정이 많이 들었지만. 선생님도 말씀하실 때, 힘이 없는 것 같았다. 수업을 마치고 운동장에서 명희가

"나도 아까 전에 눈물 나올 뻔했다. 그리고 나 선생님하고 헤어지기 싫다. 중학교 고등학교까지 같이 있었으면 좋겠다"

하고 말했다. 나도 말은 안 했지만, 사실 명희와 똑같은 생각이었다. 아까 나도 눈이 뜨거워졌었다.(2002)

지금도 그렇지만 시골 아이들은 선생님을 참 잘 대해준다. 도시에 있는 고학년들에게 했으면 면박이나 당하지 않으면 다행일 농담이나 장난도 시골 아이들은 고마울 정도로 즐겁게 받아준다. 다른 데서는 남을 잘 웃기지도 못하던 내가 아이들 앞에만 서면 개그맨이 된다. 어느새 달라진 내 모습을 때때로 이렇게 아이들 글 속에서 읽는다. 아마도 1년이라는 시간이 참 짧다고 느끼던 시절이었던 것 같다. 내 눈에 아이들이 보이고 내 곁에 아이들이 살고 있다고 여겼고 내가 정말 선생이구나 하고 느끼던 때였다. 그래서 요즘 나는 아이들과 헤어질 게 아쉬워 지낼 날을 세어 가며 이별을 준비하곤 한다. 갑작스런 이별 예고였지만, 아이들도 나와 헤어지는 걸 슬퍼하고 있었으니 얼마나 고맙고 다행스런 일인가. 아마도 2002년은 내가 아이들 곁에서 살아가는 교사가 된 첫 해가 아니었나 싶다. 그 뒤로 나는 아이들과 사는 법을 조

금씩 익혀 나갔다. 특별한 만남의 방법이 있었거나 이전과 다른 학급 운영을 하지는 않았지만, 아이들과 나는 어느새 하나가 되어 있었다. 마치 한 식구처럼.

이상해진 선생님 | 김해 어방초 4년 강경희

오늘은 선생님이 이상해지셨다. 요즘 선생님은 《받은편지함》이라는 책을 읽어주신다. 선생님은 한 편을 더 듣고 싶으면 뽀뽀를 해달라고 했다. 그때 정태인이 선생님한테 뽀뽀를 해주었다. 그런데, 선생님은 한 편을 더 읽어주시지 않았다. 어떻게 읽어주시지 않았냐면

"어, 언제 정태인 님이 선생님한테 뽀뽀를 해줬더라~"

하면서 소리를 질렀다. 결국 나중에 선생님이 '도둑이 제 발 저리다' 는 속담처럼 어쩌다가 모든 걸 말해 버리셨다. 그래서 우리가

"어 ! 선생님 정태인이 뽀뽀한 거 기억하셨네요?"

라고 그러다가 선생님은 소리를 지르시더니 변하셨다. 그리고는 이렇게 말하셨다.

"어~ 갑자기 아무 생각이 안나요."

너무 너무 웃겼다. 오늘처럼 늘 즐거운 날만 가득했으면 좋겠다.(2007)

선생님의 뽀뽀 | 김해 어방초 4년 정태인

선생님의 뽀뽀

뽀뽀를 당할 때면

까칠 까칠한

턱수염은 내 볼에

거칠한 손도

내 볼에

닭살 돋는 입술도

내 볼에

다른 아이들은

좋아하는데

내 속은 느끼하다. (2007)

도시의 큰 학교에서 아침에 교실에 들어서는 아이들을 만나면 눈에 초점이 없는 경우가 꽤 많다. 하품을 하는 아이부터 멍하게 앉아 있는 아이까지 마치 어제 밤늦게까지 심한 노동이라도 한 것 같은 얼굴들이다. 늘 학교와 학원을 전전해야 하는 아이들에게 웃음은 이미 사라진 지 오래다. 실제로 웃을 일도 그다지 없다. 그래서 아이들은 늘 쉬는 시간을 기다린다. 아이들이 복도에서 뛰는 모습이 때로는 이해가 간다. 얼마나 답답했을까? 언제부턴가 나는 아이들에게 뽀뽀를 했다. 아마도 김해에서 4학년 아이들을 맡기 시작한 이후가 아닌가 싶다. 때로는 벌로 뽀뽀를 하기도 했지만 어린아이들과 친해지는 방법으로도 제격이었다. 화를 내기보다 뽀뽀로 대신하면 아이들은 오히려 그런 내 모습을 지켜보며 즐기기 시작했다. 대부분 남자아이들이었지만, 웃을 일이 없던 아이들에게 선생님의 뽀뽀는 지루한 일상을 잊는 하나의 즐거움이었다. 태인이는 내 뽀뽀를 느끼하다고 했지만, 언제나 거리낌

없이 뽀뽀를 해주던 녀석이다. 아이들 글에서 열심히 뽀뽀를 해대고 있는 그 시절 내 모습이 그립다.

선생님 | 김해 어방초 2년 최영애

오늘은 수학을 마치고 정말 재미있었던 일이 있었다. 선생님이 안경을 벗었다. 선생님이 꼭 다른 사람이 된 것 같아서 정말 놀랬다. 잘 생긴 얼굴이 고릴라가 되었다. 정말 재미있었다. (2008)

선생님이 안경을 벗었다 | 김해 어방초 2년 홍명희

나는 오늘 국어랑 컴퓨터를 하고 수학을 했다. 그런데 선생님이 안경을 벗고, "선생님 뽀뽀는 향기로운 뽀뽀~"라고 말했다. 근데 친구들은 "우엑~! 선생님 못생겼어요"라고 말했다. 나도 하하 웃었다. 진짜로 웃겼다. 근데 선생님이 울다가 웃던 현준이에게 "울다가 웃으니까~ 똥구멍에 털 날 거야" 했다. 그리고 또 선생님이 현준이한테 똥침도 했다. 그리고 현준이가 털이 났다고 했다. 웃겼다. 나는 이렇게 웃긴 선생님은 처음이다. 나는 선생님이 좋다. 왜냐하면, 웃기게 해주고, 공부를 게임으로 하고, 가라사대 가위바위보 대왕도 해서 참 좋은 선생님인 것 같다. 나는 이런 선생님이 좋다. 그리고 옛날이야기도 들려주어서 좋다. 또 옛날 일기도 읽어주어서 참 좋다. 참 멋지다. 선생님, I LOVE~. (2008)

교직에 들어선 지 16년 만에 처음으로 맡은 2학년. 놀라운 일이 한두 가지가 아니었다. 어린만큼 선생님 한 마디 한 마디에 아이들은 놀랄

아이들 글 읽기와 삶 읽기

만한 변화를 보여주곤 했다. 시선은 온통 담임인 내게로 향해 있었다. 늘 관심의 대상이던 내 행동 하나하나에 울고 웃던 아이들의 이야기가 참으로 많다. 2학년 꼬마 녀석들과 만난 지 얼마 되지 않던 날, 내가 아이들 앞에서 안경을 벗었던 모양이다. 내 얼굴이 고릴라 같다는 녀석이 있는가 하면 잘 생겼다는 착한(?) 녀석도 있었다. 2학년 아이들이 어떤 선생님을 좋아하는지, 왜 좋아하는지 잘 알 수 있는 글이어서 옮겨 보았다. 내가 좋은 선생님이고 멋지다 해준 명희는 정말 말이 없고 수줍음이 많은 아이였는데, 2학년 내내 내 칭찬을 많이 받았다. 언젠가 학교 이야기를 하지 않던 명희가 이야기도 많이 하고 학교 가는 걸 즐거워하게 됐다며 고맙다는 명희 어머니의 편지를 받은 적이 있다. 아이들이 좋아하는 학교, 좋아하는 선생님은 의외로 간단하다.

도술 | 김해 어방초 2년 이한국

오늘 학교에서 선생님이 도술을 보여주셨다. 그 도술은 조성은이 공부 잘할 수 있게 해주는 도술이다. 도술을 할 땐 선생님은 꼭 웃지 말라고 하신다. 그런데 왜 웃지 말라고 선생님은 그런 걸까? 도술을 하면 선생님은 꼭 웃기게 해서 웃을 수밖에 없다. 그렇지만 아이들은 최대한 안 웃으려고 노력한다. 도술을 할 때 선생님은 대나무 막대기를 들고 한다. 첫 번째 도술을 할 때 선생님은 대나무 막대기를 들고 조성은한테 코를 흘리지 말라고 빌었다. 도술을 하고 있는데 누군가가 웃었다. 도술이 끝났다. 누가 웃었는지는 나도 모른다. 그래서 내가 선생님게 한 번만 기회를 더 달라고 했다. 그러자 선생님이 도술을 한 번만 더 해줬다. 두 번째 도술을 해줄 때는 대나무 막대

기를 나두고 엉덩이를 만지면서 했다. 도술을 하고 있을 때 박은서가 웃었
다. 도술을 해 보지도 못하고 끝났다. 도술을 다 못 봐서 짜증난다.(2008)

동화 작가이기도 한 송언 선생님이 언젠가 강연에서 어린아이들에게
백오십 살 먹은 도사라고 뻥치며 산다는 말씀을 해주신 적이 있다. 그
런데 그게 통하더라는 것. 선생님은 동화 작가가 아니라 동화 속에 등
장하는 키 작고 짓궂은 도사 같은 모습이어서 충분히 그럴 수도 있겠
다 싶었다. 그 얘기를 들으면서 언젠가 나도 1, 2학년을 맡게 되면 꼭
한 번 써먹어 보겠다고 마음먹었다. 마침내 나는 2학년을 맡게 됐고
아이들 앞에서 크게 뻥을 쳤다. 나도 백오십 살 먹은 도사라고. 의심에
찬 눈초리였지만, 아이들은 마지못해 믿어주는 눈치였다. 아이들은 너
나 할 것 없이 도사라면 도술을 부릴 줄 알아야 한다며 직접 시범을 보
여 달라고 난리를 쳤다.
"선생님의 도술은 온몸에 기를 모아야 하는 거라 자주 보여줄 수 없어
요. 그런데 여러분이 보고 싶다고 하니 보여줄 수밖에 없는데, 조건이
있어요."
"그게 뭔데요?"
"음, 선생님의 도술은 조금 독특해요. 그런데 사람들은 선생님이 도술
을 부리면 막 웃어요. 그러면 선생님은 기를 모을 수가 없어요."
"그러면, 안 웃으면 되겠네요. 안 웃을 게요. 어서 보여주세요."
"여러분, 정말 웃지 않을 수 있어요?"
"네~."

   아이들 글 읽기와 삶 읽기

"자, 그럼 이제부터 도술에 들어갑니다. 합!"

내 도술은 이렇게 시작한다. 엉터리 속임수에 넘어가는 아이들이 있는가 하면 끝까지 의심에 찬 눈으로 지켜보는 아이들도 있다. 그래도 난 과감히 아이들 앞에서 웃기는 동작을 하며 도술을 부리려 한다. 어김없이 아이들 몇이 웃고 나는 그 즉시 도술 동작을 그만둔다. 이렇게 나는 달마나 한 번씩 아이들을 속였다. 그래도 아이들은 그 속임수 도술을 보고 싶어 한다. 믿지 않지만 믿어주려는 아이들과 속이고 싶지 않으나 속이려는 선생님 사이에 벌어지는 어이없는 이 장면에서 나는 아이들을 사랑하는 내 모습과 선생님을 사랑하는 아이들을 본다. 철없는 2학년들이었지만, 마찬가지로 철없는 이 선생님을 따뜻하게 대해주던 어린 녀석들과 나는 그렇게 함께 지내며 자라고 커 갔다.

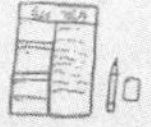

3

아이들이
가르쳐준
것들

돌이켜 보면 좋은 교사가 되는 길은
먼 데 있지 않았다.
바로 가장 가까운 곳에서
나와 함께 살아가는
아이들에게 있었다.
에둘러 먼 길을 돌아왔지만
그동안 알게 모르게 아이들은
많은 것을 내게 가르쳐주었다.

아이들이
가르쳐준
것들

좋은 교사가 되기 위해 나름대로 열심히 살아온 17년. 그러나 아이들은 오늘도 달라진 것 없는 학교로 피곤한 발걸음을 옮긴다. 행복한 교사를 꿈꾸며 교단에 올라섰지만, 우리네 학교는 그런 내 욕구를 전혀 충족시켜주지 못했다. 학교에서 바라는 좋은 교사와 내 기준이 크게 달랐기 때문이다.

업무를 앞세우고 수업보다는 교육청에서 오는 공문을 더 신경 써야 하는 학교 풍토에서 좋은 교사의 기준은 내 상식을 늘 벗어났다. 그동안 내가 거쳐온 학교들은 단위 수업에서 아이들이 어떤 변화를 보여주었고 1년 간 어떻게 성장을 했는지 그다지 관심이 없었다. 업무 때문에 교사가 수업을 못했다고 해도 어쩔 수 없는 것으로 여기는 문화가 지배하는 학교에서 나와 아이들은 행복하지 않았다.

결국 나는 학교 밖으로 눈을 돌렸다. 놀랍게도 학교 밖을 넘어서자 아이들을 위해 어떤 대가도 바라지 않고 실천한 것을 나누는 교사들이 많았다. 글쓰기와 학급운영에서부터 교과에 이르기까지 엄청난 실천을 하는 전국의 교사들을 만나면서 나는 조금씩 달라졌다.

새로운 교육운동과 철학들도 만났다. 글쓰기 교육, 독일의 발도르프

교육, 프랑스의 프레네 교육, 일본의 키노쿠니 학교, 핀란드를 비롯한 북유럽의 교육개혁, 우리네 대안교육 운동까지 행복한 교사로 살기 위해 한동안 내 눈은 학교 밖에 머물러 있었다.

그러다 몇 년 전부터는 밖에서 얻은 가르침으로 나와 함께 하는 우리 아이들을 다시 들여다보았다. 예전에는 보이지 않던 아이들 삶이 조금씩 눈에 들어오기 시작했다. 그동안 내게 아이들은 내가 그저 가르쳐야만 하는 대상이었다면, 이제는 나와 함께 내 곁에서 살아가야 할 식구로 여겨졌다. 좋은 교사로 가는 길을 몰라 답답해하던 시절에는 내가 어떻게 달라지고 성장할지에만 관심이 있었는데, 이제는 우리 아이들이 어떻게 달라지고 성장하는지에 더 관심을 두며 산다.

돌이켜 보면, 좋은 교사가 되는 길은 먼 데 있지 않았다. 훌륭한 교사의 실천이나 큰 철학을 배우고 익히는 데 있는 것도 아니었다. 바로 가장 가까운 곳에서 나와 함께 살아가는 아이들에게 있었다. 에둘러 먼 길을 돌아왔지만, 그동안 알게 모르게 아이들은 많은 것을 내게 가르쳐주었다. 그걸 깨닫지 못한 지난 세월을 이제야 아이들 글과 삶에서 다시 읽어낸다. 교사로 살아가는 인생의 출발점이자 종착점이었던 아이들의 글과 삶은 그래서 내게는 아주 소중할 수밖에 없는 보물 상자다. 지금 내 창고에는 시골과 도시를 넘나들며 담아낸 열일곱 개의 보물 상자가 쌓여 있다. 그 상자 속에는 2부에서 다루지 못한 아이들의 글로 가득하다. 3부에서는 미처 담아내지 못한 아이들의 글과 삶 이야기를 세월의 흐름에 따라 조금씩 꺼내 보고자 한다.

기어서 기어서
지구
끝까지

1996년 밀양 산내초 아이들과 만든 문집 이야기

경남 삼천포(현 사천)로 첫 발령을 받고 3년째 되던 1995년. 나는 결혼과 함께 밀양으로 삶터를 옮겼다. 밀양 산내초등학교는 내가 만난 첫 시골 학교였다. 당시 산내초등학교는 임고라는 분교를 끼고 있었다. 150명이 넘는 아이들이 다니던 산내초등학교는 이제 학생수가 절반으로 줄어들어 80명도 채 안 되는 작은 학교가 되었다. 그만큼 농촌 인구가 빠르게 줄어들고 있다는 뜻이겠다.

첫 발령지가 삼천포 시내의 서른 학급이 넘는 학교였던 터라 밀양의 작은 시골 학교 운동장에서 맞는 월요일 전교 조회 풍경은 무척 낯설었다. 지금도 기억하는 그날은 쌀쌀하기는 했지만 맑디맑은 봄날이었다. 조용한 시골 학교의 큰 운동장에 150명이 넘는 아이들이 학년별로 서 있는 모습이 어색하기만 했다. 그런 내 모습을 느끼기라도 한 듯, 나를 지나치는 동료 교사들은 큰 학교에서 지내다 이렇게 작은 학교로 오면 부쩍 서글픈 생각이 들 거라며 위로의 말을 한마디씩 건네곤 했다. 나는 그렇게 낯설고 어색한 모습으로 시골 작은 학교에 첫발을 내딛었다.

아이들 글 읽기와 삶 읽기

밀양 산내초등학교에 근무한 기간은 3년이었는데, 문집은 1996년에만 만들었다. 밀양에서 첫 해를 보낸 뒤, 6학년 아이들과 함께 만든 문집이었는데, 제목은 〈기어서 기어서 지구 끝까지〉였다. 교단에 서서 5년 만에 첫 문집을 만들었으니 빠른 편도 아니었다. 이오덕 선생님의 글쓰기 공부를 하긴 했지만, 여전히 나는 글쓰기와 문집을 잘 몰랐다. 선배와 동기들이 한두 권씩 건네주는 문집을 받을 때마다 언젠가 꼭 문집을 만들어야겠다는 생각은 굴뚝같았지만, 어떤 과정을 거쳐 만들어야 하는지 몰라 늘 답답하기만 했다.

그러던 중에 어렵게 용기를 내어 처음 만든 문집이 이때 펴낸 것이다. 처음이라는 건 늘 어설프고 부족하기만 한 걸까. 첫 문집을 들춰 볼 때마다 아쉽고 못난 구석만 더 크게 보인다. 아이들 사진을 스캔해서 문집에 넣는 과정도 서툴러 시커멓게 처리해 놓은 것이라든지, 편집 상태도 서툴고 교정을 제대로 보지 않아 문집이라고 보기 어려운 것이 한두 가지가 아니다. 나름 일기와 시, 모둠활동, 여러 갈래의 글을 섞어 놓는 등 제법 문집의 모양새는 갖추었지만 썩 눈에 차지 않는다. 하지만 처음이라는 상징이 주는 가치가 큰 탓일까? 문집을 펼쳐 볼 때마다 부족하기는 해도 정이 가는 것이 아이들과 서툴게 만든 첫 문집에 담긴 때묻지 않은 시골 아이들의 모습이 새롭고 따뜻하기만 하다.

사춘기인가 봐 | 밀양 산내초 6년 방미숙

선생님께서 출장을 가시고 난 뒤, 한자 공부를 하고 아이들이 온통 시끌벅적하게 되었다. 시끌벅적한 건 남학생들이었다. 여학생도 그렇게 되자 교실이 온통 난리였다. 그런데 남학생들이 계속 엎드려서 여학생 팬티를 볼려고 하는 것이었다. 연정이에게 남진이, 현석이, 해원이가 말했다.

"니 팬티, 흰색이제!"

그러자 연정이가 말했다.

"아니다. 분홍색이다."

수영이에게는 팬티가 잘 안 보이니까

"니 노팬티제!"

했다. 나는 그걸 보고 속으로 배꼽 빠지듯 웃었다. 나중에는 남학생들은 그것도 모자라 의자 밑으로 들어와 누워서 보는 것이었다. 연정이 의자 밑으로 들어왔는데, 장난이 심한 것 같다. 하지만 좀 이상한 게 있었다. 4학년 때까지 손잡고 같이 뛰어 놀고 그런 지가 엊그제 같은데, 이제는 왜 그런지 남자들은 여자랑 같이 노는 걸 부끄러워하고 쑥스러워한다. 그러면서 장난도 심하게 한다. 벌써 사춘기가 다가왔나 보다. 그런데 팬티는 왜 보는지. (1996.)

우리는 사춘기 | 밀양 산내초 6년 이윤정

여학생들이 우리 집에 놀로 왔다. 남자들은 남진이네 집에 놀로 갔다. 우리들은 남자아이들한테 관심이 있는지 계속 전화를 해서 오라고 한다. 몇 번이나 전화를 했다. 남자아이들은 우리들에게 관심이 없는 것 같았다. 겨우겨우 남자아이들이 왔다. 우리는 놀이 중에서 '전기'를 하자고 하였다. 그러니 남자아이들이 "너희, 그래~ 우리 손이 잡고 싶나~"고 했다. 그래도 우리는 계속 '전기'를 하자고 하였다. 남자들은 계속 안 한다고 했다.

우리들은 화가 났다. 남자친구들에게 인기가 많은 보영이가 있으면 하고 없으면 안 하는 것 같았다. 이상하게 질투가 났다. 그래서 화가 나서 수련활동에서 알게 된 어떤 남자아이 이름을 말하였다. 그리고 남명초등학교 남학생과 우리 반 남학생과 비교도 하였다. 그렇지만 남자아이들은 아무런 반응이 없었다.(1996)

○○의 똥구멍 | 밀양 산내초 6년 정민숙

○○가 누구 욕을 해서 그 애랑 싸웠다. 싸우던 그 애는 다른 애한테 나한테 싸인 스트레스를 수다로 팍 푸는 것 같았다. 가만히 들어보니 웃겼다. 그 중에서 가장 웃긴 얘기는 ○○ 옆에만 가면 이상한 찌룽내가 난다는 것이다. 그러고 보니 나도 그런 것 같았다. 그런데 어디서 나는지는 나도 잘 모르겠다. 나와 연자는 아마도 똥구멍이 아닐까 하고 찝었다. 어제 일이었다. 피아노 학원에 갔다. 그런데 앞 칸에 있는 나를 연자가 불러댔다. 둘째 칸으로 가니 연자가 손짓을 하며 ○○의 똥구멍 냄새를 한번 맡아 보라고 했다. 그리고 연자는 ○○를 부르라고 ○○를 꼬셨다. ○○가 왔을 때, 내가 살짝 모르게 똥구멍 가까이에 코를 댔다. 그때 나는 금방 고개를 뒤로 했다. 무슨 간장보다 더 짠 냄새가 나는데 기절할 정도였다. ○○는 똥을 누고 뒤를 닦지 않는 걸까? 똥구멍을 아예 씻지 않는 걸까? 정말 알다가도 모르겠다. 애들이 하는 말로는 ○○는 똥구멍에 간장을 바른다고 한다.(1996)

준호를 안전하게 | 밀양 산내초 6년 김태진

아침밥을 급하게 먹고 학교로 달려갔다. 가방을 던져 놓고, 잽싸게 나와서 준호집으로 달려갔다. "헥헥"거리며 끝까지 달려갔다. 풀 속을 거쳐서 현필이 집으로 가서 현필이와 같이 가기로 했다. 그때, 동생 태필이가 있길래 물어보았더니 현필이는 벌써 준호한테 갔다고 했다. 급해서 논을 지나 신발을 배려 가며 갔는데, 멀지 않은 곳에 준호와 현필이가 지나가고 있었다. 토요일에 빨리 와서 학교까지 부축해주기로 했는데, '늦지는 않았구나' 하는 생각이 들어서 미소가 지어졌다. 현필이가 나를 보더니 이렇게 말했다.

"대단한 놈이네! 송백에서 이까지 걸어오다니, 참!"

현필이와 준호와 나는 나란히 걸어갔다. 그 앞에는 한영이와 은주가 있었는데, 준호가 짧은 거리를 걸어갈 때, 저거는 멀리 다리가 시작되는 곳까지 가 버렸다. 독사에 물린 다리를 이끌고 목발을 짚어 가며 가니까, 늦을 수밖에 없다는 생각이 들었다. 또 이러다가 지각하는 건 아닐까 하는 생각도 들었다. 저번에는 달리기를 잘하며, 폼 내면서 다니던 준호가 느릿느릿 거북이처럼 비실대는 모습을 보니까 참 안타까웠다.

"고지가 멀지 않았다"

카면서 가는데, 어떤 아저씨가 지나가고 있었다. 나는 시간을 물어보았다. 그랬더니 8시 35분이라고 하셨다. 그 소리에 바로 '휴' 하는 한숨 소리가 나왔다. 늦는 줄만 알았는데 시간이 남았다는 것을 알고 더 힘차게 학교로 향했다.

이렇게 해서 준호를 안전하게 학교까지 오게 하는 보디가드 역할을 했다. 하지만, 힘들었다. 친구라는 존재가 이렇게 좋은지 이제야 비로소 알게 되었다. 좋은 친구를 사귀는 것이 이렇게 좋은 것이었다. (1996)

저기 노르스름한 개살구가 대롱대롱. 하나만 먹었으면. 친구들과 나는 한 번 슬금 쳐다보고만 간다. 그러자 어떤 아줌마 우릴 보고 먹으라 한다. 개살구 따고 집으로 갈려 하는데 느낌이 이상했던지 애들이 빨리 가자면서 논두렁 쪽으로 뛰었다. 그때, 어떤 뚱뚱한 아줌마

"가시나들아! 거 안 스나! 너거가 우리집 앵두 따무째!"

우리는 사정없이 막 뛰기 시작했다. 아줌마는 따라오다 못 따라오시고는 나무막대기를 탁 놓으며

"가시나들! 다리 몽디 딱 뿌라 뿔라마!"

우리는 아주머니가 골목으로 돌아갈 때까지 뛰었다.

"허, 살았다."(1996)

조금은 너덜해진 첫 문집의 표지를 넘기면, 이제 막 사춘기에 들어선 시골 여자아이들과 마주 선다. 이 여자아이들이 남자아이들을 대하는 따뜻한 시선과 철없는 남자들의 짓궂은 장난이 묘하게 어우러지면 마치 오래된 흑백영화를 한 편 보는 것 같은 아련한 기분이 든다. 서로를 대하는 것이 서툴고 차갑기만 한 도시 아이들과 달리 예전 시골 아이들 사이에서 벌어진 이야기를 읽고 나면 마음이 훈훈해진다. 아마 아이들을 둘러싼 주변 환경이 가져다주는 힘 때문이지 싶다.

지금 있는 논산 시골 학교도 그렇지만, 평소에 씻지 않고 사는 아이가 한 반에 두세 명은 꼭 있다. 그 시절에도 그랬다. 그 때문에 아이들 사이에서 씻지 않는 아이는 놀림감이 되곤 하는데, 그래도 아랑곳하지

않고 몸에 덕지덕지 붙은 때를 씻지 않는 시골 아이들 모습은 여전했다. 예전이나 지금이나 제대로 보살핌을 받지 못하는 시골 아이들 모습은 크게 다르지 않다. 그래도 동무들 사이의 우정은 정감이 넘쳤다. 첫 문집 속에는 뱀에 물려 병원에 입원해 있는 동무에게 병문안을 가서 안타깝게 바라보던 한 아이가 있다. 그 아이는 동무가 빨리 퇴원하길 바랐다. 동무가 퇴원한 다음 날, 아침 일찍 일어난 아이는 퇴원한 동무를 제 손으로 부축해주겠다는 마음으로 한걸음에 동무 집으로 달려간다. 그런 아이의 뒷모습을 떠올릴 때면 내 가슴도 한없이 뭉클해진다.

이제는 농촌에서 서리라는 말도 부쩍 낯설다. 하지만, 그 시절에 서리는 시골 아이들에게 재미있는 놀이 가운데 하나였다. 시골 여자아이들이 조마조마한 마음으로 서리하는 모습을 따라가다 보면 절로 웃음이 난다. 첫 문집에는 이렇게 우리가 잃거나 놓치고 산 어린 날의 모습이 곳곳에 스며 있다.

봉사활동이라나? | 밀양 산내초 6년 손지혜

학교를 마치고 사택 앞으로 가서 친구들과 깡통 차기를 했다. 그런데 교감 선생님이 오시더니 이렇게 말씀하셨다.

"너거, 봉사활동 한번 해 볼래?"

"그래, 요 수돗가하고 사택 담 앞에 돌멩이도 골라내고."

우리는 모두 한숨을 "허휴~"하며 내쉬었다. 우리들끼리 재미있게 놀고 있는데, 교감 선생님이 분위기 파악을 못했기 때문이었다. 또 한 가지 이유는

　　　　　　　　　아이들 글 읽기와 삶 읽기

일을 하기 싫었기 때문이다. 그때 나는 '우리가 학교에 일하러 오나?' 하는 생각이 들었다. 물론 청소는 해야 하지만, 학교에서 요즘 너무 일을 많이 시키는 것 같다. 하지만 교감 선생님께서 시키셨기 때문에 어쩔 수 없이 청소를 했다. 난 수돗가를 맡았다.

수돗가 청소는 먼저 쓰레기를 줍고 흙을 치우는 것이다. 그 다음은 물을 빼고 깨끗이 정리하는 것이다. 난 먼저 흙을 치웠다. 쓰레기장에서 나무판자를 주워 와서 흙을 퍼냈다. 흙 속에는 유리, 쓰레기, 장난감 등 여러 가지 많이 들어 있었다. 또 이상한 찌릉내도 났다. 그래서 한 손으로는 코를 막고 한 손으로는 흙을 퍼냈다. 흙은 퍼내도 퍼내도 그게 그거였다. 하지만, 여럿이 하다 보니 금방 끝낼 수 있었다. 끝으로 세멘바닥이 드러나게 물로 흙을 씻어냈다. 그러면 더 깨끗이 보일 수 있기 때문이었다. 물로 흙을 씻어내니 세멘바닥이 드러나면서 깨끗해졌다.

우리는 얼마나 열심히 했는지 땀도 났다. 하지만 교감 선생님은 칭찬도 안 해주셨다. 물론 칭찬을 받으려고 한 것은 아니다. 하지만, 일한 보람을 느껴야 하는데 우리는 일만 한 것 같다. 지나가는 선생님들이나 아저씨들이 모두 칭찬 한마디라도 해주지 않아서 오늘 기분이 좀 그랬다. (1996)

여자로 태어난 게 무슨 죄인가? | 밀양 산내초 6년 손수영

오늘 저녁 나는 엄마와 싸웠다. 엄마가

"가시나가 방에 틀어박혀서 설거지나 방청소 좀 할 것이지 뭐했노?"

이렇게 말씀하셨다. 그러자 나는

"엄마는 왜 나 보고만 시키는데 오빠도 있잖아."

"오빠는 무스마다 아이가."

"딴 집 남자들은 그런 거 잘만 하더라."

"누가 그런 거 하데. 한번 데꼬와 봐라."

이렇게 해서 엄마와 나의 싸움은 시작되었다. 싸우다 보니 나 보고만 그러는 엄마가 점점 미워졌다. 그래서 내 눈에는 눈물이 고이고 말았다. 그리고 만두를 사러 갔던 오빠가 와서는 엄마와 함께 나를 공격했다. 오빠가

"니는 해라고 해도 안 한다 아이가!"

"내가 언제! 그리고 오빠야 니는 더 안 한다 아이가."

"언제? 엄마가 시킨 건 다 했다. 니가 시킨 건 안 했어도."

이렇게 오빠, 엄마 모두 내가 우는 데도 내가 말만 하면 막 웃었다. 내가 오빠 보고

"웃지 마라!"

하며 소리 지르자 이제는 엄마가

"가시나 어디서 소리 지르노"

했다. 나는 계속 울고 조금 뒤, 아빠가 들어오시더니

"와? 왜 우는데"

하자 오빠가

"청소하고 설거지 안 했다고 카니까 우는데요"

하며 일러바쳤다. 그러자

"쓸 데 없이 운다"

고 아빠가 말씀하셨다. 정말 우리 식구들은 모두가 나만 공격했다. 정말 나는 나도 잘못한 것이 있었지만 모두 얄미웠다. 그래서 내 방에 와서는 울며

"여자로 태어난 게 무슨 죄가! 왜 나만 그러는데"

하며 크게 울어 버렸다. 여태까지 있었던 일을 생각하며 쉴 새 없이 울었다. 하지만, 조금 뒤에 엄마가 오시더니 밥 먹으라고 하셨다. 나는 먹기 싫다고 했다. 하지만 엄마가

"아빠한테 맞고 싶나?"

해서 할 수 없이 밥을 먹으러 갔다. 가서 나는 앞에 돼지고기가 있는데도 그냥 밥만 퍼먹었다. 그러고 나서 너무 싱거워 소금장을 조금씩 퍼 먹었다. 밥이 두 숟갈 정도 남았을 때 갑자기 엄마가 내 밥그릇에 고기를 얹어 주셨다. 그때 나는 엄마 얼굴을 쳐다보고는 그냥 먹었다. 그때는 엄마의 마음을 조금이나마 이해할 수 있었지만 그래도 정말 여자로 태어난 것이 죄는 아니니까 너무 그러지 말았으면 좋겠다고 생각했다. (1996)

앗! 큰일 | 밀양 산내초 6년 이현수

어제 다하지 못한 소마구치기를 했다. 아침부터 했다. 어제 하고 남은 거라서 두 차로 끝났다. 다하고 경운기로 짚을 싣기 위해 갔다. 그리고 실어서 마구에 깔기 위해 경운기를 넣다가 잘못해서 경운기를 박아 버렸다. 이때까지 잘되다 끝에 이렇게 된 것이었다. 순간 '이제 아빠한테 죽었다' 하는 생각도 들었다. 경운기 왼쪽 핸들이 거의 다 구부러져 버렸다. 진짜 겁났다. 엄마는

"괜찮다. 열심히 했다이가. 수고했다. 아빠 오면 할 거다 났두라"

하셨다. 엄마 말씀에 좀 기운이 났다. 하지만 계속 걱정이 되고 내가 바보인 것 같았다. 저녁에 방에 있는데 아빠가 오셨다. 고장 난 경운기를 보셨

는지 한말씀하셨다.

"니는 안 다쳤나?"

"예, 아빠 죄송해요."

"니만 안 다쳤다면 됐다."

나는 아빠한테 혼날 줄 알았는데, 혼나질 않았다. 이상하게 아빠가 좋아졌다. 또 기분도 좋아졌다. 하지만 여전히 죄송하다. 이제부터는 조심해야겠다.(1996)

예나 지금이나 시골이나 도시나 아이들이 학교 일거리에 동원(?)되는 일은 변함이 없다. 때로는 그게 추억이 되기도 한다. 지금은 예전처럼 그렇게 심하지는 않다 하지만, 막상 아이들 처지에서는 딱히 그렇지도 않은 모양이다. 학교에서 허울 좋게 봉사라는 이름으로 아이들의 노동을 함부로 쓰는 일은 여전하다. 어른들의 학교가 아니라 진정 아이들이 주인이 되는 학교를 위해 아이들의 노동이 어떻게 쓰여야 할지 깊이 생각해 볼 일이다. 그런 뜻에서 지혜의 글은 수고에 대한 물질적인 대가까지는 아니더라도 그 수고로움에 대한 진정성을 담은 어른의 칭찬 한마디가 얼마나 중요한지 깨닫게 해준다. 나도 그 시절 지혜가 지나치던 선생님들 가운데 하나가 아니었을지 모르겠다.

조금은 세상이 달라졌다고들 하지만, 여전히 여자아이들에게 요구하는 집안 노동은 남자아이들에 비해 훨씬 다양하고 많은 편이다. 특히 시골에서는 남자가 전통적으로 여자가 해오던 부엌일을 하면 고추 떨어진다며 말리는 일이 잦다. 양성평등이라는 용어가 새롭게 등장하고 학교에서 해마다 갖가지 행사를 치루지만, 가정이나 학교, 그리고 사회에서 남녀가 평등하게 살기까지는 아직도 많은 시간과 노력이 필요할 것 같다. 수영이 어머니도 그 심정을 왜 모르겠는가. 맨 밥만 먹는 딸 모습을 지켜보다 못해 고기 한 점 얹어주는 어머니 모습에는 그 모든 마음이 담겨 있다.

시골에는 일하는 아이들이 많다. 공부 잘하고 똑똑했던 현수도 그런 아이였다. 성실하고 뭐든지 열심이던 현수는 집안일과 농사일을 기꺼이 도왔다. 어린 나이에 경운기를 몰 줄도 알았던 현수가 그만 실수를 하여 당황스런 하루를 그린 글은 농촌에서 일하며 사는 아이들의 삶을 잘 보여주고 있다. 충남 논산 양촌면 반곡에서 살아가는 우리 반 아이들도 크게 다르지 않다. 다만, 예전만큼 일하는 아이들의 모습은 그다지 보이지 않는다. 갈수록 경쟁으로 몰아치는 세상 탓인지 학원이다 성적이다 뭐다 해서 학업에 더 신경 쓰라는 농촌 부모님들이 많아지고 있기 때문일까? 아니면 한 부모 가정이 늘어나고 조부모에게 맡겨진 아이들이 늘어난 탓일까? 내가 살고 있는 곳에서 아이들이 일하는 모습은 예전 같지 않다.

이렇게 아이들다운 눈과 마음으로 가정에서 마을에서 학교에서 벌어진 일들을 다양하게 담아낸 산내 아이들의 문집 끝부분에는 '선생님이 나에게 쓴 편지' 라는 꼭지가 있다. 지금은 잘하지 않는데, 아마도 이곳에 아이들마다 직접 펜으로 이별의 아쉬움을 담아 글을 써주었던 것 같다. 아이들에게 문집을 하나하나 건네며 써준 글에는 어떤 내용이 담겼을까? 텅 빈 곳에 예쁜 테두리만 남아 있는 이 공간은 여전히 아이들을 만나는 게 서툴렀던 내 모습을 바꿔 가려던 노력을 보여주고 있는 것 같기도 하다. 어떻게 보면 하찮고 보잘것없어 보이는 아이들의 삶이지만, 그것을 놓치지 않고 엮어내 여럿이 오랫동안 간직할 수 있다는 건 교사나 아이들에게 축복이다.

사람들은 세상에 나온 여러 문집을 일정한 기준으로 평가를 내린다. 나도 한때는 그랬다. 그러나 요즘에는 문집의 수준과 질을 떠나 아이들과 한 해를 지내며 그 삶을 문집으로 엮어내는 일 만으로도 참으로 대단하다고 생각한다. 교사와 아이들의 마음을 한 데 모은 것만으로도 문집은 그 역할을 다했다고 본다.

돌이켜 보면, 내게 문집은 아이들과 지낸 아름다운 추억을 안겨주기도 했지만, 교사로 성장하는 길을 가르쳐주기도 했다. 아이들과 만든 이 첫 문집 들머리에는 내 글이 하나 있다. '선생님에게 많은 걸 가르쳐주었던 너희들을 다시 만나길 바라며' 라는 긴 제목으로 시작하는 글 끝에는 '좋은 선생님이 되고픈 박진환 선생님' 이라고 쓰여 있다.

10년도 넘은 그 시절 내 글에는 아이들에게 제대로 하지 못한 미안한 마음들이 잔뜩 담겨 있다. 그래서 지금도 내 꿈은 아이들에게 좋은 선생님이 되는 것이다.

산 넘고
물 건너
작은 세상 속으로

1998년 밀양 밀성초 아이들과 만든 문집 이야기

산내초등학교에서 3년을 보내고, 나는 시내에 있는 큰 학교로 자리를 옮겼다. 밀양시에는 밀양의 옛 이름을 따서 초등학교 이름을 지은 학교가 많다. 밀양, 밀성, 밀주, 얼마 전에 새로 생긴 미리벌초등학교까지 네 학교가 밀양시내 초등학교를 대표한다. 밀성초등학교는 밀양시내에서 두 번째로 큰 학교였다. 이 학교에서 5학년들과 지내며 만든 문집이 바로 〈산 넘고 물 건너 작은 세상 속으로〉이다. 첫 문집에 이어 아이들이 직접 제목을 붙였다.

교직 6년차에 막 들어서던 이 시절, 나는 학급운영에 경험이 조금씩 쌓이면서 아이들과 적극적으로 만나려고 노력을 했던 것 같다. 결혼을 하고 정신없이 보낸 시골 학교 생활을 잠시 접고 다시 큰 학교로 오면서 새롭게 마음을 다지기도 했다. 나름 의욕도 컸고 학교 업무도 줄면서 이것저것 시도해 보고 싶은 일도 많았다. 다행히도 밀성초등학교에서 만난 아이들과 나는 호흡이 무척 잘 맞았다. 그래서인지 그 시절에는 아무리 힘든 일을 해도 흥이 나고 즐겁기만 했다.

이 해에는 한창 학급신문이 유행하던 때라 나도 덩달아 학급신문도 내

고 '개나리 통신'이라는 이름으로 학부모님들께 통신문을 보내기도
했다. 그러면서 나름 여러 방면으로 아이들과 부모님들과 소통하려 애
를 썼다. 달마다 아이들과 함께 크고 작은 이벤트도 하고, 학기마다 짧
은 여행도 떠나고, 우리 집으로 아이들을 초대하기도 했다. 비록 백과
사전식 학급운영이었지만, 처음으로 아이들과 호흡을 맞춰 1년을 꾸준
하게 학급운영을 해 본 터라 보람도 컸고 지금까지도 기억에 많이 남
아 있다. 첫 문집과 달리 이 해 문집에는 학부모와 나눈 이야기들을 담
았고 철마다 펴낸 학급신문을 모두 모아 문집 맨 끝에 담기도 했다.

여드름 짜는 고통 | 밀양 밀성초 5년 염재민

오늘은 내가 가만히 앉아 있으니 엄마가 오셔 "어, 니 여드름 나네!"라고
해서 "진짜로?" 하니 "그래!"라고 했다. 엄마가 "오봐라!" 해서 가니 엄마가
내 얼굴에 난 여드름을 짜기 시작했다. 여드름 하나를 사이에 두고 옆에
있는 살을 눌러 쫙 쪼으니 엄마가 "아이고, 나온다, 나온다!" 했다. 난 눈물
이 나올려고 했다. 정말로 따가웠다. 미칠 것 같았다. 또 엄마가 하나를 잡
더니 "니 이것도 짜야겠네"라고 했다. 그리고는 엄마가 짰다. 또 했다. 흰
것이 나왔다. 그리고 나서 또 엄마가 "니 이거 아프겠는데?" 해 놓고는 있
는 힘대로 쫙 짰다. 코끝이 찡했다. 그리고 또 여드름 하나를 잡고 짰다.
나중에 엄마는 "니같이 쪼맨한 기 벌써 사춘기가" 해서 나는 씩 웃었다.
그리고 또 다른 데를 짰다. 미치고 환장할 뻔했는데, 엄마가 "아이고 이건
여드름이 아이네" 했다. 어쩐지 다른 데보다 몇 배가 더 아프다 했다. 그리
고 짠 곳을 또 잡더니 막 긁었다. 머리에 따가운 진통까지 왔다. 거울을 보

  아이들 글 읽기와 삶 읽기

니 여드름은 딱 두 개밖에 없는데 정말로 곳곳을 다 짠 것 같았다. 얼굴에는 피까지 났다. 나는 내일 아침에 흉터가 생길까 봐 겁이 났다.(1998)

내 얼굴 | 밀양 밀성초 5년 박윤선

나는 내 얼굴에 불만이 아주 많다. 모든 것이 완벽하지 못하다. 하나도 나은 것이 없다. 하지만 제일 좋은 게 있다면 눈썹. 입술은 부르터서 보기 흉하고 눈에는 지방이 많아 쌍꺼풀도 안 생긴다. 다른 애들은 억지로 만들어 보면 생기는데 나는 억지로 만들어도 안 생긴다. 뚱뚱한 애들은 거의 눈에 지방이 많고 코가 납작하던데 나는 어릴 때 뚱뚱해서인지 코가 납작하고 눈에 지방이 많은 것 같다. 하지만 나는 비교할 사람이 있다. 은경이와 희은이다. 이런 말하기 미안하지만, 나는 희은이보다 이마도 넓고 눈도 크다. 은경이보다도 눈이 크고 코도 높다. 공주병에 걸린 형림이와 진영이가 너무 부럽다. 겉으로 표현하지 못했지만, 나도 형림이나 진영이처럼 공주병 행세를 해 보고 싶었다. 언니와 오빠는 "니는 얼굴 고치려면 의학 기술이 쪼매 발전해서는 안 된다. 그래 봤자, 그나마 고치는 것도 없겠지만. 하하하!" 하며 비웃는다. 너무 속상했다. 내 얼굴은 왜 이 모양일까? (1998)

재민이의 전학 | 밀양 밀성초 5년 손성훈

오늘은 즐겁지 않은 토요일이다. 왜냐하면, 재민이가 전학을 가게 되어서다. 우리는 재민이가 전학 가기 전에 노래를 불러주었다. 그런데 재민이가 우리와 헤어지는 것이 섭섭하였는지 결국에는 울음을 터뜨리고 말았다. 그 뒤로 재민이와 마지막 악수를 우리 반 친구들 모두와 나누니 우리 반 아이들도 울음을 터뜨렸다. 나는 눈물이 나올랑 말랑하였다. 그리고 저번 급식소에서 싸웠던 것, 내가 먼저 일기로 사과하고 싶었다. 재민아, 대구 가서도 기죽지 말고 공부 열심히 해야 한다.(1998)

재민이와 작별 | 밀양 밀성초 5년 변승민

오늘 가장 슬펐던 일! 바로 재민이의 전학이었다. 오늘 수업을 마치고 나중에 선생님이 재민이에게 노래를 불러주니 울면서 웃었다. 아이들은 안 됐다는 듯이 "재민이 운다!"고 했다. 나중에 '안녕' 이라는 노래를 부르는데, 재민이는 더 울고 우리 반에 13명 정도가 더 울었다. 나는 울고 싶어도 울지 않고 웃었다. 왜냐하면, 친구를 울면서 떠나보내는 것보다 웃으면서 보내는 것이 더 좋을 것 같다는 생각이 들었기 때문이다. 나중에 〈그날 이후〉라는 노래를 부르니 우리 반에 나하고 정수만 울지 않고 모두 눈시울이 붉어지면서 울었다. 나는 울고 싶어도 울지 않았다. 나중에 노래가 다 끝나고 난 뒤에 선생님이 시켜 재민이는 각 모둠마다 돌아다니며 친구들에게 이별의 말을 들으러 갔다. 나는 슬픈 얘기는 하지 않고 재미있는 말을 해서 울지 않게 했다. 그러자 재민이는 더 울었다. 나는 울지 않았다. 공부를 마치고 청소를 할 때, 재민이를 만나 대구에 도착하면 제일 먼저 전화를 하라고 우리 집 전화번호를 적어주었다. 전화를 하면 '재민아! 대구 가서 날 잊지 말아' 라고 말하고 싶다.(1998)

인기투표 | 밀양 밀성초등학교 5년 손성진

오늘은 힘들고도 기쁜 날이었다. 왜냐면 오늘은 공부도 안 하고 체력검사

 아이들 글 읽기와 삶 읽기

만 하는 날이었기 때문에 힘이 들었지만 여자아이들이 점심시간 때 우리 반 남자아이들을 두고 인기투표를 했는데, 내가 2등을 했기 때문이었다. 처음에는 나도 몰랐다. 오후에 여자아이들이 나에게 와서 내가 우리 반 남자아이들 중에서 인기가 2위라고 했다. 1위는 누구냐고 물어보니깐 김재현이라고 했다. 1위는 아니었지만, 나는 무척 기뻤다. 다른 남자아이들도 놀란 듯이 나를 보았다. 나는 엄마 아빠에게 알려드릴려고 빨리 집에 갔다. 그러니 엄마는 좋다고 웃으면서 내게 잘 했다고 칭찬을 하셨다. 엄마도 아빠에게 알리셨다. 그러자 아빠는 1등 보다는 2등이 좋다고 하시면서 나에게 칭찬을 해주셨다. 오늘은 정말 기쁜 하루였다.(1998)

시골과 멀리 떨어져 있지 않아서인지 밀성초등학교에서 지켜본 아이들은 시골 아이들과 정서적인 차이는 크게 나지 않았다. 선생님을 대하는 것이나 동무들끼리 지내는 모습은 산내나 밀성이나 다르지 않았다. 시내와 시골이 지닌 환경 차이 때문에 다르게 사는 모습이 조금 보였을 뿐이다. 다만, 시골 산내 아이들은 '관계'에서 드러나는 삶들이 조금 더 많았다. 사춘기를 이야기하는 아이들 글도 산내 아이들이 동무들과 일어난 관계 속에서 드러나고 있는데, 밀성 아이들은 여드름이나 못난 얼굴 같이 개인적인 외모에 더 많은 관심을 두거나 이성에 대한 적극적인 관심과 표현으로 대신하기도 했다. 이 문집을 보면 유난히도 재민이 이야기가 많다. 아이들 글에서 한 아이의 이야기가 자주 나오는 경우가 많지 않은데, 재민이는 드문 경우였다. 재민이가 전학을 가게 되면서 아이에 관한 이야기는 극에 다다른다. 전학을 가는 아

이를 떠나보내는 섭섭함 때문에 모든 아이들이 한 마음이 되는 풍경이
아름답기만 하다.

비가 오면 그리움이 | 밀양 밀성초 5년 김민숙

저번에 내가 엄마에게 '오지 마!'라고 한 것이 오늘따라 미안하다. 왜냐하
면 가뜩이나 신문기사 거리가 없어서 고민이 많았는데 날이 꾸리해지면서
비가 오기 시작했기 때문이다. 예림이와 나는 은경이와 같이 가기로 했는
데 비가 와서 내 마음을 바꿔 나 혼자 갔다. 가면서 엄마가 너무 미웠다.

"치, 안 오라 한다고 진짜로 안 오나?"

엄마에게도 내가 폐를 많이 끼쳐서 죄송하다. 그렇지만 어떡하랴! 나는 가
방을 머리 위로 들고 걸어가기 시작했다. 나중에는 몇 걸음 가다가 무겁
고, 귀찮아서 그냥 매고 비를 맞으면서 집으로 천천히 걸어갔다. 진영이와
은민이가 함께 검은 우산을 쓰고 내 앞으로 가고 있었다. 왠지 말을 걸고
싶지 않았고 창피했다. 집에 도착했다. 엄마가 있었다.

"어, 둘이 왔나?"

"아니요. 저 혼자 왔는데요."

엄마는 날씨가 더워서 그런지 인상을 썼다.

"니는 어떻게 사람을 못 만나노?"

잔소리를 했다. 듣기 싫었다. 슬픔을 참고 오느라 고생 실컷 하고 왔는데,
다시 가서 현정이를 데리고 오라니 너무 화가 났다. 하지만, 엄마라는 그
존재 때문에 또 갔다. 장에서 우산을 꺼내다가 전구를 떨어뜨리고 큰 우산
도 떨어뜨리자 엄마는 화를 냈다.

"빨리 주워 담아!"

나는 엄마의 험한 말에 그만 무서워서 빨리 주웠다. 우산을 들고 밖으로 나갔다. 그러나 더 짜증나는 일은 이제 비가 오지 않는 것이다. 그때 날 기다리다가 지쳐서 힘없이 자기 우산과 내 우선을 들고 오는 동생을 보았다. 그 모습을 보자 치밀어 올랐던 화가 풀리고 고마움을 느꼈다. 나는 달려가서 내 우산을 받고 동생에게 말을 했다.

"조금 전에 왔었나?"

"그래! 그리고 오늘 절에 네 번이나 다녀와서 다리 아파 죽겠는데."

나는 더욱 미안했다. 그렇지만 나도 짜증나는데 꼭 자기만 그런 것처럼 하니 조금 화가 났다. 집에 돌아오자 엄마가 브래지어와 바지만 입은 채 화장실에서 빨래를 하고 계셨다. (1998)

이 시절만 해도 맞벌이를 하는 가정이 그리 많지 않았다. 집에 가면 누군가 나를 기다리고 있다는 기대는 밖에 나갔다 돌아오는 아이들에게 심리적으로 큰 안정을 준다. 그러다 보니, '집에 가면 아무도 없어 외롭다'는 글을 쓰는 아이도 거의 없었다. 집에 돌아가서 내가 하고픈 말을 할 수 있고 들어주는 어른 덕분에 행복해 하는 아이들 모습은 보고만 있어도 흐뭇했다.

내가 느낀 도시 학교와 시골 학교의 차이는 비가 올 때 드러나곤 했다. 갑자기 비가 오는 날에는 더욱 뚜렷했다. 비 오는 날에 우산을 기다리는 아니, 부모를 기다리는 아이들과 교실 바깥에서 자녀를 기다리는 부모들의 모습은 시골과 사뭇 다른 도시 풍경이었다. 그 시절, 시골에

서는 몇몇을 빼고는 비를 맞고 집에 가도 된다는 아이들이 대부분이었
던 반면, 도시 아이들은 비 오는 날만 되면 마냥 부모를 기다렸다. 특
히 어릴수록 그런 경향이 짙었다.

밀양시내 아이들과 만든 문집에서는 그다지 시골 냄새가 나지 않는다.
하지만, 선생인 나를 살갑게 대하고 동무들과 따뜻한 정을 나누는 모
습은 시골 아이들과 큰 차이가 없었다. 아마도 그건 크기가 작은 밀양
이라는 지역의 공간적인 특성 때문이지 않나 싶다. 아쉽게도 밀성초등
학교에서 만든 문집은 이 한 권으로 끝났다. 이듬해 6학년을 맡아서는
당시 유행하던 전자 앨범으로 문집을 대신했다. 물론 그 속에도 아이
들의 글을 담았지만, 아무래도 아이들의 글과 삶을 읽는 맛은 문집을
대신할 수 없었다.

그렇게 2년을 아이들과 잘 지내던 나는 공부를 하고 싶어 잠시 아이들
곁을 떠났다. 학교와 사회를 제대로 이해하지 못하고 늘 편견을 가지고
있던 나를 바꾸고 싶었다. 물론 교과전담으로 2년을 보냈으니, 아이들
곁을 완전히 떠난 것은 아니었다. 하지만, 담임과 비담임의 차이는 매
우 컸다. 교과 수업만으로는 아이들 삶에 다가서기가 매우 어려웠고,
비담임은 분명 한계가 있었다. 그만큼 나는 아이들과 멀어졌다. 그렇게
세월이 흐르고 나자, 나는 점점 아이들이 보고 싶어졌다. 담임을 맡아
자그마한 시골에서 아이들과 지내며 새로운 경험을 하고 싶었다. 결국
나는 밀성초등학교에서 4년을 채운 뒤, 밀양시 산외면에 있는 단산초
등학교로 다시 자리를 옮겼다. 자그마한 학교에서 아이들과 좀 더 가깝
게 지내며 진짜 교사로 살아 보고 싶다는 마음이 컸기 때문이다.

자로 잰 듯
반듯하지
않아도

2002~2003년
밀양 단산초 아이들과 만든 문집 이야기

큰 학교에서 4년을 보내고 나니, 작은 학교에서 다시 처음부터 새로 시작하고 싶다는 생각이 부쩍 들었다. 그동안은 순전히 젊음 하나만 믿고 정신없이 보냈다면, 이제는 진정 교사가 어떤 존재인지 몸으로 깨닫고 싶었다. 그래서 찾아간 곳이 밀양 산외면에 있는 단산초등학교였다. 당시만 해도 50명 남짓한 아이들이 열심히 살아가던 학교였는데, 해마다 폐교 대상으로 이름이 오르내리더니 결국 얼마 전 문을 닫고야 말았다.

단산초등학교에서 처음 만난 아이들은 5학년이었다. 5학년 교실은 옛 건물이라 낡고 어두웠다. 지금도 열한 명의 아이들을 처음 만난 그때 교실 모습이 생생하다. 낯선 남자 선생님을 수줍게 맞이하던 아이들은 짧은 만남을 끝내고 교실 청소를 시작하자고 하자 어떻게 해야 할지 몰라 마냥 서성이고만 있었다. 그러다 한 아이가 교실에 굴러다니던 걸레를 들더니 빨아 오면 되느냐고 물었다. 나머지 아이들에게도 하나씩 역할을 맡기자 그제야 쭈뼛쭈뼛 움직이기 시작했다. 그렇게 어색하게 시작한 2002년. 오랜만에 담임을 맡게 된 데다 시골 아이들과 어떻게 시작해야 하는지 준비가 모자랐던 나는 마치 갓 부임한 새내기 교사 같았다.

작은 학교였지만, 운동장은 우리 학교 아이들이 뛰어놀기에는 지나치게 넓었다. 큰 운동장에서 대여섯 명이 축구라도 하면 한 쪽 골대에서 다른 쪽 골대까지 뛰어가는 아이들 모습이 꽤나 힘들어 보였다. 이따금 운동장에서 체육을 하면 텅 빈 운동장에 울려 퍼지는 아이들 목소리가 엄청 크게 들리곤 했다. 한편으로는 쓸쓸해 보이는 학교였지만, 아이들은 쉽게 학교를 떠나지 않았다. 수업을 마치고도 학교에 남아 교실을 드나드는 아이들 때문에 나는 작은 버릇이 하나 생겼다. 바로 아이들을 관찰하는 습관이었다. 일부러 하지 않아도 늘 아이들이 곁을 떠나지 않으니 그 모습을 지켜보는 일은 작은 학교가 주는 큰 선물이기도 했다.

자연스럽게 나는 아이들의 삶을 자세하고 섬세하게 그려내는 연습을 할 수 있었다. 아이들을 덩어리나 무리로 보지 않고 하나의 소중한 존재로 볼 수 있었으니 내 교사생활의 큰 전환점이 된 시기이기도 하다. 그만큼 아이들에게서 무언가를 배우고 있다고 느끼던 때였다. 나중에 한 명이 늘어 열둘이 된 반 아이들과 함께 한 2002년이 지금도 눈이 시리도록 그리운 까닭은 바로 이 때문인지도 모른다.

단산초등학교에서 문집을 만들면서는 아이들 글 하나 하나에 정성을 들여 댓글을 달아주었다. 아이들이 얼마 되지도 않았지만, 아이들의 삶이 자세히 눈에 들어오자 글 하나도 그냥 지나칠 수가 없었다. 무슨 얘기라도 건네주어야 할 것만 같은 충동이 일었다. 그 댓글을 소중하게 읽어주던 아이들 덕분에 더 힘이 나던 그해, 나는 참으로 아름다운 사람이었다.

2003년에는 4학년 여덟 명의 아이들과 또 하나의 문집을 만들었다. 단산병설유치원 선생님의 아이, 밀양시내에서 위장 전입(?)을 해온 아이, 일본에서 한국의 시골 학교를 체험하러 온 아이, 뒤늦게 부산에서 전학을 온 아이, 이모집에 맡겨진 채 자라는 아이, 시내에 집을 두고 학교는 시골에서 다니던 아이, 곧 큰 학교로 전학을 가려던 아이까지 마치 외인구단 같은 아이들이었다. 그래서인지 아이들이 풀어내는 삶은 공간만 시골이었지 이전 아이들과 무척 달랐다.

단산 아이들과 문집을 만들면서는 내 교육철학을 문집 제목에 달기 시작했다. 오랫동안 교사생활을 하면서 흔들리지 않고 아이들과 함께 살아가겠다는 의지를 〈자로 잰 듯이 반듯하지 않아도〉라는 문집 제목에 담고자 했는데, 자로 잰 듯 바로 살라는 어른들이 많은 세상에 이만한 제목도 없다 싶어 지금까지도 이 제목을 쓰고 있다. 사실 이 제목은 1992년 충남 서산여고 졸업생들이 엮은 문집 제목이다. 〈자잰 듯이 반듯하지 않아도〉였던 제목을 조금 바꿔 썼는데, 시골 작은 학교 아이들에게는 더할 나위 없이 잘 어울리는 제목이라 여겼다. 자로 잰 듯 반듯하지 못했던, 아니 그렇게 살려고도 하지 않았던 아이들과 함께 만든 두 권의 문집은 지금도 아이들에게나 내게 아름다운 추억으로 남아 있다.

길이 엇갈려 | 밀양 단산초 5년 김여은

오늘 할머니가 새벽부터 밭에 가신다고 하셨다. 왜냐면 태풍이 분다고 할머니가 고추를 따야겠다고 하셨기 때문이다. 할머니가 고추를 좀 따면 무겁다고 밭에 올라오라고 하셨다. 나는 할머니께 여쭈어 보았다.

"할머니 나 몇 시쯤 되어서 데리로 갈까"

하니 할머니가

"9시 아니면 10시쯤에 온나"

하고 할머니는 밭에 가셨다. 나는 9시쯤 가려 했는데, 텔레비전을 보는데 시간이 좀 가 버렸다. 그래서 지금이라도 올라가야겠다고 하고 올라가긴 올라갔는데, 나는 좋은 길로 가고 할머니는 지름길로 가셨다. 할머니가 좋은 길로 오라고 해서 왔긴 했는데 올라가서 할머니를 불러 보았다.

"할머니! 할머니! 여은이 할머니! 할머니!"

하고 불러도 대답이 없어서 그냥 뛰어서 내려왔다. 대문을 들어서니 할머니가 와 있었다. 그래서 나는 놀래서

"할머니 언제 왔어요. 계속 할머니 하고 했는데도 아무 말도 안 하고!"

하였다. 내가 할머니를 데리러 갈 때, 나는 좋은 길로 가고 할머니는 지름길로 가서 그런가 보다. 그래서 나랑 길이 엇갈렸구나. 나는 그것도 모르고 땀 흘리면서 할머니를 찾았는데, 할머니도 땀을 뻘뻘 흘리며 있었다. 나는 뛰어서 올라갔는데, 쉬지도 않고 갔는데, 나는 갈 동안 할머니가 먼저 갔으니 나는 죽겠다. 그래도 할머니가 왔으니까 됐다. (2002)

살은 고기 배 짜르기 | 밀양 단산초 5년 채효재

아빠가 오늘 강에 가서 고기를 많이 잡아 오셨다. 그것으로 아빠가 요리를 해 먹으신다고 하셨다. 그래서 엄마와 나는 아빠가 시키는 대로 했다. 처

음에 화장실로 가서 살은 고기의 배를 짤랐다. 그런데 무서운 고기가 많아서 어떻게 할 줄 몰랐다. 내가 잡을 수 있는 고기를 살펴보니 몸이 길쭉하고 뱀처럼 미끄러운 미꾸라지가 많이 있었다. 그것은 물지 않아서 그것만 잡았다. 엄마께 미꾸라지는 배를 짜르냐고 물으니,

"그냥 아빠가 통에 넣어라고 했다"

라고 하셨다. 그 말을 듣고 그냥 잡아서 넣었다. 몇 분 후 계속하고 있는데 내가 이렇게 말했다.

"엄마, 이거 보세요. 뽁지가 뛩갈래 물고 있어요."

엄마는 내 말을 들으면서 하다가 급만 실수로 '꺽지' 라는 고기의 머리를 잘라 버렸다. 엄마는 그것을 보고 웃으셨다. 한 시간 후 거의 다 해 가는데 갑자기 엄마가, "어머나!"라고 하셨다. 왜냐하면 성질 나쁜 고기 '뽁지' 라는 고기가 엄마의 손을 깨물어서이다. 우리 아빠는 엄마 손을 깨물었던 고기를 '뽁지' 라고 말해서 나도 '뽁지' 라고 말한다. 그런데, 우연하게도 우리 아빠의 별명은 '뽁지' 이다. 아빠 친구들이 어쩔 때 계속 아빠한테 '뽁지' 라 불러서이다. 또 계속 하고 있는데, 아주 무서운 고기가 있었다. 그것은 침을 쏘으는 '뛩갈래' 라는 고기다. 이 고기는 크면 '메기' 가 된다. 난 그래서 이 고기를 안 만친다. 엄마와 나는 다하고 나는 이렇게 말했다. "고기가 사람 잡네!"라고. (2002)

괭이부리말 | 밀양 단산초 5년 이주리

오늘 학교에서 선생님께서 '괭이부리말' 이라는 책을 읽어주셨다. 선생님께서 소설은 지어낸 거라고 말씀하셨다. 내가 보기에는 다 있었던 일 같은

데 말이다. '괭이부리말'이 있을까? 그리고 선생님께서는 '괭이부리말'이 라는 책을 읽고 서 있는 모습이 진지하게 보였다. 선생님께서 '괭이부리 말'을 읽어주시는 게 너무 좋았다. (2002)

상처 받고 외롭게 살아가는 아이들은 잊으려야 잊을 수가 없다. 내게 잘 보이려 무던히도 애쓰던 여은이가 태풍에 고추 농사 망칠까봐 새벽 같이 밭으로 올라가던 할머니를 뒤따르다 벌어진 이야기는 지금 읽어 도 따뜻하다. 아버지가 잡아온 민물고기를 어머니와 함께 손질하며 마 냥 즐거워하는 효재는 '검은 눈물' 같은 아이였다. 까만 얼굴에 하얀 이가 도드라졌던 효재는 눈물이 참 많았다. 장난까지도 웃어넘기지 못 해 눈물을 비치던 효재는 또 우냐고 할라 치면 언제 울었냐며 우기던 녀석이다. 주리는 늘 겉돌기만 했는데, 공부도 운동도 늘 뒤처지고 동 무들의 관심마저 받지 못했다. 맞춤법도 많이 틀리고 앞뒤 말도 제대 로 잇지 못하는 주리에게 글쓰기가 즐거울 리 없었을 것이다. 그러던 주리가 써온 이 글을 보고 얼마나 놀라고 기뻤던지. 주리는 책 읽어주 는 내 모습이 좋다고 말해 준 첫 번째 아이였다.

과자 | 밀양 단산초 5년 김주환

오늘은 동생하고 나하고 과자를 사서 먹었다. 그리고 동생이 돈 좀 빌려주 라고 했다. 나는 돈을 빌려주었다. 동생이 고맙다고 말했다. 아줌마가 조 금만 기다리라고 말을 했다. 동생과 나는 369게임을 하고 있었다. 조금 있 다 아줌마가 오셨다. 그리고 가게 문을 열고 들어간다. 나와 동생은 과자

         아이들 글 읽기와 삶 읽기

를 고르고 있었다. 아주마가 빨리 하라고 하셨다. 동생은 빨리 고르고 돈을 냈다. 그리고 집으로 향해 간다. 그런데 집에서 엄마가 팥을 고르고 계셨다. 그리고 우리는 과자를 먹고 있었다. 나는 엄마께 과자를 먹여주었다. 그리고 밥을 먹고 놀고 있었는데 텔레비전을 보고 있었다. 그런데 동생이 과자 또 사로 가자고 했다. 나는 가자고 했다. 아줌마가 또 기다리라고 했다. 우리는 기다렸다. 마치자 아줌마가 도착했다. 문을 열고 있었다. 동생하고 가위바위보하고 있었는데, 내가 승리하였다. 동생은 땅콩을 맞았다. 동생이 한 번 더하자고 했다. 다시 가위바위보를 했다. 그리고 내가 또 승리를 했다. (2002)

주환이는 말보다는 웃음으로 대신하는 정말 바보같이 착한 사내아이다. 키도 크고 농사일도 잘하게 생긴 건장한 녀석이었지만, 행동이 민첩하지도 못하고 말도 어눌한데다 말수까지 적어 친구들의 관심에서도 벗어나 있었다. 가끔 심부름을 시키면 해맑게 웃으며 복도와 운동장을 열심히 뛰어가던 주환이 모습이 지금도 생생하다. 한 번은 학기말 학예회를 준비하면서 주환이 어머니를 만난 적이 있다. 그때 나는 주환이의 어릴 적 가슴 아픈 얘기를 듣게 됐다. 초등학교 저학년 때부터 공부를 못했던 주환이는 한 선생님에게 공부를 못한다는 이유로 심한 체벌을 자주 받았다고 한다. 그 뒤로 주환이는 모든 일에 자신이 없어지고 주눅이 들더니 말수도 줄고 그저 웃기만 하며 학교만 오고가는 아이가 되었단다. 감정이 북받쳐 끝내 울음을 터뜨리신 주환이 어머니는 당황한 나에게 얼마 남지 않았지만, 주환이를 잘 부탁한다고 하시며 자리를 뜨셨다. 좀 더 일찍 알았더라면, 좀 더 깊이 알았더라면 주환이에게 좀 더 잘 해줄 수 있었을 텐데……. 미안함이 온몸을 휘감았다. 다행히도 그날 이후로 주환이는 훨씬 밝고 신나게 학교생활을 해나갔다.

큰아버지 말씀 | 밀양 단산초 4년 박상준

내가 저녁에 큰아버지가 조금 늦게 오셔서 내가 큰엄마께 물으니 오늘 큰아버지가 밤에 오신다고 하셔서 기다리니 형이 컴퓨터하라고 해서 하고 있었다. 그때 큰아버지가 오셔서,

"공부는 안 하고 게임이나 하고 있나!"

하셨다. 그래서 갑자기 눈물이 나서 결국 게임을 그만 했다. 이제 씻고 텔레비전을 보려 하니 큰아버지가 자라고 하셨다. 그래 봐야 10시. 더 있을 수 있었는데, 자라고 하셔서 또 눈물이 났다. 그래서 형하고 같이 잔다고 말씀드리니, 알았다 하셨다. 오늘은 눈물을 두 번이나 흘렸다. (2004)

옆집 염소 | 밀양 단산초 4년 박상준

옆집 할머니 염소가 병에 걸렸다. 그래서 아침에 가 보니 염소가 병에 걸려 발을 절룩거리고 물똥까지 싸서 할머니가 병원 데려 가야겠다고 하셨다. 나중에 병원에 가서 염소에게 주사를 맞추고 약도 사서 먹이고 하였단다. 그러니 조금은 기운을 차리는 것 같았다. 하지만 염소는 이것저것 뜯어먹고 하더니, 갑자기 쓰러져서 지금은 누워서 숨 쉬고 발버둥치는 것밖에 안 한다. 그래서 불쌍했다. 그래서 빨리 나아서 뛰어 놀았으면 좋겠다

 아이들 글 읽기와 삶 읽기

고 생각했다. (2004)

부산서 전학 온 상준이 이야기도 빼놓을 수 없다. 구부정한 허리에 지팡이를 짚고 교실로 들어서던 할머니를 마지못해 따라나선 상준이. 상준이는 부모의 이혼과 어려운 가정형편 때문에 할머니 집에 맡겨져 낯선 시골 생활을 해야 했다. 그래서인지 염소가 병들어 죽어 가는 모습을 안타깝게 바라보는 상준이의 글에는 부모와 떨어져 사는 아이의 설움이 담겨 있다.

참으로 다양한 처지에서 살아가는 밀양 시골 아이들과 지내면서 비로소 나는 내가 '선생'이구나, 아이들 곁에서 사는 '선생'이구나 하고 느끼기 시작했다. 권위를 앞세우는 교사가 아닌 아이들과 비로소 함께 살며 돌보는 어른으로서 내 모습을 발견한 것이다. 여전히 나눠줄 것이 부족한 나는 늘 아이들에게 주는 것보다 받는 게 더 많지만, 이따금 아이들에게 받은 소중한 선물을 다른 곳에서 만난 아이들에게 풀어 놓기라도 하면 그렇게 행복할 수가 없다. 큰 깨달음을 전해준 밀양의 아름다운 추억을 아마도 나는 영원히 잊지 못할 것이다.

6학년과
만든
첫 계절문집

2004년 김해 어방초 아이들과 만든 문집 이야기

9년간 정든 밀양 생활을 접고 김해로 떠난 2004년은 모든 것이 새로웠다. 전교생이 43명이던 시골의 작은 학교에서 전교생이 3천 명에 이르는 75학급의 거대한 학교에 간 것만 해도 내겐 엄청난 변화였다. 6학년의 끝 반인 13반 담임을 맡아 여선생님들이 절대다수였던 동학년 선생님들과 1년을 보낸 일도 이제는 잊지 못할 추억으로 아련히 남았다. 한동안 어방초등학교는 과밀학급인데도 주변에 학교가 없어 개축과 증축을 거듭하며 점점 기형적인 모습으로 변해 갔다. 학교는 거대했지만 운동장은 많은 아이들을 받아들이기에는 너무나도 작았다. 교실이 모자라 특별실을 고쳐 새로 만든 교실들에는 빛이 잘 들지 않아 하루 종일 형광등을 켜 놓고 수업을 해야 하는 일도 잦았다. 개학 첫날 편지봉투에 담긴 아이들의 명단을 받아들고 서둘러 간 교실도 그런 교실이었다. 낯설고 어두침침한 교실에 들어서서 들고 간 가방을 교탁 위에 올려놓고 아이들 앞에 서니 그제야 아이들이 하나둘 보이기 시작했다. 뚱한 얼굴로 나를 바라보는 아이들 앞에서 어색해진 나는 그래도 밝은 표정을 지으며 소개를 이어 갔다. 그런 나를 지켜보던 아이들 모습은 제각각이었다. 웬 낯선 남선생님이 들어왔나 하며 신기하게 쳐다보는 아이가 있는가 하면 싱글싱글 웃으며 내가 무슨 이야기를 꺼내 놓을지 궁금한 표정으로 지켜보는 아이도 있었다. 어떤 녀석은 염색한 머리카락이 삐쭉빼쭉 올라와 마치 만화영화 주인공인 아톰처럼 머리를 하고는 살짝 색이 들어간 안경 너머로 모든 게 어색한 나를 삐딱하게 지켜보기도 했다.

당시 김해 어방동에 사는 아이들의 사회경제적 배경은 지금껏 내가 맡아 온 아이들하고도 크게 달랐다. 밀양시내에서 큰 학교 아이들과 함께 지내기도 했지만, 그 아이들과는 성향과 성격도 달랐고 전반적으로 가정의 경제 상황도 안정된 편이었다. 아이들 집마다 컴퓨터가 있어서 당시 유행하던 학급 홈페이지도 쉽게 운영할 수 있었다. 조금은 다른 소통 창구를 마련할 수 있었고 문집을 만들기에도 더할 나위 없이 좋은 조건이었다. 시간이 지날수록 부모들도 담임과 학급운영에 대한 믿음이 쌓여 가는 듯했고, 덩달아 학급문집에 대한 부모님들의 관심도 높아 갔다. 덕분에 부모님들의 지원과 격려 속에서 네 권의 학급문집을 만들어낼 수 있었다.

처음부터 우리 반 아이들과 계절문집을 만들 생각은 없었다. 그저 철마다 아이들의 글을 담아 잡지 형식으로 삶을 나누고자 했을 뿐이다. 봄 문집은 정말 그렇게 100쪽으로 소박하게 시작했다. 그런데 아이들의 글이 점점 나아지자 좋은 글을 그냥 버리기엔 아깝다는 생각이 들었다. 욕심을 내어 꾸역꾸역 다음 문집에 담다 보니 여름에는 300쪽이 되어 버렸다. 그 뒤로도 같은 분량의 문집이 두 권 더 나오게 되면서

뜻하지 않게 계절문집을 만들게 되었다. 문집에 드러난 아이들의 성장과 변화는 그저 무심코 지켜보던 부모와 담임교사의 관심을 높이는 역할을 하기도 했다. 김해로 간 첫해 만난 아이들과 나는 계절문집 네 권에 수많은 삶들을 담아내며 그렇게 1년을 지냈다.

주말농장이 있었으면 | 김해 어방초 6년 강주성

11월 13일 토 – 오후 3시 24분, 날씨 : 흐린 날씨이다. 요사어 들어서 기온이 꽹장히 낮아진 것 같다. 바람도 약간 분다. 아침 기온과 낮 기온이 그다지 차이가 없는 것 같다.

겪은 일 : 의외로 한 일이 많다.

1. 등, 하굣길 길가에 수두룩 나 있는 풀.

2. '주말농장' 논쟁

3. 컴퓨터실에서 모의고사 – 워드 2, 3급 필기를 치는데, '호진이 일당'이
   컴퓨터실에 왔다가 그만 컴퓨터 선생님께 걸려 여러 가지 노동을 한 일.

4. '의료 보험증' 수색 작업 – 워드 시험에 필요.

5. 도감을 보고 공부하기(야생초 공부)

아버지께서는 내가 야생초에 많이 관심을 갖는 것에 대해 긍정적으로 여기신다. 어제 저녁에는 아버지께서

"우리 그마 주말농장 하나 얻어 놓는 게 어떻겠노?"

라고 의견을 내놓으셨다. 내가 야생초를 키우는데 우리 집 베란다는 너무 좁다는 것이다. 하기야 너무 화분이 적어서 그동안 뽑아 죽인 풀들 수가 11, 12종 정도 될랑가(시들어 죽은 것도 있음)? 남아 있는 풀이 5종이고 나

   아이들 글 읽기와 삶 읽기

무가 1종이다. 주말농장만 얻어나 놓는다면 많은 수의 야생초를 키울 수

있을 터인데, 내 방만한 넓이의 땅도 좋다(약 30제곱미터). 그러나 어머니

께서는

"주말농장 그것 비싸다. 그만 관둬라"

라고 말씀하신다. 하지만, 오늘 이모가 잠깐 우리 집에 들렀는데, 하시는

말씀이

"아, 주말농장이면 별로 안 비쌀 걸. 김해 그쪽에도 많이 있다아이가."

제발 주말농장 조그만 땅이라도 있으면, 내가 야생초를 지금보다 훨씬 더

많이 키울 수 있을 터인데. (2004)

김천 여행 | 김해 어방초 6년 김세민

오늘은 김천 여행을 가는 날이다. 그래서 6시부터 준비를 하고 7시 30분

에 엄마가 초선대까지 데려다줬다. 그리고 130-1번을 타니 버스 요금이

장난 아니게 올랐다. 1,100원 하던 것이 1,400원이나 한다. 어쨌든 이걸

타고 구포역까지 갔다. 그리고 구포 삼거리를 지나 버튼 눌렀는데 8-1번

하고 다를 게 없다. 어쨌든 구포역에 오니 8시 13분 KTX-6열차 개표하고

있었다. 나도 개표를 했다. 그리고 나와 역장님께 사진 찍는 허가를 받고

내가 여행갈 때 찍어 왔던 기차 들어오는 사진을 찍고 내 자리에 가 앉으

니 통일호만 서던 화명역에 정차를 했다. 나는 아침에 너무 일찍 일어난

탓인지 피곤해 그 뒤로 잠을 잤다. 물론 디카는 잘 숨겨 두었다. 그리고 일

어나니 김천역 도착 전이라 얼른 밖으로 나와 표 확인을 받고 영수증으로

다시 가지려 했다. 그러자 아저씨가 "너 이거 어디다 쓸 꺼야?"라고 물었

다. 나는 "그냥 모으게요"라고 하니, "안 된다"라고 단호하게 거절했다. 아쉬웠다.

당시 김천의 날씨는 정말 장마 같은 날씨다. 이런 날씨에 급히 뛰어가 김밥 집에서 김밥과 우동을 먹고 있으니 내가 탄 #1246열차는 비 때문인지 아직도 발차 안 하고 버티고 있다. 먹고 있으니 곧 발차하였다. 다 먹고 나서 김천역으로 가서 보니 11시 6분에 출발하는 새마을이 아직도 개표 안 하고 있었다(당시 시각 11 : 47). 나도 표를 끊었는데 11시 38분에 출발하지만 40분이나 지연되어서 그냥 이걸로 받았다. 그런데 기다리다 보니 지갑이 없었다. 이것 때문에 김밥 집과 김천역을 왔다 갔다 했다. 그 번개 치던 날. 그래서 분실물 센터에 연락하니까 지갑이 있단다. 그래서 가지고 기다리다 보니 역장님이 차표를 12시 42분에 출발하는 걸로 바꾸라고 하셨다. 왜 이렇게 지연되냐고 물어보니, 추풍령→신암구간 신암터널이 집중호우로 터널이 무너져 이렇게 지연된다고 했다. 그래서 12시 42분부터로 바꿀려고 하니, "11시 32분차 손님 잠시 이쪽으로 오십시오" 하는 말이 들려왔다. 그 차가 바로 내가 탈 열차였다. 그 열차는 운좋게 그 터널을 빠져 나왔다고 한다. 그래서 이번에도 역장님의 허락을 얻어 열차 들어오는 사진을 찍고 내 좌석에 탔다. 장애인 객차였다.

나는 통로 쪽 좌석이라 통로에 앉았는데 구미역 때 내 옆 아저씨가 내려서 운좋게 정차 사진을 찍었다. 그리고 또 내 옆에 어떤 사람이 탔는데 그 승차권을 보니 구미→왜관이었다. 그래서 그때 또 정차 사진을 찍을 수 있었다. 그리고 어떤 할머니가 타셨는데 다음 역인 대구역에는 내가 내려서 정차 사진을 찍을 수 있었다. 이렇게 해서 난 대구에 사시는 할머니에게 잠시 일이 있어 왔다고 전화를 하고 지하철을 타고 안심까지 갔다. 안심은 촌에 있었다. 그래서 다시 교대까지 가 할머니를 기다렸다. 비가 너무 많이 왔는데, 할머니가 오시니 비가 그쳤다. 할머니 집으로 걸어가던 중 저녁거리를 사고 할머니 집으로 가 저녁 먹고 일기 쓰고 이제 자려고 한다. 이번 여행은 자연의 무서움을 알게 된 여행인 것 같다. (2004)

김해에서는 아주 다양한 아이들을 만날 수 있었다. 때때로 학교에서 문제아로 불리는 아이들이 내 속을 뒤집어 놓기도 했다. 공부 때문에 답답해 하는 아이들도 많았다. '제발 공부 좀 덜 했으면' 하는 그 눈빛은 힘들어 보이기도 하고, 쓸쓸해 보이기도 했다. 적지 않은 아이들이 지나친 학습량과 학습시간으로 지쳐 갔다. 외로움에 거리를 방황하고 놀 거리를 찾아 헤매는 아이들이 주로 가는 곳은 피시방과 찜질방이었다. 그런 아이들과 처음 지내는 나는 무엇을 어떻게 해야 할지 몰라 한동안 허둥대기만 했다. 늘 남 얘기만 같았던 아이들이 내 곁에 있다는 사실이 실감나질 않았다. 나는 조금씩 아이들의 삶을 끌어 당겨 함께 살 방법을 궁리했다.

김해에서 만난 6학년 아이들은 대부분 몸집도 컸고 지적으로나 정서적으로 이미 초등학생 수준을 넘어서 있었다. 특히 주성이와 세민이가 그랬다. 주성이는 개학하고 며칠 지나지 않아 우연히 우리 교실로 전학을 온 아이였다. 이웃 초등학교 교사인 어머니는 주성이를 맡기면서 거듭 잘 부탁한다는 말씀을 하셨다. 주성이는 공부를 특별히 잘했을 뿐만 아니라 독서력이나 지적인 수준도 꽤 높았다. 어른이 읽는 어려

운 책들을 거리낌 없이 들고 와서는 내게 곧잘 이야기를 나누자 하던
아이였다. 다만, 이따금 동무들이 자존심을 건드리거나 말장난을 하면
참지 못하고 거칠게 말을 하거나 책상이나 의자를 던져 버리며 크게
화를 내는 일도 잦았다. 거듭 잘 부탁한다는 주성이 어머니의 걱정이
그제야 이해가 되었다. 다행히도 주성이는 조금씩 성격을 고쳐 가면서
큰 마찰 없이 6학년을 마칠 수 있었다. 주성이의 행동 변화에는 세민
이라는 좋은 동무를 만난 덕도 컸다. 세민이는 주성이와 다른 면이 많
았다. 가만히 앉아 책이나 토론을 즐기던 주성이와 달리 세민이는 초
등학생인데도 여행을 즐겼다. 정말 머슴아 같은 세민이가 성격이 다른
주성이와 함께 할 수 있다는 것이 나는 늘 신기했다. 1학기가 끝나 갈
무렵부터 주성이와 세민이는 단짝이 되었고 그 후로 중학교까지도 함
께 다니면서 오랫동안 우정을 쌓아 갔다.

선반 만들기 | 김해 어방초 6년 최영록

오늘 학교에서 선반을 만들었다. 처음엔 톱을 빌리러 돌아다니다가 재운이
톱을 빌렸다. 톱질하는 거는 생각보단 쉬웠다. 밑판을 자르고 옆면을 자르
려고 톱을 쓸려고 했는데, 그만 지민이에게 빌려줬다. 그리고 다시 받아서
옆을 잘랐다. 잘 짤리지가 않았다. 그래서 이제는 세빈이 톱을 써 보았다.
세빈이 톱은 좀 잘나갔다. 그래서 그걸로 자르고 사포질을 했다. 5분 정도
했다. 근데 그때 지성이가 격파를 하고 있었다. 나도 끼었다. 난 두 장을
깼다. 지성이가 막 금간 거 뿌셨다고 해서 나는 재운이가 있는 데에서 한
번도 안 친 거를 다시 뿌셨다. 근데 또 우겼다. 재운이는 웃기만 했다. 나

도 웃겼다. 장난을 다 치고 못질을 했다. 못질은 잘 하는데 끝에 박아서 금이 갔다. 다른 쪽은 바르게 했다. 오랫동안 톱질하고 못질하는 실과를 해서 그런지 재미있었다.(2004)

목에 걸린 물 | 김해 어방초 6년 박재진

오늘 밥을 먹고 목이 말라서 물을 마시고 있었다. 그런데 그때 어머니께서

"재진아 숙제 했나?"

하며 물어보셨다. 난 말을 빨리 하려고 하다가 물이 목에 걸렸다. 난 자꾸 기침을 하다가 혹시 아이스크림을 먹으면 되지 않을까 하고 생각했다. 난 냉동실 문을 열고 아이스크림을 찾고 있을 때, 문을 열고 우리 동생이 들어와서 나한테

"내 친구 현아한테 내가 집에 없다고 왜 뻥까는데?"

하고선 내 머리를 손바닥으로 때렸다. 난 문에 머리를 박았다. 나는

"야! 박민지!"

이러면서 우리 동생 머리를 때렸다. 동생은

"머~"

라고 하면서 컴퓨터 게임을 하였다. 내가 머리를 박아서 그런지 박민지라는 소리를 너무 크게 냈는지는 몰라도 목에 걸려 있던 물이 내려가서 참 다행이었다.(2004)

졸업하고 나서 나와 별로 친하지도 않았고 내가 잘 챙겨주지도 못했던 아이들이 갑자기 연락을 해올 때가 있다. 내가 무심코 내뱉었거나 몇

번 안 되지만 진심을 다해 건넨 말을 잊지 않고 가슴에 담아두고는 연락해 오는 아이들을 보면 고마운 마음 한 편으로 여러 생각이 든다.

영록이가 바로 그런 아이였다. 영록이는 아버지 없이 미용실을 하는 어머니와 할머니, 형, 외삼촌과 함께 작은 아파트에 살았다. 키도 작고 귀여운 외모 덕에 은근히 여학생들에게 인기도 많았다. 언제나 웃음을 잃지 않았던 영록이는 공부를 잘하지는 못했지만, 씩씩하게 생활하는 모습에 언제나 내게 칭찬을 받았다. 영록이는 그걸 잊지 않고 있었던 모양이다. 그때 선생님의 그 한 마디가 자기에게는 큰 힘이 되었다며 지금도 잊을 만하면 전화나 문자를 보내오곤 한다.

영록이가 칭찬을 자주 받았다면 재진이는 내 잔소리를 무던히도 많이 듣던 아이였다. 그야말로 말썽꾸러기였는데, 좌충우돌 아이들과 다투고 때로는 아이들에게 맞아가면서도 구김이 없었다. 이렇게 천방지축이던 재진이와 달리 재진이 부모님은 내겐 무척 고마운 분들이었다. 아버지는 학교 운영위원으로, 어머니는 내 학급운영에 믿음을 듬뿍 실어주시며 두 분 모두 적극 호응을 해주셨기 때문이다. 그런 관계를 바탕으로 재진이와 내 관계도 발전해 나갔다. 졸업하고 3년쯤 지났을까, 스승의 날 즈음에 동무들과 함께 나를 찾아온 재진이는 제 꿈을 당당하게 이야기할 만큼 부쩍 자라 있었다. 영록이와 재진이를 지켜보면 아이들의 성장을 교사가 섣불리 재단하기란 정말 힘든 일이라는 생각이 든다. 학업성적에 관계없이 밝게 커 가는 이런 아이들을 위해서라도 공부만을 앞세우는 우리 어른들은 정말 달라져야 한다.

담배 | 김해 어방초 6년 전윤선

오늘 아빠를 지켜봤는데 담배를 너무 많이 폈다. 밥 먹고 나서, TV 볼 때, 자기 전에, 거의 20분에 한 번을 피우는 것 같았다. 얘기할 때도 피우고 담배를 왜 그렇게 많이 피는지 모르겠다. 저번엔 끊겠다고 그렇게 얘기했으면서 안 끊고 있다. 건강에도 안 좋은데 끊지는 못하더라도 조금만 피웠으면 한다. 우리 선생님도 끊었고 아빠 친구 중에 담배 끊은 사람들은 많은데 왜 아빠는 못 끊는지 모르겠다. 아빠가 담배 피우는 걸 보면 정말 걱정된다. (2004)

윤선이는 상처가 많은 아이다. 제대로 부모의 보살핌을 받지 못해 방황도 많이 하고 크고 작은 사건들을 일으켜 내 맘을 힘들게도 했다. 6학년 13반을 맡을 때도 윤선이는 동학년 선생님들로부터 늘 경계의 대상이었다. 부모의 이혼으로 시작한 윤선이의 방황은 아버지가 새로운 엄마를 받아들이면서 더 심해졌다. 어떻게 해주어야 할지 몰랐던 아버지는 흔들리는 윤선이의 마음을 물질로나마 채워주려 했지만 윤선이의 상처는 치유되지 않았다. 한동안 잘 지내다가도 음주와 흡연, 돈 갈취와 같은 문제들을 일으키며 나를 몇 번이나 속일 때는 내 진심을 몰라주는 윤선이가 정말 밉기도 했다. 지금 생각해 보면, 윤선이의 마음을 잡아주고 걱정해주던 내 모습이 정말 서툴렀던 것 같다. 나중에는 도대체 아이들 삶에 내가 어느 정도 개입할 수 있는지 헷갈리기만 했다. 그렇게 나는 윤선이와 씨름을 하며 1년을 보내고 그렇게 또 중학교로 떠나보내야 했다. 중학교에 간 윤선이가 대낮에 어른들이 다니는 아파트 근처에서 버젓이 담배를 피우고 있더라는 동료 선생님의 말을 들을 때면 어찌나 가슴이 아려오던지. 그 뒤로도 윤선이에 관한 좋지 않은 소식을 들을 때마다 같이 있을 때 더 잘 해주지 못한 것 때문에 늘 마음이 불편했다.

거꾸로 본 세상 | 김해 어방초 6년 김민희

오늘 4시 50분쯤에 집에 전화가 왔다. 전화한 사람은 유리였다.

"여보세요?"

"민희, 내 유린데 놀이터에서 놀래?"

"누구랑?"

"해인이랑."

"그래, 그럼 지금 나와."

"어!"

나는 얼른 준비를 하고 서둘러 나갔다. 내가 빨리 온 건지 애들은 아무도 오지 않았다. 잠시 뒤 친구가 오자,

"왜 이렇게 늦었노?"

라고 미끄럼틀에서 말하는 순간 발을 헛디뎌 넘어질 뻔했다. 그래서 옆에 있는 철봉을 잡았다. 그리고 보니 내 몸이 거꾸로 되어 있었다. 그리고 눈을 크게 뜨고 보니 정말 그냥 앞으로 본 그대로 봤던 세상과 너무 다른 세상을 보는 듯했다. 정말로 알지 못했던 하늘 아래 아파트, 가게, 상가, 여러 건물들이 빈틈없이 빽빽이 자리하고 있었다.

"민희, 미안! 늦었제? 뭐하노?"

"아니~ 야~ 거꾸로 본 세상 정말 멋지다."

"무슨 말인지."

오늘 내가 본 '거꾸로 본 세상'은 정말 멋진 세상이었다. (2004)

민희는 엉뚱한 면이 많았는데, 겉으로 드러내지 않아서 그렇지 속이 깊다는 사실을 뒤늦게 알게 된 아이다. 한 번은 나도 모르게 그만 하지 않아야 할 말을 해 버린 적이 있었다. 고생하시는 부모님을 생각해서라도 네가 공부를 그렇게 대충하면 안 된다는 투로 말을 한 것 같은데, 뜻밖에도 민희가 크게 성을 내며 발끈하더니 왜 가만히 있는 부모님을 들먹이냐며 나를 호되게 몰아친 것이다. 순간 나는 당황한 나머지 어찌할 줄 몰라 그냥 얼버무리고 넘어가려 했다. 계속 따지고 드는 민희에게 오해 말라며 그런 뜻이 아니었다고 연신 해명을 했지만, 어설프게 대충 넘어가려는 내 모습이 그저 부끄럽기만 했다. 그 후로도 내내 나는 민희에게 무척 미안했지만 진심어린 사과 한번 하지 못했다. 그것이 지금에 와서는 무척 후회스럽기만 하다. 인터넷에 소설을 쓰는 작가가 되고 싶다고 했던가, 아님 그때 이미 소설을 쓰고 있었는지 정확히 기억은 나지 않지만 민희는 세상을 조금은 다르게 보는 눈을 가진 아이였다. 지금은 무슨 생각을 하며 어떻게 자라고 있을지 궁금하다. 미안하다, 민희야. 이제야 네게 사과를 한다.

낯설고 힘들기만 한 김해 생활에 한동안 밀양을 떠나온 것을 후회한 적이 있다. 학교 일도 많은데다 적응을 하지 못해 집에 오면 늘 지쳐 있었다. 내 맘을 몰라주는 아이들 때문에 속도 상했고, 이해할 수 없는 행동으로 나를 당황시키던 아이들 때문에 지나치게 화를 내고는 집에 돌아와 밤잠을 설친 일도 참 많았다. 늘 담임 이야기에 귀 기울여 주고 못난 나를 달래주던 시골 아이들과 도시 아이들은 그만큼 달랐다.

그러나 생각해 보면, 김해에서도 어려울 때마다 힘이 되어주는 아이들이 있었다. 그 아이들 덕분에 늘 아이들과 주변만 탓하던 내 잘못을 조금이나마 깨달을 수 있었다. 네 권의 계절문집은 바로 그런 과정에서 나온 결과다. 1천 쪽이 넘는 문집 속에는 수많은 아이들의 삶이 뒤섞여 있다. 평범한 일상에서 도시 아이들만이 느끼는 기쁨, 슬픔, 고통, 고민 따위를 담아낸 글에 도시 아이들의 전형적인 삶이 고스란히 있다. 더불어 어렵게 살아가는 부모님을 걱정하는 아이들, 사춘기를 넘어서며 조금씩 자기를 알아가는 아이들, 식구들과 함께 살아가며 정을 나누는 아이들, 어른들의 잘못을 지적하며 나름 뚜렷한 자기 생각을 드러내는 아이들 모습은 도시 아이들이나 시골 아이들이나 크게 다를 게 없었다. 문제는 시골이든 도시든 우리 아이들이 자기 모습을 잃지 않고 살 수 있도록 어른들이 얼마나 지켜주고 보살펴주는지에 달려 있었다. 그래서 어방초등학교에서 엮은 계절문집은 지금까지도 나에겐 삶의 교본이자 아이들과 함께 사는 지침서가 되어주고 있다.

4학년
아이들과 만든
문집

2006~2007년 김해 어방초 아이들과 만든 문집 이야기

한 해 전에 교과전담을 했던 탓에 2006년에는 담임을 맡고 싶은 의욕이 컸다. 나만의 색깔을 드러낼 수 있는 학급운영을 해 보고 싶다는 생각도 했고, 차근차근 정리를 해 봐야겠다는 의지도 높았다. 마침 김해에 있는 선생님들과 학급운영 모임도 함께 꾸리고 연수도 기획하면서 게으름 피우지 않고 열심히 보낸 한 해가 아니었나 싶다. 그해 가장 크게 달라진 것은 아이들 곁에서 살아가는 내 모습이었다. 말로만 머리로만 아이들 곁에 있었지 실제로 아이들의 생각과 마음을 들어주려 애쓰지 않았던 게 지난날의 내 모습이었다면, 2006년과 2007년에는 한 발을 더 내딛은 것 같다. 교육과정을 다시 분석해 보고 교과가 아이들 삶과 어떻게 이어질 수 있는지도 고민하면서 수업과 학급을 운영했다. 단순한 이벤트를 넘어 교과수업으로 삶을 이야기하고 아이들과 살아갈 수 있다는 걸 처음으로 깨달았을 때는 얼마나 기뻤는지 모른다. 자연스럽게 어방초등학교 4학년 아이들과 보낸 두 해는 전과 달리 문집에 학급운영과 수업에 관한 이야기들이 자주 나왔다. 문집을 편집할 때도 일기나 여러 갈래 글을 앞세우던 방식에서 아이들과

삶을 나눈 수업과 학급활동을 앞세우는 방식으로 바뀌어 갔다.

당시 4학년 아이들은 김해에 온 첫 해보다 더욱 심하게 학습 위주로 하루를 보내고 있었다. 그만큼 아이들은 삶의 리듬이 많이 깨진 상태였다. 학교에 와도 별달리 재미있는 활동이 없으니, 그저 쉬는 시간만 기다리며 수업이 빨리 끝나기만 바라는 것 같았다. 배움에 대한 기대도 없고 무기력한 아이들을 보면 볼수록 점점 아이들을 위한 학급운영과 재미난 수업을 해 보고 싶어졌다. 누구에게나 하루는 늘 되풀이되지만, 일정한 리듬 안에서 변화를 느끼며 살아가고 주와 달, 철의 변화와 리듬을 깨달으며 1년을 보내기만 한다면 지금과 같은 팍팍한 환경에서도 나름 행복을 느끼며 살 수 있을 것 같았다. 다만, 아이들을 행복하게 하려 하면 할수록 그에 따라 내 삶의 리듬도 맞춰 가야 하는 고된 작업이 뒤따랐다. 하지만, 그런 과정을 통해서 아이들의 성장과 변화를 곁에서 지켜볼 수 있어 더할 나위 없이 좋았다. 그렇게 나는 행복한 학급이 어떤 것인지 조금씩 맛보면서 행복한 두 해를 끝까지 이어나갈 수 있었다. 2006년과 2007년은 아이들의 성장만큼이나 교사로 성장하는 내 모습을 즐기던 시절이었다.

선생님의 내 발 씻기 | 김해 어방초 4년 임연경

오늘 선생님이 내 발을 씻어주셨다. 원래 어제 씻어야 하는데 씻어야 할 남학생들이 많아서 오늘 했다. 선생님은 나 보고 발 씻어주시면서 "성질 좀 죽이세요. 성질 좀!"이라고 하셨다. 난 기분이 팍 상했다. 울음이 나오려고 했지만 옷을 꽉 잡고 참았다. 선생님은 내가 성질 좀 죽이고 나서 고학년 올라

 아이들 글 읽기와 삶 읽기

갔으면 좋겠다고 하셨다. 난 집에서는 동생에게 양보, 학교에선 다영님에게 양보, 난 맨날 양보만 한다. 다른 아이들은 선생님이 발을 씻어주셔서 좋은 기분이었다던데 난 아니었다. 하지만 학생들 발 씻어주시는 선생님이 어디 있을까 생각해 보았다. 선생님이 남자라서 그런지 좀 쑥스러웠다. 선생님이 내 발을 '꾸ー욱' 누르고 뗄 때면 정말 시원했다. 다 끝나고 나니 개운했다. 조금 기분이 상하긴 했지만 새로운 느낌이 든 하루였다.(2006)

가끔씩 매서운 아이들을 만나면 겉으로는 아무런 내색을 하지 않지만 속으로는 쩔쩔맬 때가 있다. 예상과 다른 반응이 나타나거나 오해로 일이 불거질 때는 더욱 그렇다. 2006년에 처음 4학년을 맡았을 때, 열 한 살이라지만 만만하게 봤다가 큰코다치겠다는 아이를 만났는데 그 게 바로 연경이었다. 작은 키에 약간 까무잡잡한 얼굴의 연경이는 똑 똑하고 야무졌다. 때로는 어찌나 당돌하고 논리적인지 6학년과 이야 기를 나누듯 대한 적도 많다. 위 글은 아이들과 친해지고 어린이날을 기념하는 뜻에서 4월 마지막 주부터 날마다 아침에 아이들의 발을 씻 어주던 때의 일이다. 차례를 기다리던 연경이의 발을 씻어주다 이런 저런 말을 한 끝에 그만 까칠한 성격 좀 죽이라고 농담 삼아 한마디를 내뱉었는데 이게 그만 아이에게 상처를 주고 말았다. 담임이 자기 발 을 씻어준다는 것에 기대가 높았던 연경이 앞에서 꺼낸 말은 지금 생 각해 봐도 한심하기 그지없다. 아무리 똑똑하고 야무져도 열한 살짜리 아이인데, 그 마음도 몰라주고 친해졌다고 착각한 나머지 편하게 말을 꺼낸다는 것이 아이의 마음을 불편하게 한 것이다. 거기다 연경이랑

앙숙이던 아이 사이에 어설프게 끼어들었다가 한동안 큰 고초를 치르
기도 했다. 이 과정에서 나는 아이들의 삶에서 읽어내야 할 요소들이
얼마나 많은지를 새삼 깨달았고 조심하게 되었다.

6학년이면 단가? | 김해 어방초 4년 김창민

오늘은 나와 혁진이 남희정이 계단 청소를 하는 날이었다. 우리 모둠이 위
에 하는데 유석진이 혼자서 쓸고 있었다. 남희정이 "오늘 우리가 여기 청
소하는데?" 그래서 유석진이 밑에 있는 계단으로 갔다. 그런데 갑자기
2학년쯤 돼 보이는 애들이 계단을 지나갔다. 나는 무시하고 지나갔다. 네
칸쯤 쓸었을 때 잘 아는 동생이 지나갔다. 그 동생은 내가 청소하는 걸 보
고 한쪽으로 붙어 갔다. 그 동생은 욕을 쓰지 않는 착한 동생이었다. 그때
어떤 6학년 형들이 "아이, 개새끼야" "어이! 미친 놈! 니 똘추가?" 하고 나
보고 욕을 했다. 나는 그때 정말 화가 났다. 6학년이면 단가? 앞으로 나는
6학년이 되도 절대로 욕을 쓰지 않겠다고 다짐했다.(2006)

창민이는 김해에서 처음으로 가정방문을 했던 아이다. 이듬해 동생까
지 맡았으니 창민이네랑은 인연이 깊었다. 크지도 작지도 않은 키에
마른 편인 창민이는 조용하고 자기 일은 잘해내는 편이어서 눈에 잘
들어오지 않던 평범한 아이였다. 창민이와 나는 가정방문 때문에 많이
떨었다. 아이는 아이대로 나는 나대로 둘 다 처음 경험하는 일이었기
때문이다. 가정방문을 해 보니 창민이 어머니도 창민이만큼 마른 분이
었다. 인사를 하시고는 서둘러 부엌으로 달려가셨다. 매실차를 앞에

내 놓으신 어머니는 무척 수줍어하셨다. 직장 때문에 제주도에 머물며 두세 달에 한 번씩 집에 오신다는 아버님 얘기부터 어머님이 아이들 학원비 때문에 바깥일을 하시게 된 이야기까지 짧지만 여러 이야기들을 나눴다. 그러면서 학교 얘기도 자연스럽게 흘러나왔다. 그제야 어머님은 길게 말씀을 하셨다.

"사실, 제가 학교 찾아가는 걸 많이 좋아하지 않거든예. 창민이 1학년 때 다른 학교에 있었는데, 급하게 상을 당했었거든요. 그런데 학기 초인데다 담임 선생님 연락처가 없어서 교무실로 했었습니더. 그런데 교무실에서 전화 받으시는 선생님이 담임 전화번호도 몰라 전화를 했냐며 직접 하라며 무안하게 하데예. 그 이후로 학교 선생님들에게 전화하는 게 오히려 선생님들 귀찮게 해드리는 거 같아 안 합니다. 학교도 안 가고예. 유치원 때는 워낙 친절하고 잘 챙겨줬는데 초등학교에 들어오니까 영 달라서."

창민이 어머니가 학교를 왜 찾지 않았는지 그제야 알게 됐다. 불친절한 학교, 불친절한 교사에 대한 불신이 가득했다. 그런데 나는 달랐단다. 개나리 통신을 보내고 이런 저런 활동들을 보면서 자기 주변 사람들에게 자랑도 하신단다. 이번에 선생님은 참 친절하다고. 그래서 말씀드렸다.

"올해는 자주 학교도 찾아주이소. 특히 학기말 잔치 때는 꼭 오시구요. 저에게는 편하게 연락하셔도 됩니다."

"아이고, 그냥 선생님한테 맡기면 되지예. 제가 무슨 말씀드릴 것도 없고."

시간이 지나면서 창민이가 학교에서 공부하는 얘기도 건네드리고 집에서 지내는 창민이 이야기도 들었다. 경제 사정이 넉넉지 못하여 다양한 경험을 시켜주지 못해 아쉽지만 나름대로 아이들이 요구하는 걸 해주고 싶고 해주려 노력하고 있다는 말씀도 들었다. 창민이를 사이에 두고 교사와 어머니가 함께 생각하고 걱정하는 그 짧은 시간이 내겐 참으로 뜻깊은 시간이었다. 이런 관계를 맺은 뒤로 창민이와 내 관계도 더욱 돈독해졌다. 가정방문이 없었더라면 어쩌면 그저 평범한 관계였을 창민이와 나의 관계를 이어준 것은 어머님의 자그마한 용기 덕분이다. 그 덕에 나도 또 다른 가정을 방문할 용기도 얻었다.

나에겐 이런 아이들이 있다 | 박진환

나에겐 이런 아이가 있다.
날마다 내 앞에 얼굴을 내밀고
질문을 해야 하는 아이가 있다.

나에겐 이런 아이가 있다.
날마다 내 앞에 얼굴을 내밀고
방글방글 웃는 아이가 있다.

나에겐 이런 아이가 있다.
날마다 옛이야기 들려 달라며
점심시간만 기다리는 아이가 있다.

 아이들 글 읽기와 삶 읽기

나에겐 이런 아이가 있다.

날마다 나와 함께 밥 먹고 싶어

자기 옆 자리 비워두는 아이가 있다.

나에겐 이런 아이가 있다.

날마다 나와 밥 먹는 즐거움에

내 앞에 물 잔을 올려놓는 아이가 있다.

나에겐 이런 아이가 있다.

날마다 가르쳐준 노래와 시가 좋아

꼭 그날 불러야 된다고 다그치는 아이가 있다.

나에겐 이런 아이가 있다.

날마다 남아서 나와 같이 있고 싶어

뭐 도와줄 일이 없냐고 묻는 아이가 있다.

(개인 블로그 2006년 교단일기에서)

도시 아이들의 삶은 4학년이나 6학년이나 마찬가지였다. 어떤 아이는 집 열쇠를 잃어버리고는 일 나가신 어머니를 만나지 못해 고생한 이야기를 푸념 섞어 전해주기도 하고, 공부에 찌든 아이는 주말보다는 평일에 더 밀려오는 아침잠 때문에 힘들어 하는 모습을 보여주기도 한다. 엄마의 잔소리 때문에 투덜거리는 아이의 모습은 4학년이라고 해서 다를 게 없었다. 다만, 6학년들과 견주어 4학년 아이들은 굳이 감추거나 숨기려 들지 않았다. 어른들에게 받는 억압도 상대적으로는 적었다. 그래서 그런지 도시 아이들이라도 학년이 낮을수록 자기 삶들을 잘도 꺼내 놓았다. 물론, 4학년 아이들이 6학년 아이들과 다른 면이 있다. 두 살이 어린 탓일까? 아직 사춘기에 들어서지 않은 아이들이어서인지 6학년들보다는 자기의 행동과 사고를 부모에게 의지하려는 경향이 있다. 아이들다운 맛이 있어 수업이나 이야기를 나눌 때면 나도 모르게 웃을 때가 많다. 나로 인해 아이들도 많이 웃었지만, 아이들 덕분에 나도 많이 웃은 게 4학년과 지낼 때가 아닌가 싶다. 물론, 학년이 내려갈수록 웃음의 강도는 더 커졌다. 이렇게 2년간 4학년 아이들과 지내는 동안 나는 또 다른 아이들의 세계를 읽어낼 수 있었다.

2학년 아이들과
만든
계절문집

2008년 김해 어방초 아이들과 만든 문집 이야기

2학년을 만난다는 것은 어떤 것일까? 교사가 되고 처음으로 만나게 될 2학년에 대한 기대는 매우 컸다. 늘 새 학년 새 학기가 되면 적당한 긴장과 설렘이 있었지만, 지난 2008년은 정말 특별했다. 서른 명 남짓한 어린 꼬마녀석들과 1년을 어떻게 살아야 할까 생각해 보니 답이 나오질 않았다. 2학년에 대한 이러저러한 정보를 가지고 아이들과 만났지만, 몸으로 부대끼는 것이 가장 빠른 답이었다. 그 시절 3월에 내가 얼마나 헤매고 있는지 교단일기 제목만 봐도 알 수 있다. 3월 3일 〈애들 정말 2학년이야, 하하하〉, 3월 7일 〈2학년과 함께 사는 일〉, 3월 10일 〈여전히 헤매고 있지만〉, 3월 11일 〈난 선생님 싫어요! 난 좋은데〉, 3월 20일 〈어설프게 아이들 업어주었다가〉, 이러다 3월 29일 일기에는 〈초등학교 2학년이 되어 가는 나〉라고 적어 놓고는 점점 아이들 눈높이로 살아가는 내 모습을 그리고 있다. 설레고 반갑다가 막상 2학년 어린아이들을 만나서는 당황해하는 내가 우스웠다. 그러다 한 달이 다 되어 갈 무렵, 2학년 아이들이 되어서 하루를 살아가는 것에 만족하며 사는 내 모습을 발견하게 된다.

어설프게 아이들 업어주었다가 | 박진환

수업을 마치고 점심시간이 되어 급식실에 갔다. 지난 며칠 동안 느낀 거지만, 정말 2학년 가운데 우리 반에만 밥을 아주 늦게 먹는 아이들이 많은 것 같다. 시간차만 조금씩 나지 아주 느긋하게 밥을 먹는다. 아니 먹는 게 아니라 밥을 놔두고 제사를 지내는 것 같다. 뒤이어 5학년이 밀려들면 재촉하여 겨우겨우 자리를 뜰 수 있다. 이렇게 급식실을 나와 물을 마시러 가는데, 따라오던 나경이가 나 보고 묻는다. 평소에 부끄럼도 많고 말도 조그맣게 해서 들리지도 않는 나경이. 조금만 마음 틀어지는 일이 있으면 울어 버리는 나경이가 내 소매를 붙잡고 묻는다.

"선생님, 진짜 몇 살이에요?"

이때는 아주 또박또박 목소리도 뚜렷하다.

"저번에 얘기했잖아. 백오십 살이라고."

학기 초부터 송언 선생님 흉내를 내봤다. 내 나이를 백오십 살이라고 뻥치는 흉내.

"에이, 사실대로 말해 봐요. 이렇게 젊은 백오십 살이 어디 있어요?"

이때부터 나는 일부러 나이 많은 산신령 목소리를 내기 시작했다.

"어허, 선생님이 백오십 살이면 백오십 살이라고 믿을 것이지 무슨 말이 그렇게 많으냐. 선생님은 백오십 살 먹은 도사니라."

나이 먹은 목소리에도 아랑곳하지 않고 재미있다는 듯이 나경이는 또 묻는다.

"에이, 진짜 나이 말해 봐요."

이렇게 실랑이를 벌이며 교실까지 내려왔는데, 나경이의 목적은 아마도

   아이들 글 읽기와 삶 읽기

나이가 아니라 나하고 얘기하고 싶은 것 같았다. 처음에는 수학을 어려워했는데, 요즘 어머니도 신경을 쓰시는 것 같고 나도 하나하나 과정을 설명하며 격려해주었더니 열심히 문제를 풀려 한다. 지난해보다 살이 부쩍 쪄서 스트레스를 많이 받고 있다는 어머니의 말씀을 들었는데, 모쪼록 올해는 나경이가 자신감을 갖고 한 해를 보냈으면 한다. 내려올 때는 나경이랑 손을 잡았다. 그때 옆에 있던 귀여운 동인이가 슬쩍 내 손을 잡는다. 참 보드라웠다.

참! 쉬는 시간에 아이들에 둘러싸여 있을 때 현홍이가 다가오더니 내 볼에 뽀뽀를 하고 갔다. 어찌나 좋던지. 중고학년 때는 여자아이들이 예쁘던데, 2학년은 남자아이들이 훨씬 예쁘다. 수업을 끝내고 숨을 돌리자니 오늘 보낼 공문 둘이 있다. 오후 2시쯤 지났을까. 겨우겨우 끝을 내고 청소도구를 정리할 겸 교실 뒤편으로 가는데 내 뒤쪽에서 한 녀석이 문을 열고 들어와 대뜸 이러지 않는가.

"샘, 나 어금니 빠졌어."

"어, 이게 누구야. 유빈이 집에 안 가고 뭐하고 있니? 뭐 이가 빠졌다고? 함 보자."

"엿 먹다가 빠졌어."

그런데 이 녀석 첫말부터 계속 반말이다. 그런데 이상하게도 이런 말투가 싫지가 않았다. 이를 어쩌나. 이 장면을 사진으로 찍어 놔야 하는데, 글쎄 기다란 엿 끝에 보철한 치아가 달랑달랑 붙어 있는 게 아닌가. 어이가 없기도 하고 무척이나 우스웠는데 아이는 그저 심드렁한 얼굴이다.

"어이구, 이건 이가 아니라 충치 때웠던 치아네. 통째로 뽑혔네. 혹시 모르니까 이거 버리지 말고 어머니 갖다드려. 치과에도 가고."

"이걸 어떻게 떼."

이 녀석 꼬박꼬박 반말이다.

"왜 못 떼. 이렇게 떼면 되지. 자, 떼지잖아. 자, 이거 휴지에 싸서 집에 가
져가"

하며 아이 웃옷 주머니에 넣어주었다.

"근데, 유빈이 지금까지 집에 안 가고 뭐하고 있었냐?"

"그냥 학교에서 놀고 있었어."

"학원에 안 가니?"

"가."

'이 녀석 전에도 나에게 반말을 썼나? 진짜 꼬박꼬박 반말이네.'

"언제 가는데?"

"4시 30분까지 수영학원에 가야 해."

"그럼, 그동안 학교에서 놀고 그랬니?"

"응."

"그럼, 이제부터는 운동장에서만 놀지 말고 교실에 들어와 책도 보고 놀고
그래."

하겠다는 건지 말겠다는 건지 그냥 고개만 끄덕이다가 가 버린다. 오늘 국
어시간에 '우리 선생님' 이라는 이야기가 교과서에 실려 있어 나를 처음
만났을 때 느낌이 어땠는지 아이들에게 물었다. 제일 먼저 이 녀석에게 발
표를 시켰더니 나를 처음 봤을 때 못생겼더라나? 허, 참! 다른 아이들은 멋
있다니, 재밌다니 칭찬 일색인데, 이 녀석만 본질(?)을 제대로 파악하고 있

어 오늘 내내 삐친 척했다. 어찌나 작은지 유치원생이라고 해도 뭐라 하지 않을 정도인데, 하는 짓이 어찌나 예쁜지. 하여간 이 아이 덕분에 오후가 즐거웠다.(개인 블로그 2008 교단일기 가운데)

2학년 아이들과 사는 일은 또 다른 세계를 만나는 것과 같았다. 또래 집단을 구성하는 모습도 달랐고 선생님을 대하고 수업에 참여하는 태도도 달랐다. 때로는 말도 안 되는 농담이 통하다가도 만만하게 말을 던졌다가 뒤통수 맞는 일도 잦았다. 일정한 성격이나 틀로 2학년 아이들을 설명하기란 정말 어려웠다. 2008년은 그렇게 다른 세상에서 사는 것처럼 붕 떠서 1년을 보낸 것 같다. 때로는 딱히 어느 하나로 규정할 수 없는 아홉 살 아이들의 삶도 어른들에 의해 강제되면서 힘들어하는 모습을 곧잘 보이곤 했다. 어른들이 만들어준 틀 때문에 개성이 있는 아이들이 일찍부터 자기 모습을 찾지 못하고 기죽어 사는 모습은 참으로 안타까웠다. 어떤 아이들은 맞벌이 하시는 부모님들 때문에 어린데도 제대로 보살핌을 받지 못하는 모습이 보여 어쩔 때는 화가 나기도 했다. 그렇게 서른 명 남짓 다양한 삶들을 모아 네 권의 문집에 담을 수 있었다는 것만으로도 나는 기뻤다. 남들에게는 그저 평범하게 읽힐 문집이겠지만, 어린아이들의 문집 속에는 나와 우리 반 부모님과 아이들의 삶과 땀이 고스란히 스며 있다.

영화 | 김해 어방초 2년 유나경

아침 일찍 아빠가 엄마랑 둘이서만 영화를 보러 갈려고 하셨다. 언니랑 나랑 막 졸라서 같이 같다. 만화영화를 상영하는 게 없어서 아빠 엄마가 보는 영화를 봤다. 대통령이 총에 맞아 범인을 추격하는 영화다. 차가 뒤집어지고 사람들이 다치고 죽기도 했다. 실제로 있었으면 진짜 무섭겠다. 우리나라 이명박 대통령은 안전했으면 좋겠다.(2008)

하영이와 은비랑 놀았다 | 김해 어방초 2년 이유빈

나는 오늘 2시에 하영이랑 은비랑 놀았다. 그런데 고은이도 오기로 했는데 없어서 그냥 은비 돈으로 퐁퐁 타러 갔다. 퐁퐁을 타고 있는데 고은이가 와서 은비가

"니 왜 이렇게 늦게 왔는데?"

하니 고은이가

"너희들이 내 배신했잖아!"

"참나 우리가 언제 니 배신했는데. 몇 시 몇 분 몇 초에?"

그랬더니 고은이가 계속 우리가 그랬다고 따졌다. 그러자 하영이가 내 귀에 대고

"그냥 무시해"

라고 말했다. 그래서 같이 무시하고 재미있게 퐁퐁을 타고 나중에 은비 남은 돈으로 컵라면을 사먹었다. 라면 이름은 '육개장' 이다. 따뜻하고 맛있었다. 라면을 다 먹고 은비집 바로위에 놀이터에서 조금 놀다가 하영이는 먼저 집에 가고 나는 은비랑 조금 더 놀다가 아쉽게 집에 갔다. 아함 졸려~(2008)

선생님께 문자 보내기 | 김해 어방초 2년 전하영

오늘은 학원을 갔다 와서 엄마 휴대폰을 빌려서 문자 메시지를 선생님께
보냈다. 내용은 이거다. '선생님 스승의 날 축하드려요. 항상 힘내세요. 선
생님 파이팅 아자! 선생님 최고!! -전하영 올림-' 이라고 썼다. 그런데 선
생님은 답장을 보내주지 않았다.

"왜 선생님은 답장을 보내지 않으셨을까요?"

나는 답답해서 엄마한테 말했다. 엄마가 선생님이 바쁘셔서 그런 거라고
그러셨다. 그리고 내가 실망하니까 실망하지 마라고 엄마가 말씀해주셨
다. 엄마가 고마웠다. 그리고 선생님께 서운했다.(2008)

나경이는 1학년을 지나면서 갑자기 몸무게가 늘어나 심적으로 부담을
가지던 아이다. 그러다 보니 몸이 커 보이는 옷을 입지 않으려 해 어
머니가 신경을 쓰는데도 늘 고집을 피우고 같은 옷을 입고 왔다. 자신
감도 줄어들어 말소리도 잘 들리지 않았고, 한번 울기 시작하면 대책
이 없었다. 나중에 나경이 어머니에게서 저간의 사정을 들은 뒤에야
겨우 나경이를 이해할 수 있었다. 관심과 배려 덕분이었을까? 나경이
는 조금씩 마음의 문을 열더니 시간이 지날수록 목소리도 커지고 내
게 장난도 치고 농담도 걸면서 한층 밝은 얼굴로 신나게 학교를 다녔
다. 달라져 가는 나경이 모습에 부모님도 무척 기뻐하셨다. 유빈이는
너무 작아 아기 같은 데다 조근 조근 말도 잘하고 애교도 많았다. 그
때문인지 어느 순간 내게 말을 놓기 시작했다. 친하게 지내고 싶다는
뜻으로 받아들이니 그리 싫지는 않았다. 1년 내내 겉으로 드러내지는

않았지만, 나를 무척이나 따르고 좋아해준 아이였다. 2월에 갑자기 부산으로 전학을 가게 되어 아쉬웠던 유빈이가 이따금 그립다. 하영이는 내 딸이었으면 좋겠다 싶을 정도로 살가운 아이였다. 내가 뽀뽀해달라고 하지 않았는데도 집에 가기 전에 일부러 나에게 말을 걸고는 "선생님, 꼭 뽀뽀해줘야 돼요?"하고 물어서 "당연하지"하고 대답하던 아이였다. 그러면 "아이~"하면서 다가와 '쪽!' 하고 뽀뽀를 해주던 하영이와 헤어질 때 내가 특별히 꼭 안아주었던 일을 하영이는 아마 모를 것이다.

줄넘기 | 김해 어방초 2년 이종민

학교에서 줄넘기를 하였다. 처음으로 뛸 때 99번을 뛰었고 두 번째는 50번을 뛰었다. 그때 힘이 들어서 조금 걸었다. 선생님이 줄넘기를 빨리 하라고 했다. 선생님이 줄넘기가 길다고 위를 잡으라고 하셨다. 나는 모르고 반대 방향을 잡았다. 선생님이 다시 가르쳐주셨다. 나는 그제야 이해할 수 있었다. 선생님이 줄넘기를 하라고 하셨다. 나는 줄넘기를 했다. 발 바꾸기, 한 발 뛰기, 엑스자, 엑스자 발 바꾸기 등 여러 가지 재주를 넘었다. 선생님이 깜짝 놀라셨다. 선생님이 어디서 배웠냐고 물었을 때 나는

"연습했어요"

라고 말하니까 선생님이

"어디서 배웠는데?"

하니까 나는 한참 있다가

"검도장에서요"

        아이들 글 읽기와 삶 읽기

했다. 그때 선생님은

"아~ 그랬구나"

하며 칭찬해주셨다. (2008)

종민이도 나경이처럼 우리 반에서 가장 말이 없었다. 대가족의 장남인데 잘생긴 외모와 달리 의욕도 자신도 말도 없어 함께 지내는데 애를 먹었다. 그러나 말없이 순하기만 한 종민이도 미처 생각하지 못한 엉뚱한 면이 많았다. 한 번은 귀찮게 왜 일기를 쓰게 하는지 모르겠다며 당돌하게 글을 써와 놀라기도 했다. 그래서 내게 긴 잔소리를 들었는데 한 귀로 듣고 한 귀로 흘리는 것 같은 묘한 표정을 지어 나는 그만두 손 들어 항복했다. 또 한 번은 종민이 어머님을 뵐 일이 있었는데, 종민이가 집에서는 소리도 크게 지르고 동생들과 아주 신나게 노는 아이라며 자신도 이해할 수 없다며 답답해 하셨다. 그러던 종민이가 운동장에서 체육시간에 줄넘기를 아주 멋지게 해내 내게 칭찬을 받은 적이 있었다. 어찌나 자신 있게 줄넘기를 하던지 주위 친구들도 종민이 주변에 모여들어 칭찬을 했다. 그러자 종민이는 한층 신이 나서 하루를 기분 좋은 얼굴로 보냈다. 한동안 학교생활에 적응을 못해 걱정이 많았는데, 차츰 나아져 그나마 안심을 했던 종민이가 지금은 아마도 전보다 훨씬 잘 자라고 있을 거라 믿는다.

할아버지 제사 | 김해 어방초 2년 박은서

학교 마치고 집으로 왔다. 그런데 엄마가 음식을 하고 있었다.

"엄마, 오늘 무슨 날이에요?"

하고 물어보았다. 그러자 할아버지 제사 지낼 거라고 했다.

"언제쯤요?"

"10시 넘어서."

"왜요?"

하고 물어보았다. 엄마도 자세히는 모르지만 옛날부터 시간이 12시 되어
서 된다고 알고 있기 때문에 시간을 지킬 뿐이란다. 나는 너무 지루했다.
자꾸만 지내자고 떼를 썼다. 그러자 마지못해 11시에 지내기로 했다. 한상
가득 차려 놓은 상 앞에서 아빠랑 나랑 절을 했다. 과연 죽은 사람이 음식
을 먹고 갈까?(2008)

은서는 틈만 나면 자리를 벗어나 교실 바닥에 뒹굴며 돌아다니는 아이
였다. 처음에는 눈에 잘 들어오지 않았는데 조금씩 자리를 벗어나는
은서가 눈에 띄기 시작했다. 2주가 지나면서 그런 증상은 조금씩 사라
졌지만, 3월 내내 수업에 집중을 하지 못하여 무언가 이상하다는 생각
이 들었다. 나중에 은서 어머니를 만나 뵈니 1학년 때 더 심했다고 한
다. 한동안 지켜보며 관심을 가지고 지도하겠다는 말씀을 드렸지만,
마음속으로는 그다지 자신은 없었다. 그런데 한 달이 지나고 두 달을
넘기면서 기대하지도 않았던 은서의 생활습관이 놀랍게도 바뀌기 시
작했다. 바르게 앉아 내 이야기에 귀를 기울이고 무언가 하려고 애쓰
는 모습이 분명 전에 보던 은서가 아니었다. 내게 칭찬도 많이 받았지
만 혼도 많이 나면서 정을 키워 가던 은서의 이런 변화는 아이의 의지

도 있었겠지만, 돌이켜 보면 담임을 믿고 따라준 어머니의 믿음이 있
어 가능한 일이 아니었나 싶다.

훌라후프 | 김해 어방초 2년 김현민

저녁을 먹고 엄마는 거실에서 훌라후프를 30분만 해야겠다고 했다. 내가

"엄마 똥배 봐라"

하니까 엄마는

"왕년에 나도 한 몸매 했거든? 그런데 너거 둘이 뱃속에 들어갔다 나와서

이 모양이다"

하셨다. 나는

"엄마! 우리가 안 봤는데 어떻게 아는데?"

하니까 누나가 옆에서 "

그게 우째 우리 때문이고 많이 먹고 운동 안 해서 그렇지."

그러자 엄마가

"니도 어른 돼 봐라! 엄마 심정 알 끼다!"

엄마는 텔레비전을 보면서 훌라후프를 계속 하셨다.(2008)

코탁지 | 김해 어방초 2년 강인준

오늘은 내 동생을 안아주었다. 왜냐하면 평소에 서은이를 많이 안아주지
않기 때문이다. 내가 안아줬더니 내 콧구멍을 만졌다. 서은이가 "오빠 코
탁지 있네"라고 했다. 난 '코탁지'가 무슨 말인지 몰랐다. 난 30초 뒤에
'코탁지'가 뭔지 알았다. 뭐냐면 '코딱지'였다.(2008)

현민이는 똑똑하고 학습 태도도 좋았다. 그러나 아이들에게는 친구를 괴롭히고 돈까지 빼앗는 나쁜 아이로 인식되어 있었다. 학기 초에 그런 경향이 있어 주의도 주고 관심 있게 지켜봐서 그런지 한동안은 괜찮았다. 그러다 몇 달이 지났을까. 알게 모르게 현민이가 강제로 동무들에게 돈을 달라거나 빌려달라며 괴롭힌다는 이야기가 들려왔다. 심지어 다른 반 아이들에게도 그런 짓을 저질러 현민이와 상담을 했다. 그런데 놀랍게도 현민이는 남의 돈을 빼앗는 것에 죄의식이 없었다. 그냥 달라고 했고 안 줬을 뿐이라며 천연덕스럽게 말했다. 어머님에게 전화를 드려 특별한 지도를 부탁드리기도 했다. 그 뒤로 큰 일 없이 한 해를 보냈고 현민이도 남을 괴롭히거나 돈을 빼앗는 일은 더 이상 하지 않았다.

인준이는 참 귀여웠다. 얼굴이 하얀 데다 눈 밑이 어두워 늘 피곤해 보였는데, 준비물은 물론이고 간단한 숙제나 일기까지 아무것도 해 오지 않아 늘 내 잔소리를 들었다. 알고 보면 딱히 인준이 책임은 아니었다. 맞벌이 하는 부모님 틈에서 아이는 늘 기다림에 익숙해 있었고 곧잘 이모 집에 맡겨져 안정된 생활습관을 유지할 수 없었던 것이다. 한 번은 수업시간에 똥을 싸서 집에 연락을 해야 했는데, 인준이가 어머니의 전화번호를 몰라 내 수첩을 뒤져야 하는 일도 있었다. 그날 어머니는 전화도 안 되고 이모 집에는 아무도 없어 가까운 동무 어머님에게 부탁을 하여 옷을 갈아입힌 소동까지 벌여야 했다. 기초학습도 부족해 남겨서 가르치려 하면 담임의 배려와 노력보다는 학원에 맡겨 보내려는 데만 관심을 둔 인준이 어머니 때문에 마음이 불편하기도 했고, 때로는 화가 나기까지 했다. 물론, 이해는 할 수 있었다. 학교와 교사를 믿지 못하게 한 우리네 현실이 더 큰 문제였기 때문이다. 그러나 아이의 처지를 제대로 모르는 부모들이 적지 않다. 나 또한 내 아이의 처지를 잘 알고 있을까 되물을 때는 쉽게 대답하기 어려웠다. 일 때문에 바쁘게 살면서 미처 살펴보지 못한 내 아이의 삶을 나 또한 솔직히 잘 알고 있지 못했기 때문이다. 이렇게 부모가 되는 일이 쉽지 않다는 생각에 이를 때면, 나는 그저 우리 반 부모님들을 이해할 수밖에 없었다. 아니 이해해야만 했다. 그런 바탕에서 일을 풀어가야만 했다.

이렇게 다양한 처지에 놓인 아이들과 1년을 살면서 나도 또 다른 성장을 할 수 있었다. 지금까지 한 번도 함께 살아보지 못한 어린아이들과 살면서 부모로서 내 삶을 돌아볼 수도 있었고, 교사로서 지녀야 할 능력과 자세는 어떤 것이어야 하는지 반성도 할 수 있었다. 내게 아주 큰 가르침을 준 만큼 아이들과 헤어지는 일은 쉽지 않았다. 더구나 김해와 경남을 떠나야 했던 터라 아쉬움은 더욱 크기만 했다. 내 작은 노력에도 큰 기쁨으로 화답해주고 즐거워해준 2학년 아이들과 헤어지던 마지막 날에는 아이들 한 명 한 명을 꼭 끌어안았다. 그날만큼은 아이들도 모두 나를 꼭 안아주었다. 아직도 이별이라는 걸 모르는 녀석들은 내년에도 함께 했으면 좋겠다는 말을 하며 떠나는 아이가 있는가 하면, 충남으로 꼭 놀러 갈 것이니 어디 가지 말라며 다짐을 받는 아이들도 있었다. 아마도 시간이 흐르고 어른으로 자라게 되면 초등학교 2학년 시절은 쉽게 잊힐 게다. 그러나 나와 부모님

과 아이들과 함께 만든 네 권의 문집이 아이들 곁을 떠나지 않는다
면, 2008년 한 해 동안 함께 살아온 우리들의 추억을 분명히 되살릴
수 있을 것이다.

다시 찾은
시골,
양촌마을 아이들

2009년 충남 반곡초 아이들과 만든 문집 이야기

낯설기만 했던 충남 논산. 몇 년 전만 해도 내가 이
곳으로 오리라고는 생각조차 하지 못했다. 나름 뜻
이 있어 충남으로 삶터를 옮겼지만, 경남과 다른
학교문화 때문에 지금도 나는 계속 적응 중이다.
나를 교사로 성장시켜준 많은 사람들과 애정이 깊었던 경남지역을 뒤
로 하고 충남에서 새롭게 출발하는 일은 생각보다 무척 어려웠다. 그래
도 하루하루를 힘겹게나마 버텨 나갈 수 있었던 것은 내가 맡게 된 착
하디착한 아이들 때문이다. 적어도 그 아이들과 함께 있는 교실에서만
큼은 충남이라는 공간을 잊고 살았고 아이들과 함께 있는 시간만큼은
지난 5년간의 김해생활과 다르지 않았다. 비록 열세 살 먹은 아이들이
었지만, 실없는 내 농담에 한없이 웃어줄 줄 아는 아이들과 함께 지내
는 일은 우울과 피곤함에 지친 나를 조금씩 일으켜 세워주었다.

전교생이 50명인 이곳 논산 반곡초등학교에서 6학년 열네 명은 가장
많은 학생 수를 자랑(?)한다. 우리나라에서는 보기 드물게도 한 면에
초등학교가 셋이나 있으니 앞으로 계속 폐교 예정지로 거론될 곳이기
도 하다. 이곳에서 만난 아이들은 그동안 경남에서 만난 아이들하고는

조금 달랐다. 지역 차이기도 하고 5년이 넘는 세월 탓이기도 한 것 같은데, 아무래도 사는 환경이 가져다준 차이가 가장 크지 않나 싶다. 내가 맡은 열네 명의 아이 가운데 절반은 한 부모 가정이었다. 다행히도 아이들은 동정이 갈만큼 어둡거나 기죽은 모습은 보이지 않았다. 특별히 모가 나 있지도 않았다. 물론, 글에서 가끔 쓸쓸함이 묻어나거나 어릴 적 떠난 어머니 때문에 자기도 모르게 눈물을 흘리는 모습도 보였다. 그렇지만 대부분의 아이들은 나름 세상을 즐기며 재미나게 살고 있었다.

이 아이들과 만난 첫 날은 참 특별했다. 경남을 떠나온 지도 열흘이 넘었지만 나는 여전히 우울해 있었다. 1학년을 뺀 40명 남짓한 아이들이 강당에 옹기종기 모여 학년별로 줄을 서서는 올해 자기 담임이 누군지 기다리고 있던 얼굴들을 떠올리면 지금 생각해도 우습기만 하다. 내가 6학년 담임으로 발표되자 아이들의 눈빛은 매우 복잡해 보였다. 개학식을 끝내고 교실로 들어가 인사를 나누고 이런 저런 이야기를 건네며 1년에 대한 밑그림을 그려주니 몇몇 아이들은 무척 기대에 부푼 얼굴이었다. 그러나 나머지 아이들 반응은 뜻밖으로 시큰둥했다. 시골 아이들이라서 그런가. 아니면, 5년 넘게 시골 아이들과 살아보지 못해서 내가 아이들에게 제대로 다가가지 못해서 그런가. 순간 나도 아이들처럼 복잡한 생각에 빠졌다. 차츰 알게 된 사실이지만, 나와 살고 있는 아이들은 무엇을 해도 잘 반응을 보이지 않는 기질들을 가지고 있었다. 사적인 자리에서는 수없이 수다를 떨다가도 공적인 자리에서는 절대로 자기를 드러내지 않으려는 아이들의 특성 때문에 학급운영을 제대로

 아이들 글 읽기와 삶 읽기

꾸려 가기가 여간 힘들지 않았다. 게다가 절반에 가까운 아이들의 기초 학력이 바닥을 치고 있어 수준별로 아이들을 나눠 수업을 진행할 수밖에 없을 때도 많았다. 이런 아이들 곁에서 살아가는 일이 쉬울 리 없었다. 지난날 나와 함께 산 시골 아이들과 사뭇 다른 기질과 특성을 지닌 아이들을 이해하고 다가가는 일은 만만치 않았다. 나는 해마다 이렇게 아이들이 만들어 놓은 시험대에 올라 숱하게 헛발질을 해 왔다.

어떤 아저씨 | 논산 반곡초 6년 김현주

학교를 마치고 민선이랑 나는 반곡2리 입구까지 같이 걸어갔다. 민선이랑 헤어지고 나는 찻길로 갔다. 집에 가는 길에 딸기 파는 데가 있었다. 딸기 파는 데에 어떤 아저씨가 서 있었다. 그 아저씨는 안경을 썼고 얼굴색은 좀 하얀색이었다. 바지는 황토색이고 윗도리는 황토색보다 좀 더 진했다. 눈 주위에는 주름이 많았는데 몸은 날씬한 편이었다. 그 아저씨가 나를 보더니 이런 말을 했다.

"뉘 집인데 그리 예쁘냐."

나는 그 말을 듣고 웃음이 나왔다. 왜냐면 말투가 웃겼기 때문이다. 나는 웃으면서 가던 길을 갔다. 집으로 걸어가면서 엄마한테 이 얘기를 해야겠다고 생각했다. (2009)

방귀를 많이 뀌면? | 논산 반곡초 6년 이민선

화장실에서 나랑 동생 가영이랑 양말을 빨고 있었다.

"언니 근데 방귀를 많이 뀌면 팬티에 빵꾸나?"

"크하하하하 누가 그래?"

"그냥 내 생각."

"아~ 뭐야!"

그런데 정말 가영이가 말한 대로 방귀를 많이 뀌면 팬티에 구멍이 날까? 궁금하다. 가영이의 생각도 참 독특하고 특이하다.

"언니 근데 방귀를 뀌어도 팬티에 빵꾸 안 날 거 같아."

"왜?"

"너무 쉽게 빵꾸가 나면 팬티를 많이 사야 되잖아."

"맞는 말이네."

"그래서 방귀를 많이 뀌면 빵꾸가 날수도 있지만 조금 뀌면 안 날 것 같아."

가영이의 상상력은 참 신기하다. (2009)

무심한 아이들 때문이었을까. 나는 첫날부터 아이들을 서둘러 보냈다. 좀 더 붙잡아 놓고 이야기를 나누고 싶어 하던 예전의 내 모습이 아니었다. 헤어질 때 아이들에게 손을 내밀며 악수를 건네는 내가 이상했는지 아이들은 영 낯설어 했다. 담임이 손을 내밀자 얼떨결에 손을 내밀던 아이들은 악수를 해놓고서는 무척이나 부끄러워 했다. 그렇게 아이들을 보내고 난 뒤, 한 4시쯤 됐을까. 교실 뒷문을 열고 여자아이 둘이서 수줍은 듯 뒤춤에 무엇인가 숨기고는 슬며시 웃으며 들어왔다. 일이 손에 잡히지 않아 그저 앉아만 있던 나는 반가운 마음에 왜 왔냐고 물었다. 그랬더니 대답은 하지 않고 차가운 손에 잡힌 하얀 봉지를 내밀더니 먹어 보라며 붕어빵 세 마리를 건넨다. 순간 어찌나 고맙던지, 잘못하면 울 뻔했다. 첫날부터 이런 선물을 받을지는 생각도 못했던 나는 두 아이에게 연신 고맙다는 말을 되풀이 했다. 추억으로 남기고 싶어 서둘러 사진기를 꺼내 사진도 찍었다. 그러고는 아이들의 이름을 다시 물었다. 민선이와 현주란다. 세 마리는 너무 많다고 하나씩 나눠 먹자고 했더니 자기들은 많이 먹었다고 나 보고 다 먹으라고 했다. 그래도 세 마리는 많다고 내가 두 마리를 먹을 테니 한 마리만 둘이서 나눠 먹어달라 했더니, 그제야 아이들은 서로 수줍은 듯 눈을 마주치고는 살며시 웃는다. 이렇게 인연을 맺은 두 아이도 가슴에 깊은 상처를 하나씩 가지고 있었다. 정이 그리웠을까. 두 아이는 지금도 누구보다 나를 좋아해주며 내 곁에 있다.

노무현 대통령 | 논산 반곡초 6년 황규석

오늘 나는 노무현 대통령이 불쌍하였다. 그런데 희한하였다. 왜냐하면 그저께는 노무현 대통령이 돌아가셨다는 말을 들을 때에는 전혀 불쌍하지 않았기 때문이다. 노무현 대통령이 불쌍해진 까닭은 네이버 뉴스에 노무현 대통령이 쓴 유서 일부를 보았기 때문이다. 유서에는 '그동안 정말 힘들었다' 가 써 있었다. 나는 그것을 보고 노무현 대통령이 불쌍했던 것이다. 노무현 대통령은 불쌍하다.(2009)

가로등 밑 사슴벌레 | 논산 반곡초 6년 황규석

오늘 나는 9시에 사슴벌레를 잡으러 후라쉬를 챙겼다. 그런 다음에 자전거를 타고 참나무 숲으로 갔다. 가다가 가로등이 있는 곳에 멈추어 보았다. 왜냐면 작년에 가로등 밑에서 장수풍뎅이를 잡아 보았기 때문이다. 나는 가로등 밑을 자세히 살펴 보았다. 그런데 사슴벌레가 진짜 있었다. 사슴벌레는 뒤집어 있었다. 크기는 우리 반 선생님 손가락 크기였다. 오늘은 운이 좋다.(2009)

먹물이 | 논산 반곡초 6년 소진현

나는 학교 끝나고 집에 걸어갔다. 그리고 집에 다 오고 마루에 가방을 놓고 샘으로 갔다. 샘에 영규, 영호, 영준이형 하고 있었다. 나는 뛰어가 "뭐해!" 하고 말했다. 그때 영규가 먹물이를 때리고 있었다. 먹물이는 동네 강아지 이름이다. 그리고 나는 "왜 때리냐!" 했다. 영규네 아빠가 때리라고 했단다. 왜냐하면 먹물이는 바람둥이기 때문이다. 나중에 영준이형이 돌멩이로 먹물이 얼굴을 맞혔다. 그리고 먹물이는 킹킹 하고 갔다. 그리고 진희 누나네 집으로 킹킹 하고 갔다. 우리가 없으면 또 먹물이는 온다. 먹물이는 바람을 많이 핀다.(2009)

동생이랑 싸운 날 | 논산 반곡초 6년 김대현

집에서 컴퓨터를 하는데 동생이 자기도 컴퓨터를 한다고 했는데 네가 싫다고 했다. 그렇게 다섯 번 정도 하다가 동생이 주먹으로 날 때리었다. 나도 동생을 때리었는데 엄마가 컴퓨터를 끄라고 해서 끄고 또 싸웠다. 그래서 엄마가 벽을 보고 손을 들으라고 해서 나하고 동생은 손을 들었다. 그리고 엄마가 부엌에 가서 설거지를 하고 있었다. 엄마 몰래 손을 들고 또

말싸움을 하였다. 그리고 엄마가 와서 말을 멈추었다. 엄마가 오고 손을 내리라 해서 내리었다. 나하고 동생은 양보심이 없다.(2009)

노무현 대통령이 불쌍하다고 한 규석이는 마치 씻기를 거부라도 하는 듯 온몸에 때를 덕지덕지 달고 한 달 내내 같은 옷을 입고 다녔다. 어머니 없이 어려운 환경 속에서 아버지 혼자 키우시는 탓에 이래저래 제대로 챙기지 못하는 구석이 많아 보였다. 키가 큰 아버지를 보면 꽤 자랄 아이인데, 작은 키에 삐쩍 말라 툭 건드리면 넘어질 것 같아 여간 마음이 쓰이는 게 아니다. 뜻밖에도 욕을 입에 달고 살아 지난해까지만 해도 말썽을 피워 학교에 아버지를 자주 부를 정도였다고 한다. 씻는 데 관심이 없는 규석이는 공부에도 관심이 없어 늘 남아서 보충학습을 했다. 도무지 집에서 기르는 동물들과 자연 속의 곤충하고 노는 것 말고는 하고 싶은 게 없어 보이는 아이가 부디 하고 싶은 일을 찾아 신나게 살아가길 바랄 뿐이다. 이밖에도 내 곁에는 어릴 때 헤어진 어머니 얘기만 꺼내면 울기부터 하지만, 교실만 벗어나면 언제 그랬냐는 듯 온 동네를 휘젓고 다니는 아이도 있다. 놀 상대가 동생 밖에 없어 일기에는 늘 동생과 논 이야기가 대부분이다. 멀리 계신 아버지가 일을 하다 다쳐서 집에 들어온 모습을 보고 안타깝게 지켜보던 아이의 모습을 보면 나도 따라 마음이 불편했다. 우리 반에는 어머니가 집에 붙잡아 놓지 못할 정도로 들과 산을 놀이터 삼아 뛰어노는 아이가 둘이나 있다. 도무지 학교공부에는 관심도 재미도 느끼지 못하는 것 같다. 교실에 두 손 들고 벌을 서는 일도 이 아이들에게는 그냥 거쳐 가는 평범한 일상 중 하나다. 학교 밖만 나서면 신나게 뛰어가는 아이들의 뒷모습을 지켜볼 때면 이따금 힘들기도 하지만, 이 아이들 곁에서 살아주는 일이 내 일임을 다시금 되새기곤 한다.

할머니 도와드리기 | 논산 반곡초 6년 홍민재

오늘 저녁 8시쯤 일이다. 왼팔이 편찮으신 할머니는 콩을 까고 계셨다. 나는 그런 할머니를 돕고 싶었다.

"할머니, 저도 깔게요."

"그려."

할머니는 소쿠리에 담아 놓았던 콩을 꺼내셨다. 할머니는 익숙한 솜씨로 콩을 까셨지만 나는 그러지 못했다. 옆에 있던 할아버지께서 답답하다는 듯이 말하셨다.

"촌에 사는 놈이 콩도 못 까?"

"이런 일을 야가 해 봤남?"

"잘 봐~. 콩은 이렇게 뒤집고 두 손가락으로 벌려서 콩을 꺼내면 되는 겨~. 해 봐."

나는 할아버지께서 가르쳐준 대로 콩을 깠다. 이렇게 30분 정도 까니 콩을 다 깠다. 나는 콩 까는 데 자신이 있었다. 할머니한테 콩 더 없나 물어보니 없다고 하셨다. 나와 할아버지는 콩의 개수를 셌는데, 약 200개 가량이었다. 나는 또 콩으로 우리 반 학생 수를 셌는데, 할아버지가 이모가 다닐 적에는 전교생이 1,500여 명에다 한 반에 60명이나 있었다고 한다. 할아버지, 할머니는 매우 머리가 좋으시다. 만약에 할머니, 할아버지가 학교를 다

   아이들 글 읽기와 삶 읽기

니셨다면 나에게 많은 이야기를 해줬을 것 같다.(2009)

지독한 멸구들 | 논산 반곡초 6년 박소연

고모한테 전화가 왔다. 고모가 저녁밥 먹으러 오라고 했다. 나, 엄마, 소은이, 경대는 고모부 컨테이너로 갔다. 고모가 반찬을 내놓고 있었다. 잠시후 우리는 밥을 먹었다. 밥을 먹고 있는데, 뭐가 계속 물었다. 연두색 곤충이었다. 작았다. 고모가 그것은 멸구라고 했다. 벼 잎을 갉아먹는 거라고 했다. 초록색인 이유가 보호색인가 보다. 밥을 먹고 있는데 너무 많이 물어서 모기장을 쳤다. 그래도 소용없다. 모기약을 뿌렸다. 이것도 별 수 없다. 간신히 버티면서 밥을 다 먹고 고모부 차에 불을 켜고 방 불을 껐다. 지독한 벼멸구 놈들 소용이 없었다. 참을 수 없어서 집으로 돌아갔다. 오자마자 목욕부터 했다. 좀 괜찮아졌지만, 멸구 물린 곳은 아직도 가렵다. 고모부는 지금도 멸구 땜에 고생을 많이 하고 계실 것 같다.(2009)

시골길 냄새 | 논산 반곡초 6년 소은희

시골길 걷다 보면

가끔씩 나는 거름냄새

"아이, 무슨 냄새야"

하며 나는 코를 막지만

우리 할머니는

"아이고, 냄새 참 꼬숩다" 한다.(2009)

아이들은 어쩔 수 없는 아이들이다. 할머니, 할아버지와 도란도란 둘러앉아 콩을 까는 민재의 모습은 앞으로는 흔히 보지 못할 따뜻한 시골 풍경이다. 할머니와 할아버지가 비록 학교를 다니지 못해 제대로 배우지 못했을지라도 내게는 누구보다 자랑스러운 할머니고 할아버지라고 여기는 민재의 모습은 그저 대견스럽기만 하다. 벼멸구가 사람까지도 힘들게 한다는 걸 선생인 내게 처음으로 알려준 소연이의 글도 이곳이 아니면 얻을 수 없는 소중한 글이다. 그래서 소연이도 내게는 없어서는 안 될 소중한 아이다. 벼멸구 때문에 지금도 컨테이너 안에서 고생하고 있을 고모네 식구들을 생각하는 소연이 같은 아이를 앞으로 자주 볼 수 있으면 좋겠다.

멀리서 바라보는 시골 풍경은 늘 풍요롭다. 그러나 너른 논밭에서 벌어지는 힘든 노동과 삶의 냄새는 가까이 다가가 그 속에서 살지 않으면 결코 내 것이 되지 않는다. 늘 걷는 시골길이지만 시골 아이라도 일에서 멀어져 있는 은희가 맡는 거름냄새와 할머니가 맡은 거름냄새는 다를 수밖에 없다. 하지만 그런 할머니 모습을 지켜보는 은희의 눈은 따뜻하기만 하다.

세상에 똑같은 아이들이 없듯이 반곡 아이들도 지금껏 내가 만난 아이들과 분명히 다르다. 그래서 반곡 아이들과 만들어낼 문집은 지금껏 만들어 온 문집들과 또 다른 모습일 것이다. 하지만 이상하게도 세상 어느 곳에서든 아이들다운 모습은 차이가 없는 것 같다. 경남을 떠나서는 살아 본 적이 없는 내가 충남이라는 곳에서 또 다른 아이들을 만나고 있지만, 이곳에서도 아이들이 살아가는 모습을 지켜보는 일은 낮

설지가 않다.

내 곁에서 살다 떠난 아이들은 마치 놀기 위해 세상에 나온 것처럼 너나없이 서로 어우러져 노는 걸 좋아했다. 신기한 것을 만나면 어쩔 줄 모르며 마냥 재미있어 했다. 때로는 무리하게 놀다 몸이 다치고 깨질 때도 있었지만 그 과정에서도 아이들은 늘 즐거움을 놓치려 하지 않았다. 사는 곳은 달라도 오늘도 내가 변함없이 아이들 곁에서 살아갈 수 있는 건 바로 이런 아이들 때문이다. 앞으로도 내가 해야 하고, 하고 싶은 건 바로 이런 아이들의 삶을 읽어내는 일이다. 외롭고 힘겨운 아이들 곁에서 오랫동안 떠나지 않고 함께 살아주고 싶은 일이다.

아이들이 가르쳐준 길

"큰일이야. 우리 반 애 아빠가 집을 나갔는데. 애가 불안해 하는데 불쌍해 죽겠어."

개학한 지 얼마 되지 않은 9월 어느 날. 퇴근길에 교사인 아내가 내게 안타까운 이야기를 들려주었다. 평소에도 보살핌을 제대로 받지 못하고 자랐던 아내네 반 아이가 아버지의 갑작스런 가출로 큰 충격을 받았다는 소식이었다. 방황하는 아버지와 치매에 걸린 할머니 곁에서 먹을 것과 입을 것을 제대로 해결하지 못했던 아이는 이제 더욱 힘든 처지에 내몰렸다. 아내에게 건네 받은 아이의 일기에는 당황하여 어찌할 줄 모르는 격한 감정들로 가득했다.

'심장과 뇌가 터질 것만 같다'
'인생이 왜 이따구냐'
'딱 한 번뿐인 인생인데'
'할머니마저 돌아가시면'
'아버지만 돌아오면 죽어도 상관없다'
일주일이 채 지나지도 않았을 무렵, 다행히도 아이의 아버지는 다시 집으로 돌아왔다. 하지만 아이는 여전히 충격에서 헤어나지 못하고 있었다. 아내 말로는 아이의 아버지가 돌아왔지만 입을 옷과 먹을 것을 아직 해결하지 못해 여러 방법을 찾고 있는 중이라 했다.

그동안 나는 IMF 이후, 사회양극화가 깊어지면서 경제난에 어른들의 삶이 무너지는 과정을 심심치 않게 보아 왔다. 직장문제 때문에 자살한 아버지가 있는가 하면, 사업파산으로 채권자들 때문에 아이를 학교에 보내지 못한 어머니도 있었다. 경제난으로 부모가 이혼을 해 아이만 따로 데리고 먼 곳에서 이사를 온 어머니도 있었고 직장에서 쫓겨나 어쩔 수 없이 귀농을 결심하고 내려오는 아버지들도 많았다.

이렇게 무너지는 가정에서 사는 아이들은 늘 불안했다. 그런 모습을 볼 때마다 힘겨운 삶을 살아가야 하는 아이들에게 글쓰기로 자기 삶을 가꿔 나가게 하는 일이 정말 가능이나 한 것인지 많은 의문이 들었다. 더구나 어려운 삶을 힘겹게 써낸 아이들의 글을 읽을 때면 교사인 내가 할 수 있는 일이 아무것도 없다는 생각에 한없이 깊어 가는 무력감만 느끼곤 했다.

갈수록 깊어만 가는 의문과 고민은 여기서 그치지 않았다. 큰 문제가 없을 법한 가정에서 자라는 아이들조차 제 자리를 찾지 못하는 모습은 내 마음을 아프게 했다. 하루 종일 학교와 학원에서 강요된 학습으로 지친 아이들이 배움의 욕구를 잃어버린 지는 이미 오래 전의 일이다. 도무지 갈 곳이 없어 방황하는 아이들이 찾은 피난처도 고작 피시방이나 찜질방뿐이었다. 그곳에서 잠시라도 공부에서 해방되고 싶은 아이들의 삶은 그렇게 겉돌고 헛돌기만 했다.

어른들은 아이들의 그 같은 마음을 읽어내려 하지 않았다. 오히려 불안하기만 한 세상을 걱정하며 아이들을 다그치기만 했다. 새 정부 들어서 부쩍 강화된 평가와 서열, 경쟁체제는 불안해하는 어른들과 겉돌고 헛도는 아이들을 더욱 옥죄고 있다. 일제고사와 같은 시험이 갈수록 늘면서 아이들과 부모들은 갑작스런 변화에 무척 당황해 하고 힘들어 했다. 이 땅에 열린 교육이 들어오고 다중지능이론이 들어오고 각종 대안교육운동이 퍼져 공교육에 영향을 준 지도 오래 되었지만 아직도 우리네 학교와 정책입안자들은 요지부동이다. 지난 어린이날에 청와대로 초청한 아이들에게 "정부는 어린이들이 너무 공부에 시달리지 않도록 할 것"이라며 대통령이 약속한 말은 우리네 학교 어디에서도 지켜지지 않고 있다.

아이들 글을 읽다 보면 삶의 저편에서 아이들을 지배하고 있는 무엇이 보일 때가 있다. 아이들이 써내는 글을 쉬 넘기지 않고 겉으로 드러나지 않은 아이들 삶까지 읽으려 했을 때 겉돌고 헛도는 아이들을 제대로 볼 수 있었다. 아이들 글과 삶이 무엇에서 겉돌고 어떻게 헛돌고 있는지 보는 이에 따라 생각은 각기 다르겠지만, 나는 그 기준을 '행복'에 둔다. 아이들은 늘 '행복'을 꿈꾸고 있기 때문이다. 슬프고 우울한 글을 써내는 아이나 즐겁고 재미난 글을 써내는 아이들, 도시와 시골의 아이들 모두가 바라는 것은 바로 '행복'이었다. 가깝게는 동무들과 식구, 선생님과 행복하길 원했고 멀게는 우리가 사는 세상이 지금보다 따뜻해지길 바랐다. 즐겁게 놀면서도 저마다 자기 능력을 발휘해 행복하게 살아가는 세상을 꿈꾸었다. 그러나 현실은 아이들 바람을 늘 비껴가기만 했다. 더 이상 배움의 기쁨을 느끼지 못하는 학교에서 글쓰기는 아이들에게 또 하나의 고통이었다. 그러나 지금도 내가 아이들에게 글쓰기를 가르칠 수밖에 없는 까닭은 아이들의 글과 삶이 나를 바꾸고 성장시켰기 때문이고 아이들과 내가 행복해지는 길이 무엇인지 깨닫게 해주었기 때문이다.

그동안 내게 '글 읽기 삶 읽기'는 아이들이 스스로 자기 삶을 가꾸도록 도움을 주는 일이었다. 그러나 이제는 겉돌고 헛도는 아이들의 삶을 지켜주는 일로 바뀌었다. 이제 나는 교실 속 학급운영과 교과를 넘어 아이들의 삶을 곁에서 지켜주는 더 큰 길을 찾아 나서려 한다. 그 길의 정점에 '학교'가 보인다. 배우는 것이 즐겁고 만남이 즐거운 학교, 무너지고 겉도는 삶을 이겨내며 스스로 자기 삶을 기획할 수 있는 아이들의 학교가 보인다. 언제까지 사회가 달라지고 부모의 처지가 나아지고 바뀌기를 바랄 수만은 없다. 지금도 무너지고 겉돌고 헛도는 아이들의 삶을 그냥 지나칠 수는 없기 때문이다. 행복한 학교는 아이들이 내게 가르쳐준 또 다른 길이다. 함께 가면 길은 등 뒤에 생기는 것이라 했던가. 길은 묻는 것이 아니라 만들어 가는 것이라 했던가. 이제 나는 아이들과 함께 새로운 길을 떠나려 한다. 언젠가 내 뒤에 만들어질 아름다운 길을 위해. 그래서 오늘도 나는 아이들의 글을 읽는다. 아이들의 삶을 읽는다.